本书系2019年度教育部人文社会科学研究青年基金项目“先秦叙事语篇结构类型及模式研究”（项目批准号：19YJC740039）资助成果。

先秦叙事语篇结构类型及模式研究

刘巍●著

黑龙江大学出版社
HEILONGJIANG UNIVERSITY PRESS
哈尔滨

图书在版编目（CIP）数据

先秦叙事语篇结构类型及模式研究 / 刘巍著 . -- 哈尔滨 : 黑龙江大学出版社，2022.7（2025.4 重印）
ISBN 978-7-5686-0849-7

Ⅰ. ①先… Ⅱ. ①刘… Ⅲ. ①古汉语－研究－先秦时代 Ⅳ. ① H141

中国版本图书馆 CIP 数据核字 (2022) 第 155954 号

先秦叙事语篇结构类型及模式研究
XIANQIN XUSHI YUPIAN JIEGOU LEIXING JI MOSHI YANJIU
刘 巍 著

责任编辑 于 丹 高楠楠
出版发行 黑龙江大学出版社
地 址 哈尔滨市南岗区学府三道街 36 号
印 刷 三河市金兆印刷装订有限公司
开 本 720 毫米 ×1000 毫米 1/16
印 张 15
字 数 222 千
版 次 2022 年 7 月第 1 版
印 次 2025 年 4 月第 2 次印刷
书 号 ISBN 978-7-5686-0849-7
定 价 64.80 元

本书如有印装错误请与本社联系更换。

版权所有 侵权必究

序

刘巍的《先秦叙事语篇结构类型及模式研究》的出版,是令她本人和我都非常欣慰的一件事情。这是她近年来对先秦文献语篇研究的又一阶段性成果,也是她对现代语言学理论与古代汉语语篇分析深入探讨的又一次尝试。

我始终认为语篇是为了实现特定交际意图所建构起来的语言符号系列,对语篇的分析应该而且必须从交际意图出发,这样才能找到认识语篇的有效途径。古汉语研究一直是汉语研究的重要领域,音韵、训诂、文字的研究仍然是主流,成就也很大。而古汉语语篇的研究则相对薄弱,此问题十分复杂,研究难度也很大。从现代语言学理论出发,对古汉语语篇做出分析,能够扩大研究视野。因此刘巍的这本书选择先秦叙事文献,利用现代语言学的研究思路及方法,探讨先秦叙事语篇的结构及建构模式,是十分必要的。

刘巍的《先秦叙事语篇结构类型及模式研究》在以下几个方面做了有益的尝试与探索:

构建了先秦叙事语篇分析的合适框架。结构是叙事性作品的基础,语篇的底层结构是将现实事件和语篇表层联系起来的中间层,不同的交际目的会产生不同的语篇结构模式,因此刘巍对先秦常见叙事文献进行对比,通过对先秦叙事语篇的标注、分析,归纳出常用结构图式,是非常可取的。

从语篇视角出发,探讨了先秦叙事文献的主谓谓语句、礼貌句式等常见句式的语篇功能,并对先秦语篇的标记语以及叙事语篇评论的劝说策略进行了较为深入的分析,很有创新性。

从认知心理学的角度探讨了语篇的生成机制。从“告知”的交际意图出发，建构了事件告知的一般告知行为框架。对其生成机制，立足叙事文献本身，也从先秦的叙事观念、思维模式、社会背景等多方面进行了综合考察。

先秦文献的丰富性、典范性深刻影响着后世，从语篇语言学的角度对先秦叙事文献进行研究，可以为本土化的语篇语言学研究带来新的启发和思考。在此领域深耕下去，一定大有可为。

吕明臣

2022 年 5 月

目　录

第一章　先秦叙事文献研究综述

先秦通常指公元前221年秦统一六国以前的历史时期。先秦是中国历史上一个特殊的时代,是中国古代文明起源的一个时代。先秦时期出现了标志着我国文学光辉起点的《诗经》,诞生了浪漫主义诗歌的杰作《楚辞》,既有《尚书》《春秋》《国语》《左传》《战国策》这样的历史性叙事散文,也有《老子》《墨子》《庄子》《韩非子》诸子百家的各类散文,既有记言也有记事,既有史实也有虚构。先秦时期是"百家争鸣""百花争艳"的繁盛时期,是中华文明进步与繁荣的"源头活水",为中华文化的发展奠定了具有开放性和包容性的良好基础,对后世产生了极为深远的影响。先秦文献历久而弥新,值得我们不断探索与挖掘。①

先秦史传文献影响颇大。"史传"二字初见于刘勰的《文心雕龙·史传》:"传者,转也。转受经旨,以授于后,实圣文之羽翮,记籍之冠冕也。"先秦史传文献的成书时间、作者、来源等问题均较为复杂。文献与文献之间的关系也很密切。例如,《国语》和《左传》就分别有"春秋外传"和"春秋内传"之称,而《左传》《公羊传》《谷梁传》又并称"春秋三传"。

《左传》是先秦时期一部极为重要的典籍,其记事始于鲁隐公元年,止于鲁哀公二十七年。全书共十八万余字,记叙了春秋时期二百五十多年的历史。"上自三代制度名物,下至列国赴告策书,与夫公卿大夫氏族谱传,大而天文地

① 霍建波.先秦诸子思想精华与文学价值研究[M].北京:中国社会科学出版社,2015:2.

理，微而梦卜谣谶。”①可以说，《左传》是春秋时代的一部百科全书。《左传》的记事首尾完整，内容详备，文笔颇得称许。“或腴辞润简牍，或美句入咏歌，跌宕而不群，纵横而自得。若斯才者，殆将工侔造化，思涉鬼神，著述罕闻，古今卓绝。”②

《战国策》又称《国策》，是由西汉刘向整理、编订的国别体史书，其内容大部分来源于战国时期的策士著作及史官记载。全书共有三十三卷，以国为别，分“东周”“西周”“秦”“楚”“齐”“赵”“魏”“韩”“燕”“宋”“卫”“中山”十二策。《战国策》的记述主要始于公元前490年智伯灭范氏，止于公元前221年高渐离以筑击秦始皇，记叙了战国至秦前后二百多年的历史中，纵横家们游说各国的活动、说辞以及权谋斗争的故事，从内容上展现了战国时期谋士们的政治主张和策略，体现了战国时代的历史特点和社会风貌，是研究战国历史的重要典籍。

除了游说之士、纵横家的治国理念和策略说辞外，《战国策》还收录了七十余则虚构的故事，这部分内容虽然荒诞不经且缺少历史依据，但语言都十分精彩，具有很强的文学性与研究价值。

《国语》是我国第一部国别体著作，共二十一卷，分周、鲁、齐、晋、郑、楚、吴、越八国记事。记事时间起自西周中期，下迄春秋战国之交，前后约五百年。《国语》的作者和成书时间未有定论，相传是春秋时期左丘明所撰，因以国分类，以语为主，故名“国语”。其所记上起周穆王十二年西征犬戎，下至智伯被灭，包括各国贵族间朝聘、宴飨、讽谏、辩说、应对之辞及部分历史事件与传说。

《左传》《国语》《战国策》作为先秦叙事文献的代表，历来受到学界的诸多关注，相关研究成果也颇丰。

第一节 《左传》研究现状

《左传》作为先秦时期叙事作品的代表，记叙了春秋时期二百五十多年间的

① 黄洪宪. 春秋左传释附序[M]//四库禁毁书丛刊编纂委员会. 四库禁毁书丛刊：集部第30册. 北京：北京出版社，1998：134.

② 刘知几. 史通通释[M]. 浦起龙，释. 上海：上海古籍出版社，1978：451.

历史。

《左传》一书具有极高的文学、史学、语言学价值。高本汉(或译珂罗倔伦)曾如此评价《左传》:"研究古代中国的各种文件,没有一种比《左传》更重要。这是中国古代文化第一次成熟的时期的主要史料。在《左传》里,我们有西历前七二二年到四六八年的时期中的详细记载,组织很巧妙,文字很有力……对于语言学者,此书也很重要,因为是个范围很大的文件,里边用词极丰富而复杂,文章极有力而美妙。"①

作为一部叙事完备的编年体史书,《左传》比较完整地保存了大量的先秦语料。因此,无论是从文学、史学、语言学、修辞学、叙事学,还是文献学等各个角度,学界都对其研究颇多。张高评先生在《春秋书法与左传学史》一书中总结道:《左传》一书的性质,"就解释《春秋》经暨《春秋》经传的关系来说,是经学;就忠实反映春秋时代事迹,及人物传记来说,是一部比《春秋》更成熟的编年史;就史传文学、传记文学、叙事文学以及清代桐城义法、后代辞章学、文章作法来说,是一部优美的文学作品"②。

一、《左传》作者及文本来源研究

《左传》的作者及成书年代尚未有定论,对此问题的探讨从两汉至清代从未断绝。汉司马迁、刘歆认为《左传》的作者为左丘明,"以为左丘明好恶与圣人同,亲见夫子,而公羊、谷梁在七十子后,传闻之与亲见之,其详略不同"③。晋杜预,唐陆德明、孔颖达等人对此持相同观点。唐代刘知几在《史通·六家》中曰:"《左传》家者,其先出于左丘明。孔子既著《春秋》,而丘明受经作传。"④但也有学者认为《左传》的作者是孔子,如清代的张沐、许伯政等人。在过去对《左传》的研究中,历代先贤从作者、创作年代、"春秋三传"异同等角度对该书进行了全面的探讨。

① 珂罗倔伦.左传真伪考[M].陆侃如,译.上海:新月书店,1927:2.
② 张高评.春秋书法与左传学史[M].上海:上海古籍出版社,2005:13.
③ 班固.汉书[M].北京:中华书局,1962:1967.
④ 刘知几,章学诚.史通·文史通义[M].长沙:岳麓书社,1993:3.

《左传》文本来源于春秋各国之策牍。杜预在《春秋左氏传序》中说:“诸侯亦各有国史,大事书之于策,小事简牍而已。”孔颖达疏曰:“大事者,谓君举告庙及邻国赴告,经之所书皆是也。小事者,谓物不为灾及言语文辞,传之所载皆是也。……大事皆先书于简,后乃定之于策也。其有小事,文辞或多,如吕相绝秦,声子说楚,字过数百,非一牍一简所能容者,则于众简牍以次存录也。……以此知仲尼修经皆约策书成文,丘明作传皆博采简牍众记。”①从中可知,孔颖达认为《春秋》经的内容来自于专记“君举告庙及邻国赴告”大事的“策”,而《左传》的内容则来自于专记“物不为灾及言语文辞”小事的简牍。

王和认为:“《左氏》原书主要由两部分材料组成:其一,是取自春秋时期各国史官的私人记事笔记;其二,是取自流行于战国前期的、关于春秋史事的各种传闻传说。”②

而梁涛在《20世纪以来〈左传〉、〈国语〉成书、作者及性质的讨论》一文中提出,20世纪以来学术界关于《左传》成书的讨论,最大的成果是否定了刘歆伪造说,而肯定其成书于战国时期,甚至有部分学者认为其成书于春秋末年。另外,一些出土文献,如马王堆帛书《春秋事语》、浙江大学藏战国楚简等,受到学界关注,对研究《左传》的成书年代和文本来源起到了重要作用。

二、《左传》字句注疏考证研究

《左传》是我国古代一部叙事详细而完整的历史著作。从两汉开始,就有人为《左传》作注,《汉书·儒林传》载贾谊为之训诂,此后,又涌现出不少整理、研究《左传》的专著。其中,以贾逵的《春秋左氏解诂》和服虔的《春秋左氏传解谊》影响较大。自先秦以来,千余年的《左传》研究至唐时有了一个集大成的总结,具体成果主要有孔颖达等人编撰的《春秋左传正义》及陆德明的《左传音义》等。③

西汉董仲舒在《春秋繁露·精华》中评价《左传》时说:“大小不逾等,贵贱

① 十三经注疏·春秋左传正义(上、中、下)[M].北京:北京大学出版社,1999:8.

② 王和.《左传》材料来源考[J].中国史研究,1993(2):16.

③ 黄觉弘.左传学早期流变研究[M].北京:中国社会科学出版社,2010:5.

如其伦,义之正也。"刘向在《说苑·修文》中评价《春秋》和《左传》时说,"圣人作名号而事义可知也",强调了其用词的恰切。扬雄也在《法言》中对《左传》的创作风格提出了自己的见解。杜预则在《春秋左氏传序》中对"春秋笔法"进行了解释和说明。《文心雕龙》和《史通》中亦有对《左传》叙事方式与修辞技巧的诸多肯定。

这些有关《左传》的评论,既涉及《左传》的作者、成书时代等问题,也集中呈现了对《左传》经义的疏通、字词的训释,以及对作者在选词造句、行文方式、文体风格特点与《左传》文学价值等方面的探讨。

三、《左传》叙事研究

《左传》的叙事手法和叙事语言独具特色。清人刘熙载在《艺概·文概》中说:"左氏叙事,纷者整之,孤者辅之,板者活之,直者婉之,俗者雅之,枯者腴之,剪裁运化之方,斯为大备。"这是对《左传》作者叙事本领的高度赞扬。

张懿奕在《〈左传〉叙事研究综述》[①]中对20世纪50年代后近60年的《左传》叙事研究进行了梳理,现将主要观点摘录如下:

20世纪50年代至70年代末,《左传》的叙事研究主要系就文体性质和典型人物的塑造方法两方面进行探讨。陈咏的《试谈〈左传〉的文学价值,并与巴人同志讨论郑庄公的典型性问题》开始了关于《左传》是史是文的讨论;刘大杰在《中国文学发展史》中明确指出《左传》具有文史结合的特点,并将《左传》定性为一部史传文学作品。钱锺书的《管锥编》中有67则关于《左传正义》研究的札记。聂国栋的《略谈〈左传〉的语言艺术》总结出了《左传》叙事语言的三大特点。

20世纪80年代中期,出现了一批经典的叙事学著作。这一时期的《左传》叙事研究,多是从某一叙事角度探讨《左传》的叙事特色,论述依然主要集中在文体和人物两个方面。而研究《左传》人物的文章,多集中在对人物性格、心理和命运的塑造方法的探讨上。

---

① 张懿奕.《左传》叙事研究综述[J].湘南学院学报,2010,31(4):73-78.

20世纪80年代末到20世纪90年代末,国内学者在翻译西方经典叙事学著作的同时,开始结合中国本土的叙事研究方法,参考国外叙事学家的理论,撰写符合中国叙事实践活动的叙事学著作。《左传》叙事研究陆续有专著问世,如:沈玉成、刘宁的《春秋左传学史稿》,程发轫编著的《春秋人谱》,孙绿怡的《〈左传〉与中国古典小说》,张素卿的《叙事与解释——〈左传〉经解研究》,张高评的《左传之文学价值》。期刊论文在数量上和80年代相比亦有所增加,涉及《左传》叙事中的文体、情节和人物三个方面。

从20世纪90年代末至21世纪初,我国学者对叙事理论的探讨从经典叙事理论过渡到后经典叙事时期。潘万木借助新叙事理论的相关概念,出版了专著《〈左传〉叙述模式论》,就《左传》的叙述特色及由此而在征引、评论、预言等方面形成的模式进行了梳理和总结。王靖宇的《中国早期叙事文研究》,运用西方经典叙事学理论框架对《左传》《国语》《史记》等早期叙事文进行研究,就其对同一事件材料的不同取舍、不同解释角度、不同叙事视点的运用等方面进行探讨,并提出"图画式"和"音乐式"两种阅读方法。而此时期的期刊论文除继续就《左传》的文体特征、情节和人物描写三个方面进行推陈出新的细化研究外,在西方叙事学理论的影响下,还出现了对叙事视角的研究,在文体特征的研究层面则约有8篇文章。

纵观20世纪50年代至今,七十余年的《左传》叙事研究,经历了从单一文本的细读到多类文本的相互比较,从一种研究方法的使用到多种研究方法的结合运用的研究历程,所体现出的研究特征可总结为:传统的文章技法与现代阅读体验的结合,中国叙事话语分析与西方叙事学理论的结合,史学视角与文学思维的结合,叙事学内部多重视点的结合。这种多学科、多视角融合的研究也成为《左传》叙事研究的一种发展方向,同时它促进了中国叙事学理论的发展,并丰富了中国早期叙事学研究的理论。

四、《左传》修辞研究

20世纪以来,《左传》研究在诸多领域取得了丰硕的成果。这一时期的研究,试图从修辞、语法、文化等各个角度对《左传》进行诠释。研究的视野拓宽了,研究的方法也带有中西合璧的性质。其中,《左传》修辞学领域取得了较突出的成就。钱锺书的《管锥编》,赵克勤的《古代汉语词汇学》,徐仁甫的《广古书疑义举例》,沈玉成、刘宁的《春秋左传学史稿》,赵生群的《〈春秋〉经传研究》,姚曼波的《〈春秋〉考论》,申小龙的《中国句型文化》《语文的阐释》等都在一定程度上谈及《左传》修辞。

近二十年来,各类学术期刊发表的以《左传》修辞为研究对象的论文有近八十篇,其中,朱宏达的《论〈左传〉的语言艺术》、王鸿滨的《〈春秋左传〉中"S以VP"结构修辞效果试析》、刘建华的《谈〈左传〉的辞令艺术》、张新科的《〈左传〉叙事文的艺术结构》、张景霓的《论〈左传〉中的省略》、吴美卿的《〈左传〉写人艺术四谈》、李华的《〈左传〉修辞研究的三个阶段》等分别从句式、篇章、风格等不同角度分析研究了《左传》的语言艺术。此外,李华的著作《〈左传〉修辞研究》第一次对《左传》的修辞现象及相应的修辞理论、修辞思想进行了全面研究。李华针对《左传》中的一些特殊语言表达方式,从修辞学的角度予以解释,并对《左传》中出现的辞格做了合理的归纳。此外,该书还对《左传》的词语锤炼、句式选择、篇章布局、文体风格,以及《左传》中所体现的修辞观及其在修辞史上的地位和影响进行了论述。

五、《左传》语言学研究

《左传》的语言生动规范、语法完备,在语音、词汇、语法等多个方面都具有鲜明的时代特色和极高的研究价值。刘知几曾说"谅非经营草创,出自一时,琢磨润色,独成一手",认为《左传》具有独特的语言风格和文学特点。

历代先贤很早就关注到《左传》中的语言学相关问题。宋代陈骙的《文则》一书曾论及《左传》助词的选用、叙事结构的安排,孙奕的《履斋示儿编》评论了《左传》的重复问题,洪迈的《容斋随笔》认为《左传》言词有味,罗大经的《鹤林玉露》强调了《左传》中反问的使用。金代王若虚的《滹南遗老集》、明代李腾芳的《文字法三十五则》均曾谈及《左传》的遣词造句。明代归有光的《文章指南》则选取《左传》篇章列于各则之下,以为例证。

清代以后,《左传》研究掀起了高潮。以《左传》为研究对象的著作涉及多个方面。如，毛奇龄的《春秋毛氏传》、马骕的《左传事纬》将《左传》所记史实编写成历史事件。《四库全书总目》载："骕于左氏实能融会贯通，故所论具有条理，其图表亦皆考证精详。"①著名学者顾炎武也称此书为"必传之作"。章学诚的《文史通义·繁称》指出："尝读《左氏春秋》，而苦其书人名字不为成法也。夫幼名，冠字，五十以伯仲，死谥，周道也。此则称于礼文之言也，非史文述事之例也。左氏则随意杂举而无义例，且名、字、谥、行以外，更及官爵、封邑焉，一篇之中错出互见，苟非注释相传，有受授至今不复识为何如人也。是以后世史文莫不钻仰左氏，而独于此事不复相师也。"②

这一时期的研究成果主要分散在文学、史学、训诂学、文章学等各类著作和前人笔记之中，成果的数量较多，研究的重心转向对不同作家作品中大量事实的反复比较，研究的性质从事实归纳向理论探讨过渡。

20世纪以来，针对《左传》语言特色的研究颇多，单就语法方面而言，研究者在句法和词汇方面所取得的成就最为突出。

有关句法的著作与论文有：何乐士的《〈左传〉的单句和复句初探》《〈左传〉中介词"以"的前置宾语》、夏先培的《左传交际称谓研究》、管燮初的《左传句法研究》、白兆麟的《〈左传〉假设复句研究》、申小龙的《〈左传〉句型逻辑内涵研究》《〈左传〉主题句研究》、李佐丰的《〈左传〉的"使字句"》、程亚恒的《〈左传〉兼语句研究》、韩红星的《〈左传〉比喻句研究》、孙力平的《〈左传〉中的组合歧义及几种歧义格式》、苏延烨的《〈左传〉主谓谓语句研究》等。

有关词汇的著作与论文有：何乐士的《左传范围副词》、张文国的《左传名词研究》《〈左传〉"也"字研究》、陈克炯的《〈左传〉形容词简析》《〈左传〉单音动词的"向"及其句式》、毛远明的《左传词汇研究》、张猛的《〈左传〉谓语动词研究》、赵大明的《〈左传〉介词研究》、敖镜浩的《〈左传〉"是"字用法调查》、张华的《〈左传〉否定词"非""未""勿""毋""弗""不"研究》、王鸿滨的《〈春秋左传〉介词研究》、郑路的《〈左传〉时间范畴研究》、江傲霜的《〈左传〉同义复词研

① 永瑢，纪昀. 四库全书总目提要[M]. 海口：海南出版社，1999：160.

② 章学诚. 文史通义[M]. 上海：上海古籍出版社，2015：128.

究》、张文霞的《〈左传〉"死"类动词初探》、封树芬的《论〈左传〉中的同义词连用》、徐春红的《〈左传〉告谕类动词词义特点和结构功能研究》、徐子宏的《赐予义动词在〈左传〉中的分布情况》、钱坤的《论〈左传〉"率领"义之"以"》、丁喜霞的《〈左传〉"追""逐"的意义和用法分析》、李索和高小立的《〈左传〉愧耻义系词义特点与结构功能析微》、甘斐哲的《〈左传〉同义词连用现象考察》、董淑华的《从〈左传〉"伐、侵、袭"的使用透视春秋人的战争观》、沈林的《〈左传〉单音节同义词群的考察》、杨林青的《〈左传〉动词同义词研究》、罗蓓蕾的《〈左传〉军事词语研究》、吴峥嵘的《〈左传〉索取、给予、接受义类词汇系统研究》等。

综合以上可以发现,各前贤学者从叙事学、修辞学、语言学等角度对《左传》进行了充分的研究,但从语篇语言学角度对《左传》进行的研究还相对较少。殷国光、刘文霞于 2009 年发表在《语文研究》上的《〈左传〉篇章零形回指研究——以〈隐公〉为例》,是一篇比较好的文章。刘巍所著《〈左传〉中的战争语篇描写研究》(2017),则对《左传》中的叙战语篇进行了较为详尽的分析。此外,近两年也有学者将计算机信息技术与古籍文献《左传》联系起来,相关成果如李章超等人的《〈左传〉战争事件抽取技术研究》(2020)、何琳等人的《典籍事件触发动词识别研究:基于〈左传〉的文本实验》(2022),都是有益的尝试。

第二节　《战国策》研究现状

《战国策》作为一部优秀的历史散文著作,长于叙事明理,人物描写也极为形象生动,具有重要的研究价值。

一、《战国策》文本研究

(一)关于书名

叶德辉的《书林清话》和王国维的《简牍检署考》都认为,《战国策》中的"策"字指的是"简策"而非"策谋"。徐波、姚桂荣的《〈战国策〉之名及其成书辨》(1996)提出:"《战国策》的书名系由刘向命定;'或曰《国策》,或曰《国事》,

或曰《短长》,或曰《事语》,或曰《长书》,或曰《修书》'的策书之名,是刘向据以编定《战国策》三十三篇的原始史料的'本号',并非是《战国策》的'原名'或'又名'。"[①]裴登峰的《〈战国策〉名称的演变》(2007)认为,"《战国策》的形成经过了战国时的原创与收集及再创作期,汉代的始名期、又名期,至刘向定名","刘向编辑成书时,根据'中书'材料性质,以自己的理解名之"。[②]

董常保在《〈战国策〉的书名及编著者考辨》(2007)中提出,《战国策》是刘向"纵观全书的策谋思想,根据所选用书的内容"[③]定名的,并且指出刘向已经将此书命名依据解释得非常清楚,但后世学者对此依然有异议。

(二)关于作者的考辨

程百让的《〈战国策〉的作者及其古、今本问题》(1963)认为,《战国策》大部分应该是由战国末年的游士编写的,可能也有一小部分是由西汉人编写的。孙家洲的《〈战国策〉记事年限与作者考析》(1993)通过分析时代背景以及牟庭和罗根泽的观点,得出结论:"《战国策》的编定自身就是一个很长的历史过程,汉初蒯通完全可能做过编辑整理纵横游说之辞的工作,并杂入了自己劝韩信背汉自立的文字;西汉末年刘向典校群书时,在皇家所藏图书中看到的记载纵横家言行的六种书籍中,当有蒯通的作品;由考析所得《战国策》的记事下限止于蒯通来看,刘向曾把蒯通的作品作为校书的主要依据之一。因此,蒯通是编定《战国策》过程中的一个重要环节。但蒯通的作品及其与《战国策》之间的关系,还只可存疑而难以指实。"[④]

邵毅平的《〈战国策〉的作者与时代》(2004)提出,《战国策》的原始作者应该是当时的记录者,他们身份比较复杂,至少包括这些人:"一是各诸侯国的史官们,二是策士们本人,三是他们的门客弟子。"[⑤]

董常保的《〈战国策〉的书名及编著者考辨》(2007)指出:"从内容的纷繁复

① 徐波,姚桂荣:《战国策》之名及其成书辨[J].吉林师范学院学报,1996(4):24.
② 裴登峰.《战国策》名称的演变[J].宁夏师范学院学报(社会科学),2007(5):5,8.
③ 董常保.《战国策》的书名及编著者考辨[J].阿坝师范高等专科学校学报,2007(4):96.
④ 孙家洲.《战国策》记事年限与作者考析[J].中国人民大学学报,1993(5):112.
⑤ 邵毅平.《战国策》的作者与时代[J].图书馆杂志,2004(7):64.

杂上讲,不是出于一人之手;从书名的多样性讲,是多人著写,多人编订。而《战国策》的最后编订,则是由刘向统筹而编订成书的。”①

(三)注释

程水龙的《〈战国策〉高诱注研究》(2003)分析了高诱注的训释内容、体例、训释方式、训诂方式、训释术语,并评价了高诱注。高明的《〈战国策注释〉训诂失误举例》(2004)举例分析了何建章先生的《战国策注释》中的训诂失误,并将之分为不明通假而误、不明语法而误、误解古注而误、不明词语的特殊义项而误。

曹洁、程水龙的《〈战国策〉高诱注的价值》(2008)探讨了高诱注在汉语词语注释、词汇研究上的价值,在校勘学上的价值,以及在版本学上的价值。陈梦晴的《论吴师道〈战国策校注〉的训诂特色》(2009)分析了吴师道《战国策校注》的训诂特色以及在训诂上的缺陷。

高淑芳的《〈战国策〉高诱注研究》(2014)探讨了高诱注的训诂内容、训诂术语以及训诂方法。刘敬林的《〈战国策〉“注释”校订一则》(2015)校订了元人吴师道为宋人鲍彪重定次序新注本《战国策》所作的“补”注中的文字讹误。

方梅青的《〈战国策〉高诱注的价值研究》(2015)探讨了高诱注的思想价值、训诂价值、校勘价值及版本价值。

(四)文献价值

对《战国策》文献价值的研究大都集中在探讨其史料价值、文学价值及思想价值方面。如杨宽的《马王堆帛书〈战国策〉的史料价值》(1975),探讨了马王堆帛书《战国策》与今本《战国策》和《史记》不同的部分,认为它为我们研究战国中期合纵连横的战争提供了重要资料。霍旭东、任重的《〈战国策〉的思想价值和艺术成就》(1989)认为,《战国策》比较真实、全面地反映了当时战乱频发的社会现实。此外还有赵芳远的《浅论〈战国策〉及其文学价值》(1995),裴登峰的《从夸饰与虚构的运用看〈战国策〉的文学价值》(2003),刘悦、闻卓的《〈战国策〉的成因及文献价值综述》(2005)等等,集中探讨了《战国策》的文学价值。

① 董常保.《战国策》的书名及编著者考辨[J].阿坝师范高等专科学校学报,2007(4):99.

二、《战国策》叙事研究

赵美玲的《〈战国策〉叙事研究》(2011)探讨了《战国策》的叙事话语、叙事情节和结构、叙事声音、叙事视角以及叙事时间。倪爱珍的《〈战国策〉中虚构叙事的发生及范式》(2012)提出,《战国策》中虚构叙事的发生与战国时期士阶层崛起、百家争鸣现象的形成等特定的社会文化土壤密切相关,其发生方式主要有依附史实、踵事增华和借名拟托、无中生有。吕敏的《〈战国策〉寓言叙事研究》(2012)提出,对《战国策》寓言进行分析,可以看出它在叙事上的技巧,也可以看出战国时的社会文化形态以及个人价值观念等。

郁丽丽的《论〈战国策〉叙事艺术》(2013)从《战国策》叙事艺术的角度入手,运用叙事学理论的研究方法,探讨了《战国策》的叙事特色。孙柔的《〈战国策〉〈韩非子〉寓言叙事比较研究》(2015)分别从寓言的叙述主体、叙述方法、叙事结构以及叙事倾向四个方面比较了《战国策》与《韩非子》寓言的不同,管窥其中所承载的文化意识以及作品所展现出的美学意义和理性精神。

王金华的《〈战国策〉谋略叙事研究》(2020)重点研究了《战国策》谋略叙事的内容,总结其谋略叙事的三个特征,并探讨了人们对其谋略叙事的接受。

三、《战国策》文学成就研究

(一)人物形象

有关《战国策》人物形象的研究有很多:主要有分析策士形象的,如陈古成的《论〈战国策〉中的士人形象》(2007)、郭慧的《〈战国策〉〈史记〉策士形象比较研究》(2008)、余芳的《战国策士形象研究》(2017)、张添的《〈战国策〉中的侠士形象研究》(2017)等;还有分析女性形象的,如段幼平的《张扬个性的真实演绎——〈战国策〉女性人物探析》(2004)、张凤秋的《〈左传〉与〈战国策〉女性形象塑造比较》(2007)、高月的《论〈战国策〉的女性形象》(2008)、李晓燕的《〈战国策〉中女性人物个性探析》(2019)等;还有分析人物形象塑造的,如贾秀英的《〈战国策〉的人物描写》(1983)、邹文贵的《论〈战国策〉人物塑造的艺术经验》(1989)、王佩娟的《神采各异的历史人物画卷——〈战国策〉人物塑造上的艺术成就》

(1996)、付强与王颖的《〈战国策〉人物形象塑造探究》(2005)、刘钊的《〈战国策〉人物塑造艺术谈》(2008)、杨晓的《论〈战国策〉的纵横家形象塑造》(2014)等。

(二)语言

关于《战国策》语言的研究成果颇多:有许多关于语言的论辩艺术的研究,如张宇的《略论〈战国策〉的语言论辩艺术》(1999)、赵大诚的《〈战国策〉中论辩语言的表达策略研究》(2012)、卫倩倩的《从〈战国策〉看说话的技巧》(2019)、武龙飞的《从〈战国策〉看说服艺术的技巧》(2019)、罗兴发的《〈战国策〉的说服艺术探析》(2020)等;还有许多关于修辞手法妙用的研究,如胡如虹的《论〈战国策〉的语言艺术》(1999)、齐霁的《〈战国策〉人物对话的修辞阐释》(2012)、田霞的《〈战国策〉语言技巧与修辞手段研究》(2013)、夏芳莉的《论〈战国策〉对比兴文学创作传统的继承与发展》(2021)等;还有一些关于寓言艺术的研究,如黄阳的《〈战国策〉寓言研究》(2014)、李伟和丁秀霞的《试论〈战国策〉中的寓言艺术》(2014)、郉琴的《〈战国策〉中的纵横家与寓言研究》(2018)等。

四、《战国策》思想研究

《战国策》的思想研究主要可分为如下几个方面:

研究其策士思想的,如王佩娟的《难能之处在于"真"——评〈战国策〉的思想价值》(1995),倪德和的《浅谈〈战国策〉中策士的功利思想》(2003),苗润莲、李志男、田建涛的《论战国策士的战略思想》(2008)等。

研究其民本思想的,如贾传棠的《〈战国策〉的思想与艺术》(1981)、张彦修的《〈战国策〉民本思想的再认识》(1998)、韩红宇的《〈战国策〉的民本思想及其历史影响》(2009)等。

研究其用人思想的,如宋锦绣的《〈战国策〉的用人思想》(1989)、苗润莲的《〈战国策〉的人才选拔与任用思想》(2008)、李训予的《浅析〈战国策〉的"尚贤"思想》(2015)等。

五、《战国策》影响研究

关于《战国策》影响的研究:有对汉赋影响的研究,如黄样兴的《略论〈战国策〉对汉大赋的影响》(1986)等;有对《史记》影响的研究,如布莉华的《〈史记〉对〈战国策〉人物形象塑造的继承和发展》(1992)、程远芬的《论〈战国策〉对〈史记〉的影响》(1995)等;有对《三国演义》影响的研究,如王振星、黄佳晨的《论〈战国策〉对〈三国演义〉创作的影响》(2002)等;有对其他小说影响的研究,如郑杰文的《〈战国策〉对后世小说的影响》(1997)、刘文良的《从人物刻画看〈战国策〉的小说基因》(2004)、吴洪生的《〈战国策〉对后世几种小说的启发与影响》(2006)等。此外,还有《战国策》对记叙文影响的研究,如唐竹巍的《浅析〈战国策〉对早期我国记叙文发展的作用和对后期记叙文写作的影响》(2011)等。有《战国策》对个人影响的研究,如王水照的《苏洵散文与〈战国策〉》(1988)、冯玉的《〈战国策〉纵横家对李白情怀的影响》(2019)等。

总体来说,学术界对《战国策》的研究成果数量相当可观,涉及多个方面。在文献研究方面,主要对书名、作者、注释以及文献价值进行研究。在文学成就研究方面,主要研究其人物形象和语言。其中,人物形象研究主要分析策士形象、女性形象及人物形象塑造艺术,语言研究主要探讨论辩艺术、修辞手法、语言艺术。在思想研究方面,主要研究策士思想、民本思想以及用人思想。在影响研究方面,主要研究其对汉赋、《史记》、《三国演义》等的影响。而且,对《战国策》的研究越来越细致,题目越来越小,表现出由泛评到深评的发展趋势。例如,对《战国策》思想的研究,在20世纪80、90年代,大多是总体概述,如贾传棠的《〈战国策〉的思想与艺术》(1981),霍旭东、任重的《〈战国策〉的思想价值和艺术成就》(1989)等。而近些年来,则大多是针对某一点所进行的研究,如徐升的《论〈战国策〉中刺客形象折射的纵横家思想》(2017)、李训予的《浅析〈战国策〉的"尚贤"思想》(2015)等。

第三节 《国语》研究现状

《国语》是我国第一部国别体史书,共有二十一卷,分周、鲁、齐、晋、郑、楚、吴、越八国记事。记事时间起自西周中期,下迄春秋战国之交,前后约五百年。

相关研究如仇利萍、杨世文所作的《〈国语〉学的奠基与展望——近10年来〈国语〉研究述评》(2012),该文首先对《国语》进行总体评价,指出该书的作者与成书时间、性质,提出《国语》的成书应该具有一个流传过程,并且认为左丘明在此过程中起到重要作用,然后又对《国语》展开具体分析,指出该书与《左传》的关系、韦注的特点与价值以及其他一些问题,并着重分析了《国语》除了文学价值以外的史学价值。此外,还有卓敏敏的《近三十年来〈国语〉研究综述》(2015),作者选取近三十年的《国语》研究文章进行归纳整理,从体例、史料来源、编纂意图、文学等十一个方面做出评述,如:从体例角度,指出《国语》是史书、"语"书、说理散文;从史料来源角度,认为《国语》是《左传》成书后剩余史料的编纂或者源自先秦文本文献及口述历史等多种文献史料;从编纂意图角度,认为《国语》的编纂理念是"明德""依经""定是非",以作为教育后学、评判人们行为的准则;从文学角度,分析了《国语》语言总体特征、论谏辞令、人物方面的研究;此外,对《国语》思想、历史学、注解、叙事,其与《左传》文本的关系、对后世文献的影响等方面的相关研究进行梳理,并且指出当前《国语》研究的不足。

一、《国语》成书年代、作者研究

关于《国语》作者的问题,一直是学术界争论的话题。最早提出《国语》作者为左丘明的是司马迁,他在《报任安书》中说:"左丘失明,厥有《国语》。"东汉史学家班固在《汉书·艺文志》中也记载:"《国语》二十一篇,左丘明著。"结合两人的说法,左丘明为《春秋》作传以后失明了,但是他的才思仍在,所以他又写了一本书叫作《国语》。因此人们通常会把《左传》称为《春秋内传》,而把《国语》称为《春秋外传》。

但是也有很多学者提出质疑,有的学者认为《国语》的作者是刘歆。目前学术界比较统一的看法是:《国语》并非出自左丘明之手。因为《国语》按照国别叙事,但是在《周语》和《晋语》当中分配的篇幅较多,记述较为详细,所以据此推测其作者很有可能是晋人,也有可能并非出自一人之手,也许是由几个不同国别的史学家各自编撰而后经由一人汇总而成的,这也是先秦文学所具有的特征之一。

张居三在《〈国语〉研究》(2008)中指出,自汉至今,学者对《国语》的研究多涉及《国语》作者及成书年代、《国语》的史学地位、《国语》与《左传》《史记》的关系问题,以及对《国语》文句及韦解的补正、校勘诠释这四个方面。同时张文在针对《国语》作者是不是左丘明的问题上,对两汉、三国、晋代、隋唐、宋朝、明清、近代、当代学者的意见逐一进行论述,并就成书年代指出,学界普遍认为《国语》成书的大致时期在战国中期以前,虽然该部分成果的论据少、数量少,但其中的观点都很明确,值得后世重视和利用。此外,张文强调了《国语》重要的史学地位,认为该著作所记载的史料具有较高的可信度,并且认为《国语》"语"的性质和"史"的性质不存在矛盾不相容的关系,最后提出要促进研究系统化,明确定位,加强与其他相关文献的对比,立足于前人的资料,全面地展开研究。

关于《国语》一书的成编时代,谭家健在《先秦散文艺术新探》(1995)中梳理过各种观点,认为其时当在春秋末战国初。周静在《〈国语〉研究》(2010)中以《国语》为研究对象,以王锺陵先生提出的"原生态式的把握方式"为指导原则,探论了其中所蕴含的文学性。文章首先对《国语》的作者、成书年代、版本流传、思想倾向及"语体"性质进行全面概括,指出有关《国语》作者的三种说法分别为左丘明作《国语》说、非左丘明作《国语》说、成《国语》者非一人说,之后浅谈《国语》成书于《左传》之前、之后的两种说法,此后又总结《国语》中所蕴含的"宗周思想,民为邦本""尊礼重德,求贤若渴"两种思想倾向并对"语"的产生、兴盛、界定进行论述。

俞志慧在《南京师范大学文学院学报》上发表的《〈国语〉的成编、研究及其版本系统》(2021),从《国语》的成编时间、《国语》在唐前的研究、《国语旧音》(即最早的《国语》韦昭注本音义)的成书时代这三个角度展开论述,认为《国语》的成编时间应为战国前期。

刘伟的《新出文献推动〈国语〉研究》(2019)认为,新出文献拓宽了《国语》研究的思路。同时指出,与《国语》相关的出土文献最早见诸西晋时期。进入20世纪以后,与《国语》相关的新材料大致可分三类:一是《国语》及注文本,二是与《国语》内容互见、可以参证的文献,三是与《国语》风格近似的"语"类文献。此外,作者还提出,汲冢竹书本《国语》是传世本之外第一次发现的《国语》

文本。

二、《国语》编排次序研究

《国语》以国为别，先后存录了周、鲁、齐、晋、郑、楚、吴、越八国共 243 则“语”料。而这八国“语”料的排列顺序也体现了作者的叙事态度、编撰意图。

清人董增龄认为这种排序系基于诸侯国与周王室关系之远近及贡献之大小，他说：“《国语》首以周，殿以越。周何以称国？穆王时周道始衰……虽号令止行于畿内，而为天下共主，故首列焉。次鲁，重周公之后，秉礼之邦也。次齐，美桓公一匡之烈也。次晋，见其主盟十一世，有夹辅之勋，且文之伯继乎桓也。次郑，郑出厉王，于诸姬为近，又与晋同定王室也。次楚，次吴，以其为重黎之后，泰伯之裔，不使其迹之湮没弗彰焉。终之以越，见闽蛮强而中夏无伯主。”①

白寿彝先生认为《国语》中八国的编排次序是按照周与鲁齐晋郑的关系、诸夏与蛮夷的关系来确定的。他解释说：“全书 21 卷，首列《周语》3 卷，这还是从宗周时期沿袭下来的尊周的传统。这个传统在春秋时期虽已经是大大地动摇了，但周旧日的威望仍有一定程度上的保留而为名义上的‘共主’。次《鲁语》2 卷、《齐语》1 卷。这由于齐鲁是宗周建立的股肱之国，在春秋时期也还是东方大国。《国语》对于这两个股肱之国，先鲁后齐，是安排了一定次序的。次《晋语》9 卷、《郑语》1 卷。这是在宗周末年以后，逐渐兴起的国，是对周平王东迁尽了力量的。《国语》把夹辅平王东迁的这两个股肱之国位于宗周建立时的两个股肱之国的后边，而对于这两个后起的股肱之国，先晋后郑，也是有个一定的次序的。再次，《楚语》2 卷、《吴语》1 卷、《越语》2 卷。这是所谓荆蛮之国，自当排在中原各国之后，而在三国之间也是有个兴起先后的顺序的。”②

宁登国认为：“首先根据春秋时期诸侯各国在当时国际政治舞台上曾一度独领风骚的霸主影响力，选择这八个国家‘语’料作为纂修对象，并按照其称霸时间先后进行初次排序，即应为周、鲁、郑、齐、晋、楚、吴、越；其次，根据自西周

---

① 董增龄. 国语正义[M]. 成都：巴蜀书社，1985：11.

② 白寿彝.《国语》散论[M]//白寿彝文集：历史教育 · 序跋 · 评论. 开封：河南大学出版社，2008：429.

以来确立的森严的五等爵制，对这八个国家相应的爵位高下进行二次排序，于是便有了周、鲁、齐、晋、郑、楚、吴、越的最终排序，因此，这样的一个序列是《国语》编者参照各国'综合国力'和'尊尊'、'亲亲'的分封制度综合考量的结果，蕴含了编者辨尊卑、别内外、正名分以宗周定尊、崇德尚礼的政治理想。"①

三、《国语》与《左传》比较研究

《国语》与《左传》的关系，历来受到学者们的关注。传统上认为《左传》《国语》分别是《春秋》内、外传。洪业在《洪业论学集》中提出，《国语》成书在《左传》之前，《国语》为《左传》之重要史料。② 张以仁认为，《左传》《国语》二书非一书分化。不同的两部书，各就各书的需要，采取同的或不同的材料。③

张黎丽的《〈国语〉〈左传〉比较研究》(2002)，从人物塑造、叙事特点、语言特色这三个方面对《国语》《左传》进行对比探析，总结《国语》中的人物类型、塑造方式、多样性格、独特风貌，提出《国语》是叙事散文的源头，认为其易被后世史传文学继承和发展，最后着重论述《国语》的重要影响，指出《国语》开辟了国别体史书的新道路，为《左传》《战国策》乃至《史记》等著作的产生奠定了坚实的基础，影响了后代叙事散文的发展、演进，在中国文学史上有划时代的意义，值得研究者深入研究。

近些年对《国语》的研究角度越来越新颖，为以后的研究开辟了新的天地。例如，曾祥波发表的《〈国语〉〈左传〉成书关系新论》(2021)提出："今本《左传》的前身是一种以国别纪事为记述单位的纪事本末体史事汇编，文本来源是春秋各国史官为解释简文撰写的私人记事册牍。清华简《系年》证实了这一推论。《国语》作为'于众简牍以次存录'的'言语文辞'，也来自各国史官私人记事册牍。面临同样的源头文本，《国语》固有的国别纪事体例使得它无需调整文本，故较多保存了文本原貌；《左传》基于编年附经体例，再加上补充新史料、考虑'理想读者'等意图，对文本原貌有较多调整改写，留下了种种改动痕迹。从这

① 宁登国.《国语》编纂的内在理路辨析[J].北方工业大学学报，2021，33(4)：76.

② 洪业.洪业论学集[M].北京：中华书局，1981：223-289.

③ 张以仁.张以仁先秦史论集[M].上海：上海古籍出版社，2010：58.

一现象看，目前对'两书非一书分化但采用相同材料'这一成书关系的结论可再推进一步，即两书面对同一史料文本来源时，基于撰述体例等因素，《左传》改写文本较多，《国语》保存文本原貌较多。"①曾祥波对"《国语》为《左传》之重要史料"的观点进行探讨，也为学界研究提出宝贵意见，指出对《国语》的研究要利用史实考辨、逻辑推理的方法进行文本细读。

四、《国语》思想研究

王丽、滕梅发表的《〈国语〉教育思想刍议》(2012)，从教育角度展开论述，提出"《国语》所辑录的原本，是上古各国辑录名人言论用以教育贵族子弟的教科书"②，认为研究《国语》可以为我们的教育实践提供指导意义。另一方面，文章从主体性和主导性角度指出了《国语》中所蕴含的教师主体作用和学生主导作用。在教育的手段方式上，《国语》鼓励开展教育活动，教授各种礼仪，对受教育者进行积极引导、正面激励。此外作者还从思想品德教育和青少年成长环境等方面进行了论述。

通过对不同领域不同文献的查阅，我们不难发现，近年来学术界对《国语》相关问题的研究比较关注。同时，对《国语》的研究也在诸多方面有了较大突破。总体来说，目前《国语》研究的问题比较集中，大体上都会涉及以下五个方面：第一，对《国语》作者及成书年代的研究；第二，对《国语》韦昭注的补注校勘、旧注辑佚的研究；第三，对《国语》性质、版本、校注、思想的研究；第四，对《国语》中所蕴含思想价值的研究；第五，对《国语》文史学地位等重要影响的研究。

第四节　先秦文献的特点

先秦文献作为一种独特的存在，为中华文化打下了根基，奠定了基础。先

① 曾祥波.《国语》《左传》成书关系新论[J].学术研究，2021(11)：165.

② 王丽，滕梅.《国语》教育思想刍议[J].文学教育，2012(12)：130.

秦文献在总体上有如下特点。

一、先秦文献具有开创性与包容性

(一)先秦文献的开创性

先秦诸子有其各自的思想主张,形成不同流派,各成体系又相互渗透融合,形成了百家争鸣的局面,这种思想上的差异与融合对文学的发展也产生了极大的影响,先秦的叙事、写人、抒情、议论散文由最初的零散无规则逐步走向了成熟。

正如傅修延先生所说,"中国叙事传统形成于先秦时期"。傅修延先生将研究中的诸多心得系统归纳为以下四点:

"第一,在先秦叙事中,叙事诸要素由朦胧走向清晰,对叙事行为的驾驭逐渐成熟,其中记言能力的迅速成长尤为令人瞩目。"

"第二,先秦叙事已经表现出相当清醒的自觉意识,作者的主体意识亦有所抬头,这些促进了对艺术形式的讲究,导致了叙事中虚构成分的增多,为历史性叙事与文学性叙事分道扬镳、各领风骚作好了准备。"

"第三,先秦叙事在中华民族叙事思维上打下了根深蒂固的烙印,其形态、倾向与特征对后世叙事发生了深刻影响。"

"第四,先秦叙事处于中国叙事史上的拓荒阶段,它播下的许多种子为后世叙事提供了丰富的生长点,它建立的一系列范型亦获得绵延不绝的发扬光大。"①

先秦是中国古代文明起源与形成的时代,叙事传统作为中国古代文明的重要组成部分,大背景决定了它应该有独属于自身的规律与特点。

(二)先秦文献的包容性

先秦文献文史不分家,二者紧密相连,并不是独立存在的,诗、乐、舞也相互融合。在先秦文献中,史传散文故事完整,情节曲折,人物形象刻画得十分生动。虽说史传主要是记史论经,反映客观历史,但其中也不乏对哲理的思考,故

---

① 傅修延.中国叙事传统形成于先秦时期[J].江西社会科学,2006(10):55-59.

事的背后是深刻的哲学道理。同时,先秦散文多采用比喻、白描、夸张、寓言等手法进行叙写。在这种对多样性有着极强的包容力的情况下,文学作品可以歌唱、吟咏,甚至融合舞蹈。从这一特点来看,正是由于先秦文献具有包容性,这些经典才得以流传至今。

《左传》《国语》等书运用春秋笔法,将其发挥至精妙。春秋笔法,即于叙事状物之中寓褒贬,别善恶,不作外露的评判,使读者用心去感受,感受每个人物的人物角色和人格特色,如此不仅不会得罪当时的人物,又能使文本流传于后世。

《国语》来自春秋战国时期众人的收录与整理,从文本的写作手法和风格来看,并不是出自一人之手,而是由多人对众多材料进行加工润色而成,也正是因为这些编撰者的整合,才有了我们今天所能看到并研究的《国语》。《中国史学名著题解》①中有明确表述——《国语》是一部汇编之书。就其文体而言,《国语》内容完整且具有相对独立性,有开端、发展、高潮和结局,情节一气呵成。以故事的形式将事件叙述出来,这种将事情的前因后果等放在一起去整体描述的方式,也是先秦文体的基本模式。先秦文体,从最早期的简单形态,演变到言少事多,言辞地位低、叙事地位高的形态,突出了先秦文体的包容性特色。

《国语》不是对于一国的记叙,而是对春秋时期八国史事的记载,或详或略,手法不同,艺术风格不同。相比于记事,记言要更为详细。甚至可以说,在《国语》中,一切都是为记言铺垫的,其中也包括叙事。叙事重点在于揭示这件事背后的道理,更关注对事情的分析,在思考下对此事进行判断,因此对叙事的部分并没有加重笔墨,叙事的大框架仅作为记言的背景。由此可以看出,作者的第一注意力并不在事件本身的叙述上。

《国语》虽以记言为主,但由于史料出处不同,各国的事件记述有轻有重。《周语》一般为政治方面的记言,侧重论证。《晋语》除了呈现可圈可点的讽刺滑稽艺术之外,还有最大的文本比例,篇幅最长,记述的事件比较详细。《鲁语》则以记录士大夫的言论计谋为主,多是积极向上的,侧重对国家治理的建议和

---

① 张舜徽. 中国史学名著题解[M]. 北京:东方出版社,2019.

对良好风尚的引导。《吴语》《越语》主要以战争为主进行叙事，而既然是战争叙事就离不开人物的对话，因此也属说体文的范畴。

《战国策》的叙事则通过叙述人的情感，将人物的感情注入故事情节，向读者传递无限的能量与情感。除此之外，还运用互见法，不仅鲜明地突出了主题，刻画了丰富饱满的人物形象，还在充分展示其艺术魅力的同时保持了实录的史学特性。

《左传》同样具有这种写作特色，其中不少细微的动作细节和故事情节是在过去的文体中较少见的。此外，《左传》还用到了排比等手法，叙事细腻而不失简约。如在对伯州犁"上下其手"的叙述上，语言非常简略，却能将公子围和伯州犁的性格及人物特色通过文字尽数呈现，不足五十字的文段，叙述出来的隐含情节却如此丰富，写作手法高明至极。

《吴越春秋》在叙述内容中加入了大量虚构的情节，让读者在阅读过程中感受到一种离奇而且荒诞的感觉，如在介绍吴越两国祖先时，讲述了许多传说，让整个故事情节变得奇异和神幻。这些都体现出先秦文献的包容性。

二、先秦文献具有写实性与灵活性

（一）先秦文献的写实性

在先秦时期，大部分文献都以国家为基点，其中的内容都与国家统治有关，所蕴含的除了在当时教化人们的礼乐文化外，还有相关的宗教及政治文化，因此可以说先秦文献具有写实性。直接体现出先秦文献写实性的是《诗经》中所说的"饥者歌其食，劳者歌其事"，即各有各的出发点，各有各的创作。围绕着生活进行的创作，被真实包围着，使读者产生共鸣。在先秦文献中，有些篇章是歌颂爱情，有些是控诉现实，有些是提供借鉴，有些是抨击政治，各有所指的同时，也都是当时社会的客观缩影。

再现历史有很多种方式，而先秦时期的文学作品大都选择了叙事这一种形式，叙事文体可以在很大程度上还原历史事实，把历史事实和叙事需求完美地结合在一起，通过文字呈现发生的故事，以精简明了的方式让读者感受，使读者接近历史，如先秦时期的史书《春秋》。"春秋"本是对各国史书的统称，"春秋书法"就是各国史官记事的成例。这里的"书法",是指古代史官记事的原则,即不仅叙述历史事件的前因后果,还有对相关人物做出褒贬评判。不仅墨子称见过百国《春秋》,孟子也提到过晋国有《乘》、楚国有《梼杌》。

这种记事的原则在《左传》中也有所体现。如,"大史书曰:'崔杼弑其君。'崔子杀之。其弟嗣书而死者,二人。其弟又书,乃舍之。南史氏闻大史尽死,执简以往。闻既书矣,乃还。"这段记载除了反映齐太史兄弟、南史氏的大无畏精神以外,还体现了书法无隐的记事法度。此外,这段文字还记载了孔子对此事的态度,显示了孔子对这种记事原则的自觉传承。

对于《左传》,有学者认为其中所用的史料有部分摘取自《国语》,还有一些已磨灭在历史长河之中。但就实际而言,《左传》和《国语》有着明显不同之处,《左传》所记述的史料更为详细,而《国语》则要粗略一些。而且从形式上来看,《左传》"原伯曰"的材料特点更偏向于《春秋事语》。所以《左传》材料的来源也是多元化的,左氏对材料的处理也加入了自己的倾向。所以《左传》中更体现出微言大义的韵味。

《国语》和《左传》的不同,在很大程度上是由于创作者和传播者的角度不同造成的。传播者在口头叙述时,往往会加上自己的见解与态度,以及对材料本身的理解,经自我加工后再去表达。心理学认为,知觉并不是无选择性的,刺激要经过知觉的筛选才可以储存在记忆之中,这一论点也很好地解释了《国语》《左传》所展示的文本各不相同的原因。

(二)先秦文献的灵活性

先秦文献体裁灵活,语言随意。随意性指作者不受局限。文字产生以前的原始歌谣和神话传说,自然是尽人脑所能想,尽人口所能言。文字产生的殷商时代,创作也是无所束缚。先秦文体具有复合的结构,这种特殊的结构使其承载了更加丰富的功能,使以口传为主的传播方式与文本叙事得到完美结合,把多种人类文化成果经过筛选记录到文本当中,这种结构方式也变得更加灵活。

面对旧制度的日益式微,旧秩序的日益崩坏,兼并战争的日益频繁,诸子百家的治世良方逐渐形成各种相对独立的思想体系。各个史官作者,根据历史的不断发展,通过越来越灵活和随意的语言,将历史事实与写作结合起来,通过不断的探索，使先秦时期的文献体裁变得灵活多样、丰富多彩，先秦文献因之变得越来越包容多样。为了传播自己的思想观念，人们竞相探寻最为合适的表达方式和最为精妙的语言技巧，从而形成了各自独特的审美情趣。

随着周天子权威的减弱，诸侯争霸、分裂局势的形成，诸子百家都在这一局势中发表自己的治世之道，发展自己的学术派别。随着学术交流的碰撞，人们越来越需要找到一种最为舒服简洁的交流方式和友善高超的语言技巧，去扩散自己的主张，使之产生潜移默化的影响。因此，先秦文献的语言及体裁在很大程度上有着随意性的发展。

《左传》作为先秦叙事文献，是以《春秋》为基础，根据孔子对《春秋》做出的重新叙述再述而成的。《左传》不仅对《春秋》具有重大的意义，使其散发出文学艺术的魅力，还对叙事文的发展具有开创性意义。《左传》不仅吸收利用了其他体裁传播的力量，而且开创了属于其自身的叙事方式。

《左传》采用的是包含起因、经过、结果以及人物、情节的整体散文创作过程，是散文文体。它不缺乏事件之间的联系表述，由若干情节组成一个个整体的故事，这是它与《春秋》的不同之处。《左传》善于将事件与人物高度结合，叙事水平已经达到了一个非常成熟的阶段。

例如，在庄公十八年楚武王之事中有如下描写："初，楚武王克权，使斗缗尹之。以叛，围而杀之。迁权于那处，使阎敖尹之。及文王即位，与巴人伐申而惊其师。巴人叛楚而伐那处，取之，遂门于楚。阎敖游涌而逸。楚子杀之，其族为乱。冬，巴人因之以伐楚。""十九年春，楚子御之，大败于津。还，鬻拳弗纳。遂伐黄，败黄师于踖陵。还，及湫，有疾。夏六月庚申卒，鬻拳葬诸夕室，亦自杀也，而葬于绖皇。"

关于楚武王的故事，《左传》对情节、经过有非常清晰的记叙，这与《春秋》是不同的，《春秋》甚至没有一点关于这件事的记载。《左传》是记言记事相结合，经常在叙事时加入人物的语言，体现出历史故事讲述的特点，也正是因为作者在上段话中加入了人物的语言，原本平平无奇的叙事文本变得更加生动，故事结尾又用人物的内心独白表达了作者的态度。

《战国策》是战国时期的叙事散文汇编，与《国语》《左传》叙事风格差别较大,记述了战国时期纵横家策士的言论和行动。它从特定的视角反映了战国时代纵横家独特的价值取向。它的记言斑驳绚丽,语言艺术更是具有鲜明的特点,其中的很多成语典故今天仍在使用。

例如:

> 楚有祠者,赐其舍人卮酒。舍人相谓曰:“数人饮之不足,一人饮之有余。请画地为蛇,先成者饮酒。”一人蛇先成,引酒且饮之,乃左手持卮,右手画蛇,曰:“吾能为之足。”未成,一人之蛇成,夺其卮曰:“蛇固无足,子安能为之足?”遂饮其酒。为蛇足者,终亡其酒。

又如:

> 虎求百兽而食之,得狐。狐曰:“子无敢食我也。天帝使我长百兽,今子食我,是逆天帝命也。子以我为不信,吾为子先行,子随我后,观百兽之见我而敢不走乎?”虎以为然,故遂与之行。兽见之皆走。虎不知兽畏己而走也,以为畏狐也。

《战国策》中的纵横家是将“德”与“利”掺杂在一起的,因此书中运用讽喻的手法表达作者的态度。如“邹忌讽齐王纳谏”,邹忌借妻子、朋友、妾侍对自己夸奖的目的不同讽喻齐王所处的环境,解释了治国之道,齐王由此广开言路,乐于纳谏。《战国策》中大多是策士的游说之辞,他们根据不同人物的不同身份地位,从个体出发,揣摩心理,最精彩的在于以小喻大,以家喻国,引人深思,并且随着主体变化,说谏也各有其异,没有固定的风格模式,精彩多变。

《战国策》对人物的描写刻画也极为娴熟,对大臣将士的谋策着重渲染,语言生动,比喻形象,不同的人物表现出不同的特点,有的老谋深算,有的狡兔三窟,计策令人拍手叫好。但是《战国策》最精彩之处在于将人物与叙事完美结合,人物与叙事并不是两个独立的个体,而是合二为一,以人物的主体性格为中心展开一系列的描写,用语言动作来表现主人公的形象。

如在“燕太子丹质于秦亡归”中,对人物的刻画灵活多样,将矛盾放置在具体的情节中展开。在具体的场面中,根据主题的不同,运用对比、反衬、内心独白等手法展开故事情节,灵活不拘谨,多变而在理,综合地运用写作方式,将文章推向高峰。又如在“冯谖客孟尝君”中,对主人公的刻画以事为中心,围绕着主体事件安排人物、穿插情节,体现人物鲜明的性格特点,巧妙地刻画人物形象。这些寓言简短,但表达准确,寓意深刻,给我们留下了“亡羊补牢”“鹬蚌相争,渔翁得利”等传世典故,将深刻的道理以短小精悍的形式表达出来,浅显易懂。

《战国策》与当时常见的史书大有不同,但是若将其放置在历史长河中纵观,可以看出它是战国时代思想活跃的历史见证,它的创作方式以及创作手法,在文学史上的作用是不可磨灭的,是极其珍贵的。《战国策》在文学形式以及文学创作上具有开创性意义,为后世留下了珍贵的文学史料。

此外,其他具有代表性的先秦文献如《庄子》,其中的人物塑造和语言描写更为简练,且人物性格鲜明,形象很是突出。利用具有开创性的讽刺语言进行反讽,是《庄子》的独特之处,这与先秦时代其他文献的严肃形成了鲜明的对比,《盗跖》是它的典型篇目。由此可以看出《庄子》在先秦文献中的标新立异之处。与此同时,各学派注重寓言的表达,如《说林》《吕氏春秋》等,都向我们展示了各种各样的寓言故事,具有深刻的道理,以至于我们现在阅读时,还可以感受到古人“备天地万物古今之事”的志向。

总体而言,《左传》《国语》《战国策》等书具有复杂的文本结构,许多由记言和叙事呈现的人物形象、情节结构以及丰富的表现手法都凸显了先秦叙事文的开创性意义。对于读者而言,我们得以更加直观地感受到先秦叙事散文与其他文体的不同之处。无论是《左传》《国语》还是《战国策》等史书,其文本在历史上都具有极重要的地位,意义非凡。

第五节 本书的研究目标与意义

笔者希望本书能通过运用语篇语言学研究的新角度、新方法,深入探讨先秦叙事文献的语篇问题,使读者得到新的收获。徐赳赳在《话语分析在中国》中曾指出:"我们应该用话语分析的理论方法来研究汉语,这样做至少有两个好处:一是可以充实和丰富话语分析理论,二是促进其他学科的研究。现在的研究成果显示:篇章对句法结构的形成有制约关系,篇章对句式变体的使用也有制约关系,句中也有篇章现象。对话语和篇章的研究,可以促进句法分析。"①何乐士先生则提出,"在语言研究过程中,选例式的研究固然占有它一定的位置,但要深入全面了解不同时代汉语的特点,总结汉语发展的内部规律,增强结论的科学性,关键是专书语言的穷尽性研究。专书语言研究是纵向或横向的专题研究、汉语断代史、汉语发展史、汉语历史大词典……等系统工程的可靠基石"②。同理,古汉语专书的语篇研究同样具有重要的意义。

本书希望能够突破先秦叙事文献研究的局限,突破现代语篇语言学研究语料的局限,从语篇语言学角度对先秦叙事语篇进行话语分析。研究的目标是探索认知的有限性和社会的限制如何决定语篇的底层结构,进而分析底层结构在表层的映射情况,即作者在描写事件时,是怎样把心理上的认知图式表达成线性序列文字的,并通过典籍间的横向对比、专书的内部对比,分析语篇结构类型,探索先秦叙事语篇的模式。具体研究目标如下:

第一,构建先秦叙事语篇分析的合适框架。

语篇分析的相关成果很多,但从语篇形式出发解释语篇构成的研究并不多。目前的语篇研究,多集中在外语语料和现代汉语语料上,对古汉语语料的分析较少,对先秦文献的语篇分析更少。语篇是为了实现特定的交际意图建构起来的语言符号系列,只有从交际意图出发,才能找到认识语篇的有效途径。所以,构建先秦叙事语篇分析的合适框架是本书的第一目标。

第二,开辟上古汉语语篇研究模式。

古汉语研究一直是汉语研究的重要领域,音韵、训诂、文字的研究仍然是主流,成果也颇丰。而古汉语语篇的研究相对薄弱。从现代语言学理论出发,对古

---

① 徐赳赳. 话语分析在中国[J]. 外语教学与研究,1997(4):23.

② 何乐士. 专书语法研究的回顾与展望[J]. 湖北大学学报(哲学社会科学版),2001(6):70.

汉语语篇做出分析,系统地分析先秦叙事文献语篇结构,不仅能够扩大研究视野,开拓研究空间,更能为上古汉语语篇研究带来思路、模式与方法上的新的突破。

语篇是为了实现特定交际意图建构起来的语言符号系列,对语篇的分析应该而且必须从交际意图出发,这样才能找到认识语篇的有效途径。因此本书以先秦文献叙事语篇为考察对象,通过对语篇结构类型的分析及其构建模式研究,探索先秦叙事语篇的生成机制。

本书的研究意义主要体现在如下方面:

理论价值方面:

(1)拓宽语篇语言学的研究范围。现有的语篇研究多集中在现代汉语上,古汉语语篇研究还处在起步阶段,研究的广度与深度有限。而古汉语语篇同现代汉语语篇既有相同点,又在衔接、省略、篇章结构等方面各具特色,本书的研究可以拓宽现代语篇语言学理论的研究范围。

(2)充分发挥先秦文献的语言学价值。在中国古代语言学史上,先秦文献占有重要地位,相关研究成果丰硕,角度多样,但语篇研究的专题专著仍属空白。本书通过对《左传》《国语》《战国策》等叙事语篇的多学科、多视角的梳理,试图为先秦的语言文献研究提供一种新的理论框架。

(3)探索传统学科研究的新思路。为古汉语的语篇研究提供新思路、新方法、新手段,促进上古汉语语篇研究的纵深发展,为考察古今语篇结构的异同提供依据。

实际应用方面:

(1)开辟先秦文献语篇研究新模式。探索先秦叙事文献结构分析的步骤、原则、方法,有助于对先秦典籍进行更为深入的了解,亦可促进语言学、叙事学、史学、文学等多学科的交融发展,为语篇语言学研究带来新的启发和成果,为汉语语篇史的建构打下基础。

(2)先秦文献一直是古代汉语教学的重点,对先秦文献的语篇结构、建构模式进行研究,有助于古汉语教学和科研工作的进一步发展,促进上古汉语的立体化研究。同时,此研究成果可以提高将汉语作为第二语言教学的阅读课与写作课的教学效果,提高学生的语篇理解能力和生成能力。

第二章　先秦叙事语篇的叙事视角与叙事时间

"叙",在《说文解字》中被解释为"次序"。"事",在《说文解字》中与"史"字同部,而"史"则为"记事者也"。因此,"叙事"可以理解为"有秩序地记述"。唐代刘知几在《史通·叙事》中有云:"夫史之称美者,以叙事为先","夫国史之美者,以叙事为工;而叙事之工者,以简要为主","盖叙事之体,其别有四:有直纪其才行者,有唯书其事迹者,有因言语而可知者,有假赞论而自见者"。[①] 这里的"叙事"是指记叙史事。

叙事对于我们来说并不陌生,这是一种人类独有的行为方式。叙事的传统历史悠久,如早期的"结绳而治""刻木为契"都是我们现在了解到的古人叙事的方法,文字发明以后,叙事更为方便。

傅修延在《先秦叙事研究:关于中国叙事传统的形成》一书中指出,中国叙事传统形成于先秦时期,并且先秦叙事往往是文史不分的。[②] 高小康在《中国古代叙事观念与意识形态》中也说,历史叙事与现实世界是可以对应起来的。[③] 先秦文献的叙事,是最早的汉语文本的基础形态,随着时间的推移,这种叙事已经成为一种习惯和传统。在先秦时期,人们的叙事方式大多是口头讲述,在这一特点的推动下,文本化逐渐发展,文字的材料起了关键的作用,最早的口头叙事一步步向文本规范化迈出前进的脚步,也因此形成了《左传》《国语》《战国策》等颇具先秦特色的叙事文本。

---

① 刘知几,章学诚. 史通·文史通义[M]. 长沙:岳麓书社, 1993:58,60.

② 傅修延. 先秦叙事研究:关于中国叙事传统的形成[M]. 北京:东方出版社,1999:313.

③ 高小康. 中国古代叙事观念与意识形态[M]. 北京:北京大学出版社,2005:17.

第一节 语篇的概念与先秦叙事语篇的分类

先秦文献数量大体确定，属封闭系统，但文献内容驳杂，因此首先要确定叙事语篇的标准，选出纯粹叙事性的段落来进行研究，以保证得到比较典型的语篇构建模式。

一、语篇的概念与类型

（一）语篇的概念

关于何为语篇，尚未有统一的界定。英语里有 text 和 discourse 两种表达，discourse 一词源于拉丁文 discursus，其义为“讲话”或“谈话”。

系统功能语法理论创始人 Halliday 和 Hasan 认为：“text”一词在语言学里指任何口头或书面的、长短不限的构成一个统一整体的段落，是使用中的语言单位，不是像小句或句子一样的语法单位，不能用长度来确定它。①

语篇组织模式理论创始人 Hoey 给 text 的定义是：text 可清晰地表示一个或多个作者和一个或多个读者之间相对独立的、有目的的互动，其中作者控制着互动并生产大部分或所有的语言。②

Kinneavy 认为，话语既指口语也指书面语，话语可以指一首诗、某次对话、某个悲剧、某个笑话、某次讨论会、某个历史故事、某次面试、某个电视广告或某篇文章。③

Brown 和 Yule 认为，“语篇”（text）应作为一个专业术语使用，“语篇”是交

---

① HALLIDAY M A K，HASAN R. Cohesion in English[M]. London：Longman，1976.

② HOEY M. On the surface of discourse[M]. London：George Allen and Unwin Ltd.，1983：6.

③ KINNEAVY J L. A theory of discourse：the aims of discourse[M]. New York：W. W. Norton & Company，1980.

际行为的文字记录。他们还将语篇按生产方式分为书面语篇(written texts)和口头语篇(spoken texts)。①

De Beaugrande 和 Dressler 认为,“英语的篇章(text)是使用中的话语(discourse)。他们还认为,某个篇章可以定义为符合篇章七要素的一次交际事件”②。七要素是指:衔接、连贯、目的性、可取性、信息性、情景性、互文性。其中衔接和连贯这两个要素被认为是语篇最主要的特征。

Schiffrin 认为:“话语可定义为超句子的任何语言单位,话语包括口语和书面语中的对话和独白。”③

汉语中也有“篇章”“语篇”“话语”等概念,中国古代学者也曾对“语篇”有所论述。

汉代王充在《论衡·正说》中曰:“夫经之有篇也,犹有章句。有章句,犹有文字也。文字有意以立句,句有数以连章,章有体以成篇,篇则章句之大者也。”④

《文心雕龙·章句》有载:“夫人之立言,因字而生句,积句而为章,积章而成篇。篇之彪炳,章无疵也;章之明靡,句无玷也;句之清英,字不妄也。”“寻诗人拟喻,虽断章取义,然章句在篇,如茧之抽绪,原始要终,体必鳞次。启行之辞,逆萌中篇之意;绝笔之言,追媵前句之旨:故能外文绮交,内义脉注,跗萼相衔,首尾一体。若辞失其朋,则羁旅而无友;事乖其次,则飘寓而不安。是以搜句忌于颠倒,裁章贵于顺序,斯固情趣之指归,文笔之同致也。”⑤认为语篇的单位是

① BROWN G, YULE G. Discourse analysis[M]. Cambridge: Cambridge University Press, 1983:4.

② DE BEAUGRANDE R, DRESSLER W U. Introduction to text linguistics[M]. London and New York: Longman, 1981. 转引自徐赳赳. 现代汉语篇章语言学[M]. 北京:商务印书馆, 2010:3.

③ SCHIFFRIN D. Conversation analysis[M]//NEWMEYER F J. Language: The socio-cultural context. Cambridge: Cambridge University Press, 1988:253. 转引自徐赳赳. 现代汉语篇章语言学[M]. 北京:商务印书馆,2010:3.

④ 王充. 论衡[M]. 上海:上海人民出版社,1974:427.

⑤ 刘勰. 文心雕龙[M]. 杭州:浙江古籍出版社,2011:121.

字、句、章、篇,说明了语篇的重要性。

现代学者陈平认为,话语分析要求分析对象是从书本材料或录音材料等自然素材中选取的实际用语,而话语分析既定性又定量的分析结果更多地表现出一种规律性,也就是注重语言使用的倾向。话语分析是一个动态过程。①

廖秋忠认为,语篇是一次交际过程中使用的完整的语言体。

胡壮麟认为,语篇是指任何不完全受句子语法约束的在一定语境下表示完整语义的自然语言。同时他提出可以用“语篇”统称“话语”和“篇章”,在使用场合确有特指的情况下才分说。

徐赳赳认为,话语篇章既包括口语也包括书面语。对话语篇章的理解,应建立在“话语篇章”这类词所出现的语境的基础之上。话语篇章有广义和狭义之分。

本书采用“语篇”(discourse)这一说法,在某些特定语境下,也使用“篇章”“话语”这种说法,而在语篇分析上,既讨论它的结构、修辞、句式,也分析其他的语言表达形式。

总之,语篇是言语作品,是交际过程中的产物。无论以何种形式出现,语篇都应该合乎语法、语义连贯,这种连贯既包括与外界在语义和语用上的连贯,也包括语篇内在的语言上的连贯。由于是语言交际的产物,语篇必须依赖具体的语境才能存在,同时还要具有明确的交际功能和目的,如传递信息、描述事件、发布命令等。由于语篇是被视为高于句子层面的语义单位,所以其规模就不能用长短来界定。判断一个语言单位是不是语篇,应该看其是否在特定的语境中表达了应有的含义或具有实际的交际功能。语篇是有效交际的基本单位。

(二)语篇的类型

关于语篇类型(text type mode),各家的观点并不完全一致,划分的标准也有所不同。

---

① 陈平. 汉语零形回指的话语分析[C]//中国语文编辑部. 中国语文 200 期纪念刊文集. 北京:商务印书馆,1989:43-58.

Kinneavy(1971)把语篇分为指代语篇(reference discourse)、劝说语篇(persuasive discourse)、文学语篇(literary discourse)、表达语篇(expressive discourse)。

Werlich(1982)根据人类认知范畴化的研究,将语篇分为五大基本类型:描述语篇(descriptive discourse)、叙事语篇(narrative discourse)、说明语篇(explanatory discourse)、论辩语篇(argumentative discourse)、指示语篇(instructive discourse)。

Longacre(1983)根据有无"时间连续性"和是否"关注动作主体",划分出了四种语篇类型:叙事、操作指南、行为言谈和说明。叙事语篇的特点是:[+时间连续性,+关注动作主体]。操作指南的特点是:[+时间连续性,-关注动作主体]。行为言谈的特点是:[-时间连续性,+关注动作主体]。说明语篇的特点是:[-时间连续性,-关注动作主体]。①

胡曙中先生指出:"语篇通常要完成人类四个基本的天生需求:(1)我们想要解释或提供信息;(2)我们想要使某人信服;(3)我们想要说某个东西看上去像什么,听起来像什么,摸上去像什么;(4)我们想要说发生了什么。这四个天生的需求决定了语篇的种类。每一个天生的需求代表了在某一特定种类语篇中要完成的目的。"②

方梅从功能类型出发,将语篇分为叙事语篇与非叙事语篇,又将后者具体分为程序、描述、评论三种——程序语篇回答"怎么做",描述语篇体现空间关系,评论语篇说明"为什么"。"时间性""动作主体"是典型的语法指标。叙事、程序、描述、评论是语篇的功能分类,更符合功能语法"功能需求塑造语法"的研究范式。③

上述学者的分类角度各有不同,但无论是哪一种分类方式,基本都包含了叙事语篇,并将其放在首位。叙事是人类认识世界和建构世界的一种重要途径

---

① LONGACRE R E. The grammar of discourse[M]. New York:Plenum Press,1983.

② 胡曙中. 现代英语修辞学[M]. 上海:上海外语教育出版社,2011:138-139.

③ 方梅. 语体动因对句法的塑造[J]. 修辞学习,2007(6):1-7.

与行为。

二、先秦叙事语篇的分类

(一)叙事语篇的概念

叙事是人们认识世界的一种重要方式,人们将各种经历、想象、经验组织成有意义的事件进行讲述。

在叙事活动中,讲述者要根据自身的能力、讲述的目的、听话者的认知水平选择合适的语言形式。同时,在讲述过程中通常要讲述清楚人、物、时间、空间等叙事要素。

Heffernan(1986)认为,叙事语篇就是描述一系列事件,而且叙事通常按时间的先后顺序展开,但有时为了避免叙述的程式化,也可能采用倒叙或插叙的方式进行叙事。

Prince(2011)认为,叙事语篇是表述一个或多个事件的话语,而且可采用后叙述、先叙述、同步叙述或插叙等形式。

当代语言学者 Labov 在 *Language in the inner city* 一书中提出了著名的"拉波夫叙事语篇分析模式",认为完整的叙事语篇包括六个要素:点题、指向、进展、评议、结局、回应。①

张四友认为:"点题"是叙事者在讲故事之前对故事所做的简要概括;"指向"是叙事者对事件发生的时间、地点、背景以及人物所做的描述;"进展"指故事的发生、发展;"评议"是叙事者对叙述中出现的各种情况的看法和评论;"结局"正式示意叙述终了;"回应"用来接应主题,使读者对叙事者有一个完整的了解,并把叙事者和听众从故事中带出来。②

---

① LABOV W. Language in the inner city[M]. Philadelphia: University of Pennsylvania Press,1972:73.

② 张四友. Labov 叙事语篇图式和 Hatch 的改进[J]. 武汉科技大学学报(社会科学版),2000(1):71-73.

陈前瑞以"汉语四层级体貌系统"①为依据,考察了叙事语篇与论证语篇在体貌上的宏观表现。该系统具体如下(见表 2-1):

表 2-1　汉语四层级体貌系统

核心视点体	未完整体(内部视点体)	词尾"着"
	完整体(外部视点体)	词尾"了"
边缘视点体	进行体(内部视点体)	正、正在、在、呢等
	完成体(外部视点体)	句尾"了"、词尾"过"、来着等
阶段体	起始体	起来
	延续体	下来、下去
	完结体	补语性的"完""好""过"
	结果体	补语性的"着""到""见"
	短时体	动词重叠(说说)
	反复体	复叠(说说笑笑)
情状体	状态情状	知道、是
	动作情状	跑、玩、唱歌
	结束情状	创造、建造
	达成情状	死、赢

总的来说,叙事语篇是以叙述为主要表达方式,以写人物的经历和事物的发展变化为主要内容的一种语篇形式。叙事语篇是对现实事件的记录。在一个叙事语篇中,作者或说话者一般会根据叙事的时间、地点、人物及情节等变化展开叙述。不过,当我们观察叙事语篇内部时,很容易发现叙事语篇内部也有不具备"时间连续性"和"关注动作主体"的描述性段落和评论性段落等。所以,叙事语篇是以叙事性段落为主、兼及其他功能类型的段落的组合。

① 陈前瑞. 汉语体貌研究的类型学视野[M]. 北京:商务印书馆,2008:271.

(二)先秦叙事语篇的分类

沃尔什提出两种历史叙事形式。一是“平淡叙事”,即只告诉我们发生什么事的叙述或编年史。二是“意蕴叙事”,即会向我们说明为什么发生的历史叙述。[①] 刘知几也曾说:“昔尼父裁经,义在褒贬,明如日月,持用不刊。而史传所书,贵乎博录而已。至于本事之外,时寄抑扬,此乃得失禀于片言,是非由于一句,谈何容易,可不慎欤!”[②]史书所贵者,一则实录,一则博采。实录则信史可鉴,博采则详备可征。

以上述观点考察《左传》《国语》《战国策》,可以发现其表现形式可归纳为如下两类:一是“以事为主”的客观记事;二是“言事相兼”的历史叙事。需要指出的是,这里区分的“客观记事”和“历史叙事”仅是就事件叙述的表现形式而言的,实际上无论是客观记事还是历史叙事,其本质都是相同的,都是作者借助语言文字形式表达交际意图,因而都打上了作者的思维烙印,带有主观性。

下面结合《左传》《国语》《战国策》等不同文献的特点对其语篇进行分类,并做详细分析。

1.《战国策》的语篇分类

战国时期是一个礼崩乐坏,各诸侯国之间纷争四起、逐鹿中原的时代,各国之间以势相争,以谋相夺。在这一历史背景下,各种军事战略思想和外交谋略蓬勃发展,而以此见长的谋臣策士也相继登上历史舞台,出现了这一时期特有的群体——纵横家。他们抓住机遇,利用诸侯的心理,或对其进行有针对性的游说,或为其出谋划策。

在此背景下诞生的《战国策》,除了是一部重要的具有研究价值的历史著作外,还是一部记载了谋臣策士思想主张与谏说言行的资料汇编。刘向在《〈战国策〉书录》中也有对当时情况的描述:“贪饕无耻,竞进无厌;国异政教,各自制断;上无天子,下无方伯。力功争强,胜者为右。兵革不休,诈伪并起。当此之

① 沃尔什.历史哲学导论[M].何兆武,张文杰,译.桂林:广西师范大学出版社,2001:100.

② 刘知几,章学诚.史通·文史通义[M].长沙:岳麓书社,1993:55.

时,虽有道德,不得施设。有谋之强,负阻而恃固,连与交质,重约结誓,以守其国。故孟子、孙卿儒术之士,弃捐于世;而游说权谋之徒,见贵于俗。”①

张瑞在其著作《先秦“说”体文叙事传统研究》②中指出,《战国策》里所收录的内容也都是说体文,符合陆机在《文赋》中对“说”的文体特点的描述——“说炜晔而谲诳”,即该文体具有鲜明生动与虚构的性质。刘知几在《史通》中对于战国时期的游说策士也有一定的描述——“剧谈者以谲诳为宗,利口者以寓言为主”。因此可以说,《战国策》的叙事除了客观叙事外,还具有虚构性与寓言性。

(1)虚构性叙事

①虚构性叙事的发生

《战国策》虚构性叙事的发生是基于战国时期这一特定的社会文化背景的。在这一时期,从诸侯国君至贵族权要,自上而下地形成了“养士”之风,且伴随着私学的兴起,“士人”阶层发展壮大,极大地推动了文化与学术的繁荣,促成了百家争鸣的局面。《战国策》的作者纵横家,也是诸子百家中的一支,其主要的活动就是政治外交与谏言献策。而作为臣客,在向君主进言献策、进行游说时的言辞,自然与以上凌下的诰文不同,由于他们不具备训诰者的身份地位,所以便更注重语言的运用与技巧。说客谋臣在对君主进行游说时,为追求信服力以及能够打动君主,使其立刻接受自己的观点主张,在列举事实来佐证自己观点的时候,往往不拘于事实,如对所举事例进行编排,对事件进行夸张、修饰与增减,语言也更为激扬恣放,具有煽动性,这就是虚构性叙事产生的原因。

②虚构性特征

与传统意义上的史书不同,《战国策》从内容上可分为与公认的史书所记载的历史事件或经过基本上相符的类型和与史料不符、与史实相悖、扭曲时空的类型两种。缪文远先生在其《战国策考辨》③中将二者名为信史类和拟托类,而被他所标记的拟托类有 97 篇之多,它们是《战国策》中虚构性叙事的主体。虽

---

① 陈振鹏,章培恒.古文鉴赏辞典.上册[M].上海:上海辞书出版社,1997:363.

② 张瑞.先秦“说”体文叙事传统研究[M].北京:中国社会科学出版社,2015.

③ 缪文远.战国策考辨[M].北京:中华书局,1984.

然这种非真实性的创作不是出自作者的本意，但这种拟托类的虚构性叙事，在性质上已经向文学创作靠近。此时的人们在《战国策》中记录历史，并不是出于对历史真实性的关注，而是通过讲述这些历史和重要人物的言行，来表明这些行为的意义与合理性。这些历史记录，更贴近于历史故事，所以这就是《战国策》文学性价值的所在，也表现出策士谋臣凭借口利之便纵横天下的能力。

在《战国策》中，有很多不以客观事实为依据的虚构性叙事。如《战国策·秦策二》中《医扁鹊见秦武王》一文中，扁鹊去见秦武王，武王把自己的病情告诉扁鹊，扁鹊建议其及早医治去除病患，可是大臣们却提出异议："君王的病灶在耳朵的前面、眼睛的下面，去除它，不一定能治好，弄不好反而会使耳朵听不清，眼睛看不清。"武王把这话告诉了扁鹊，扁鹊听了很生气，把治病的砭石一丢，说："君王同懂医术的人商量治病，又同不懂医道的人一道讨论，干扰治疗，凭这就可以了解到秦国的内政，如此下去，君王因为这样的行为，随时都有亡国的危险。"

在有关扁鹊的诸多史料中，其所记载的扁鹊活动的时间跨度非常大。如史书中最早记载的扁鹊给蔡桓公治病的时间是公元前695年。而《史记》中关于他的记载是扁鹊为赵简子治病，赵简子即赵鞅，为春秋末年晋国的大臣。班固在《汉书·古今人表》中把扁鹊和赵简子、越王勾践放在同一时代。如以《史记》为准，则其活动的时间约在公元前510年。而秦武王即位是在公元前311年，这中间相差约两百年。作者虚构此情节，让数百年前的名医为秦武王治病，意在借这位名医之口，表达出"国家大事还是应当与知之者谋"的道理，并以此来劝诫世人。

除此之外，还有很多游说之事与史料有所出入，具有一定的虚构性。如《战国策·秦策五》中的《濮阳人吕不韦贾于邯郸》一文，讲述了吕不韦为在赵国为质的秦公子异人进行多方游说后，使其重返秦国当上太子，后即位为王，命吕不韦为相的事件，但它与《史记》中《吕不韦列传》的记载也有所出入。

首先，在《吕不韦列传》中，吕不韦去秦国游说时，秦国还是秦昭王在位为王，安国君为太子。但在《濮阳人吕不韦贾于邯郸》中，未言明是谁在位，而是直接称呼安国君的华阳夫人为秦王后，表明已是安国君即位为孝文王的时期，时间上有出入。

其次,在《吕不韦列传》中,吕不韦是通过华阳夫人的姐姐来进行游说的——“而复以五百金买奇物玩好,自奉而西游秦,求见华阳夫人姊,而皆以其物献华阳夫人。因言子楚贤智,结诸侯宾客遍天下,常曰‘楚也以夫人为天,日夜泣思太子及夫人’。夫人大喜。不韦因使其姊说夫人曰:‘吾闻之,以色事人者,色衰而爱弛……’”但在《濮阳人吕不韦贾于邯郸》中,吕不韦则是通过先恐吓华阳夫人的弟弟阳泉君来吸引他的注意,再通过阳泉君来游说华阳夫人的——“乃说秦王后弟阳泉君曰:‘君之罪至死,君知之乎?君之门下无不居高尊位,太子门下无贵者。君之府藏珍珠宝玉,君之骏马盈外厩,美女充后庭。王之春秋高,一日山陵崩,太子用事,君危于累卵,而不寿于朝生。说有可以一切而使君富贵千万岁,其宁于太山四维,必无危亡之患矣。’阳泉君避席,请闻其说。不韦曰:‘王年高矣,王后无子,子傒有承国之业,士仓又辅之。王一日山陵崩,子傒立,士仓用事,王后之门,必生蓬蒿。子异人贤材也,弃在于赵,无母于内,引领西望,而愿一得归。王后诚请而立之,是子异人无国而有国,王后无子而有子也。’阳泉君曰:‘然。’入说王后,王后乃请赵而归之。”① 这是游说时中介人的不同。

最后,在《吕不韦列传》中,异人是在秦昭王围攻赵国,赵国想要杀死他的时候,与吕不韦谋划买通看守的官吏逃回秦国的。而在《濮阳人吕不韦贾于邯郸》中,是华阳夫人请求赵国送回异人,赵国不愿,后经吕不韦游说才同意送异人回国。这是关于异人返回秦国经过的不同。以上这些在钱穆先生的《先秦诸子系年》中也有所探讨。② 之所以会出现这样的出入,特别是对于异人顺利返回秦国历程的虚构,都是为了突出吕不韦的游说才能。

(2)寓言性叙事

①寓言性叙事的发生

在春秋战国时期,诸子百家的作品中也包含了很多寓言类故事,它们虽然

① 战国策[M].刘向校订,耿天勤注译.武汉:崇文书局,2020.36-37.

② 钱穆.先秦诸子系年[M].北京:商务印书馆,2001.

各具特色，但有一个共通性，就是它们中的大多数都是承载着各家思想学说的媒介，带有诸子百家学派鲜明的思想色彩，用以传播各家的思想。

《战国策》中的寓言则不同于同时期的其他诸子百家作品中的寓言，它的寓言往往是一些谋士权臣在政治或外交场合中，为帮助自己达成预期的政治目标而顺口说出来的即兴之作。特别是在游说时，游说者往往需要根据自己所要游说对象的主、客观情况，临时对言辞进行调整，以应对不同状况。而在谏言献策时适当地加入寓言故事，可以使自己的游说或谏言的目的，在听者乐于听闻的状态下达成。而且，谋臣策士大多数时候所要面对的是国君或一些权贵，这时更需要委婉地表达出自己的谏言，是以那些具有隐喻性质的寓言就经常被谋臣策士所使用，意在在保住自己性命的同时，提高谏言献策的成功率。这些寓言都有一个共通的结构，就是围绕一个中心观点来讲述故事，并在讲述完故事以后，对故事的中心论点进行概括与论述，从而点明主题，传达出自己的思想主张。而动物们因在生物性上与人类的生存本性具有一定的相似性，所以常常在寓言故事中被赋予鲜明的人类特质或巧妙地结合人类的社会性特点，从而达到幽默诙谐的语言效果。同时这种寓言故事通常是以对话的形式展开的，有问有答，这样不仅能够使交谈者的心理距离更加贴近，还可以使叙述的展开更为自然。

②寓言性叙事的分类

关于《战国策》中寓言性叙事的数量，陈蒲清先生在其著作《中国古代寓言史》中认为应是 54 则[①]，而熊宪光先生在《〈战国策〉寓言论》中则提出应是 74 则[②]。熊宪光先生的统计分类更为细致。在这里，我们沿用熊宪光先生在《〈战国策〉寓言论》中的 74 则的统计结果。在这 74 则寓言性叙事中，有明确的寓言讲述者的寓言为 57 则，剩下的 17 则是没有明确的使用语境、无使用者的寓言。具体统计见表 2-2。

---

① 陈蒲清. 中国古代寓言史[M]. 长沙：湖南教育出版社，1996.

② 熊宪光.《战国策》寓言论[J]. 北京师范大学学报，1987(2)：24-30.

表 2-2　《战国策》中寓言性叙事的数量统计

使用寓言的策士	使用到的寓言故事	总计（则）
陈轸	忠且见弃(《秦策一·张仪又恶陈轸于秦王》) 楚人有两妻(《秦策一·陈轸去楚之秦》) 思吴则将吴吟(《秦策二·楚绝齐齐举兵伐楚》) 管庄子刺虎(《秦策二·楚绝齐齐举兵伐楚》) 画蛇添足(《齐策二·昭阳为楚伐魏》) 麋与猎者(《楚策三·秦伐宜阳》) 同舟而济(《燕策二·或献书燕王》)	7
苏秦	土偶与桃梗(《齐策三·孟尝君将入秦》) 土梗与木梗(《赵策一·苏秦说李兑》) 柱山两木(《赵策一·苏秦为赵王使于秦》) 忠信得罪(《燕策一·人有恶苏秦于燕王者》)	4
范雎	博胜神丛(《秦策三·应侯谓昭王》) 群狗争骨(《秦策三·天下之士合从相聚于赵》) 周人卖朴(《秦策三·应侯曰郑人谓玉未理者璞》) 子死不忧(《秦策三·应侯失韩之汝南》)	4
甘茂	魏文侯示乐羊榜书(《秦策二·秦武王谓甘茂》) 曾参杀人(《秦策二·秦武王谓甘茂》) 江上处女(《秦策二·甘茂亡秦且之齐》)	3
苏代	周地贱媒(《燕策一·燕王谓苏代》) 一顾而马价十倍(《燕策二·苏代为燕说齐》) 鹬蚌相争(《燕策二·赵且伐燕》) 忠信受笞(《燕策一·苏代谓燕昭王》)	4
张仪	摩笄之山(《燕策一·张仪为秦破从连横谓燕王》)	1
田莘	美女破舌,美男破老(《秦策一·田莘之为陈轸说秦惠王》)	1
惠施	树杨与拔杨(《魏策二·田需贵于魏王》)	1
季梁	南辕北辙(《魏策四·魏王欲攻邯郸》)	1

续表

使用寓言的策士	使用到的寓言故事	总计（则）
中期	智伯之亡(《秦策四・秦昭王谓左右》)	1
庄辛	亡羊补牢(《楚策四・庄辛说楚襄王》)	1
周䜣	宋人名其母(《魏策三・秦败魏于华魏王且入朝于秦》) 殉以鼠首(《魏策三・秦败魏于华魏王且入朝于秦》)	2
魏加	惊弓之鸟(《楚策四・天下合从》)	1
史舍	叱犬(《韩策二・齐令周最使郑》)	1
史疾	鹊不可谓乌(《韩策二・史疾为韩使楚》)	1
司寇布	函冶氏买良剑(《西策周・司寇布为周最谓周君》)	1
江乙	狐假虎威(《楚策一・荆宣王问群臣》) 狗尝溺井(《楚策一・江乙恶昭奚恤》)	2
淳于髡	犬兔皆毙(《齐策三・齐欲伐魏》)	1
貂勃	狗吠(《齐策六・貂勃常恶田单》)	1
楼缓	公甫文伯母(《赵策三・秦攻赵于长平》)	1
段干越人	马不能千里(《韩策三・段干越人谓新城君》)	1
汗明	骥遇伯乐(《楚策四・汗明见春申君》)	1
冯忌	交浅言深(《赵策四・冯忌请见赵王》)	1
郭隗	五百金买骏马(《燕策一・燕昭王收破燕后即位》)	1
齐人	海大鱼(《齐策一・靖郭君将城薛》)	1
齐人	女子三十而不嫁(《齐策四・齐人见田骈》)	1
苏厉	百发百中(《西周策・苏厉谓周君》)	1
燕王喜	柳下惠不去鲁(《燕策三・燕王喜使栗腹以百金为赵孝成王寿》)	1
有人	老莱子教孔子事君(《楚策四・或谓黄齐》)	1
有人	晋人与楚人(《魏策四・管鼻之令翟强与秦事》)	1
有人	虎将即禽(《赵策一・谓赵王曰三晋合而秦弱》)	1
魏魀	虎怒决蹯(《赵策三・魏魀谓建信君》)	1
庞葱	三人言市有虎(《魏策二・庞葱与太子质于邯郸》)	1

续表

使用寓言的策士	使用到的寓言故事	总计（则）
张丑	老妾事主妇(《魏策一·张仪走之魏》)	1
复涂侦	复涂侦梦灶君(《赵策三·卫灵公近雍疸弥子瑕》)	1
龙阳君	龙阳泣鱼(《魏策四·魏王与龙阳君共船而钓》)	1
客	相马之工(《赵策四·客见赵王》)	1
赵奢	薄柱击石(《赵策三·赵惠文王三十年》)	1

而对于寓言题材的分类，谭家健先生在其著作《先秦散文艺术新探》①中，提出了拟人化的动物寓言、类型化的社会寓言和附会古人的历史寓言的三分法，胡如虹在《〈战国策〉研究》②中则采用了人物寓言和动植物寓言的两分法。而在赵阳、吴晓洪的《〈战国策〉中寓言主题的分类》③中，他们将《战国策》中的寓言按大国的自强与扩张、小国的寻求自保的意识分成两大类。这些学者都对《战国策》中的寓言性叙事进行了很好的分类，这里就不再赘述。

2.《左传》的语篇分类

《左传》是先秦时期一部极为重要的典籍，其记事始于鲁隐公元年，止于鲁哀公二十七年。全书共十八万字余，记叙了春秋时期二百五十多年的历史。"上自三代制度名物，下至列国赴告策书，与夫公卿大夫氏族谱传，大而天文地理，微而梦卜谣谶。"④可以说，《左传》是春秋时代的一部百科全书。《左传》的记事首尾完整，内容详备，文笔颇得称许。

《左传》的叙事可根据叙事特点分为"以事为主"的简单叙事和"言事相兼"的复杂叙事。

---

① 谭家健. 先秦散文艺术新探[M]. 济南：齐鲁书社，2007.

② 胡如虹.《战国策》研究[M]. 长沙：湖南人民出版社，2002.

③ 赵阳，吴晓洪.《战国策》中寓言主题的分类[J]. 扬州教育学院学报，2004(1)：24-25.

④ 黄洪宪. 春秋左传释附序[M]//《四库禁毁书丛刊》编纂委员会. 四库禁毁书丛刊：集部第30册. 北京：北京出版社，1998：134.

简单叙事可进一步细分为两类。第一类是只记叙一个事件,语言简洁,多为一句话或至多在三句话之内的语篇,我们称之为单一事件语篇。如:“冬,王师、秦师围魏,执芮伯以归。(桓公四年)”第二类是记叙多个事件,或者对事件中某个人物或事实等要素进行相对详细的展开的语篇,我们称之为简单事件语篇。如:“二月己丑,单子伐谷城,刘子伐仪栗。辛卯,单子伐简城,刘子伐盂,以定王室。(定公八年)”复杂叙事则是指《左传》中言事相兼的事件叙事,其段落较多、篇幅较长,我们称之为复杂事件语篇。下面我们将逐一探讨每种叙事形式的特点。

(1)“以事为主”的简单叙事

以事为主的简单叙事是指《左传》叙事中以事件为主轴,以简要的风格对事件发展进行较客观的叙述的记事,也可称之为纯客观记事。其语言简要、风格简练,对人物或细节较少展开。通常自成一自然段,交代清楚一事,所用语句基本在三句话之内,且事件主体只有一个。仅叙事,不记载事件中的人物语言。这类叙事在《左传》篇章中占比约为66%。

例如:

(冬)郑人伐卫,讨公孙滑之乱也。(隐公二年)

(夏)五月庚申,郑伯侵陈,大获。(隐公六年)

这类以事为主的客观记事,通常仅是记事,没有记言,但却能清晰地将战争事件叙述出来。尽管这类战争叙述描写,所用语句通常都是一到两句话,但却能清楚地交代战争事件的主体、发生地、发生时间,有时亦可交代战争的起因,或以极简的笔墨加入作者的评判。

此类叙事尽管语句短小,但表达形式却很丰富,如对战争起因的表述,在纯客观叙事中就有三种。

例如:

黄人不归楚贡。冬,楚人伐黄。(僖公十一年)

第一句交代了战争的起因,因为“黄人不归楚贡”,所以楚人伐黄,这个战争起因的描述,没有形式标记,直接被放在了段首。

初,鄀叛楚即秦,又贰于楚。夏,秦人入鄀。(文公五年)

在此例句中,“初”作为形式标记,交代了“秦人入鄀”的原因,不过用“初”字这一形式的有且仅有这一例。

郑人伐卫,讨公孙滑之乱也。(隐公二年)

在此例句中,以形式标记“……也”交代了战争事件“郑人伐卫”的原因。

从以上例句中不难发现,此类以事为主的客观记事,不仅数量较多,占比约为32%,构成了春秋这一时期的叙事脉络,其形式也是丰富的,既有不同形式的原因表达,有时也有在事件后对该事件进行的简要评述。

在客观记事中,结果的表现形式主要有如下两种。

第一种是通过“灭”“取”“入”“败”“伐”等动词词汇,直接告知结果。

例如:

八年春,灭翼。(桓公八年)

初,鄀叛楚即秦,又贰于楚。夏,秦人入鄀。(文公五年)

楚败徐于娄林,徐恃救也。(僖公十五年)

秋,取根牟,言易也。(宣公九年)

在《左传》记叙的战争中,使用“伐”字的通常结果较为明确。例如,在庄公的语料中有胜利15例,战败2例,结果未知6例。而使用“侵”和“袭”字的有时并不记叙结果。所以从中可以看出,左氏在选择叙战动词时是有意识的,这三个词的使用,本身就是选择的结果,就有意义。左氏对这三个动词的选择与使用就是在借其表达态度与观念,在这个过程中将作者的交际意图明确地表达出来。

另一种结果的表现形式,没有明确的形式标记,而是通过具体描写,直接叙述出战争的结果。

例如:

冬,楚人伐郑,斗章囚郑聃伯。(僖公二年)

二十八年春,齐侯伐卫。战,败卫师。数之以王命,取赂而还。(庄公二十八年)

王以戎难故,讨王子带。秋,王子带奔齐。(僖公十二年)

从结果的数量上看,可分为一个结果和多个结果。在多数的客观记事中,因为事件记载单一,所以结果也是单一的。例如,在例"冬,楚人伐郑,斗章囚郑聃伯"中,"斗章囚郑聃伯"即楚伐郑这次战争的单一结果。而在极个别的事件中,也有交代了两个战争结果的。例如,在例"二十八年春,齐侯伐卫。战,败卫师。数之以王命,取赂而还"中,"败卫师"是第一个结果,"取赂而还"是第二个结果。

总体而言,此类以事为主的客观记事,内容简洁,数量丰富,记载的事件多是小国之间的战争。它们为我们建构了春秋时期的完整语境,梳理了叙事的主体脉络,也为历史叙事进行了铺排与准备。

(2)言事相兼的复杂叙事

刘知几有云:"左氏为书,不遵古法,言之与事,同在传中。然而言事相兼,烦省合理,故使读者寻绎不倦,览讽忘疲。"①"事见于言,言见于事"的历史叙事也是《左传》主要的叙事表现形式。这类言事相兼的叙事是由人物言论和事件情节构成的,是撰史者在对史料进行选择、取舍之后,通过重新剪裁安排、精心加工而成的,更能体现作者的叙事意旨。这种叙事形式在全书中所占的比重虽

① 刘知几,章学诚. 史通·文史通义[M]. 长沙:岳麓书社, 1993:9.

较小,但却是全书最为精彩的一个部分。

我们试举“隐公十一年齐郑鲁伐许”一例进行分析。

夏,公会郑伯于郲,谋伐许也。【背景】郑伯将伐许,五月甲辰,授兵于大宫。【准备】公孙阏与颍考叔争车,颍考叔挟辀以走,子都拔棘以逐之,及大逵,弗及,子都怒。【相关人物事件】

秋七月,公会齐侯、郑伯伐许。庚辰,傅于许。颍考叔取郑伯之旗蝥弧以先登。子都自下射之,颠。瑕叔盈又以蝥弧登,周麾而呼曰:“君登矣!”郑师毕登。壬午,遂入许。许庄公奔卫。【经过+结果】

齐侯以许让公。公曰:“君谓许不共,故从君讨之。许既伏其罪矣,虽君有命,寡人弗敢与闻。”乃与郑人。【后续事件】

郑伯使许大夫百里奉许叔以居许东偏,曰:“天祸许国,鬼神实不逞于许君,而假手于我寡人。寡人唯是一二父兄不能共亿,其敢以许自为功乎?寡人有弟,不能和协,而使糊其口于四方,其况能久有许乎?吾子其奉许叔以抚柔此民也,吾将使获也佐吾子。若寡人得没于地,天其以礼悔祸于许,无宁兹许公复奉其社稷。唯我郑国之有请谒焉,如旧昏媾,其能降以相从也。无滋他族,实逼处此,以与我郑国争此土也。吾子孙其覆亡之不暇,而况能禋祀许乎?寡人之使吾子处此,不唯许国之为,亦聊以固吾圉也。”

乃使公孙获处许西偏,曰:“凡而器用财贿,无置于许。我死,乃亟去之。吾先君新邑于此,王室而既卑矣,周之子孙日失其序。夫许,大岳之胤也,天而既厌周德矣,吾其能与许争乎?”【后续事件】

君子谓:“郑庄公于是乎有礼。礼,经国家,定社稷,序民人,利后嗣者也。许无刑而伐之,服而舍之,度德而处之,量力而行之,相时而动,无累后人,可谓知礼矣。”【评价】

郑伯使卒出豭,行出犬鸡,以诅射颍考叔者。君子谓:“郑庄公失政刑矣。政以治民,刑以正邪,既无德政,又无威刑,是以及邪。邪而诅之,将何益矣!”【后续事件+评价】

王取邬、刘、蒍、邘之田于郑,而与郑人苏忿生之田:温、原、絺、樊、隰郕、攒茅、向、盟、州、陉、隤、怀。君子是以知桓王之失郑也。恕而行之，德之则也，礼之经也。己弗能有而以与人，人之不至，不亦宜乎。【后续事件+评价】(隐公十一年)

隐公十一年齐郑鲁伐许的事件，记叙得较为详细。开篇点出事件发生的背景“夏，公会郑伯于郲，谋伐许也”，以及事件中的相关人物“公孙阏与颍考叔”。接下来通过事件中人物的行为与语言——“颍考叔取郑伯之旗蝥弧以先登”，“瑕叔盈又以蝥弧登”，“周麾而呼曰：‘君登矣！’”交互铺排，推动情节发展，完成了对战争事件经过与结果的叙述。又在此次战役后，对战争所引起的后果，即后续事件，进行了详细的叙述，并加入了“君子谓”的点评。战争的后续事件既包括对许国的安置也有对射颍考叔者的诅咒。君子认为，对于许国的安排，郑庄公是守礼的，但是对于射杀颍考叔的人的处理，郑庄公又是失政的。作者在后续事件中安排了大量的人物语言。

左氏在撰史过程中所见到的史料往往是片段的、割裂的，这就需要其运用一种合情合理的适度联想与想象，将史料转化为蕴含史义的历史叙事。所以撰史者通过历史想象，一方面将史料进行转化，组织成历史，另一方面也将撰史意图与观念通过想象的方式表达出来。言事相兼的历史叙事能够寄托史义和借言叙事，并且同样地为我们提供了完整的语境。

3.《国语》的语篇分类

《国语》的语料，时间线索并不明晰。各国之间语料的多寡也不均衡。清人崔述就指出：“《左传》之文年月井井，事多实录；而《国语》荒唐诬妄，自相矛盾者甚多。《左传》记事简洁，措词亦多体要；而《国语》文词支蔓，冗弱无骨。”但事实上，细观各国内部语料就可以发现其仍是按事件发生的先后顺序来进行编排的。

首先，在《国语》240余则“语”料中，有许多“语”料是以某一特定人物为中心进行集中编排的。其次，《国语》虽然载录了大量的人物之“语”，但这些“语”料类型不一，形式多样。俞志慧先生认为，按其表达方式，可在总体上将其分为重在记言和重在记事两类。

《国语》的叙事模式也因其语料的特点而不尽相同。

(1)一对一式记事

这种叙事模式在《国语》中比较常见,大多数的篇目都是一篇记一事。通常篇幅较短,但是情节完整,逻辑缜密。

例如《周语·密康公母论小丑备物终必亡》有载:

> 恭王游于泾上,密康公从,有三女奔之。其母曰:"必致之于王。夫兽三为群,人三为众,女三为粲。王田不取群,公行下众,王御不参一族。夫粲,美之物也。众以美物归女,而何德以堪之?王犹不堪,况尔小丑乎?小丑备物,终必亡。"康公不献。一年,王灭密。

该篇记载,周恭王在泾水游玩时,有三个同姓的女子投奔密康公,密康公的母亲劝他把这三个女子献给周恭王,不要贪图享乐,但是密康公没有听取母亲的意见,最后应了母亲所言,最终密康公被灭。

又如,在《周语·芮良夫论荣夷公专利》的记叙中,周厉王喜欢荣夷公,但是荣夷公贪恋权势,唯利是图,是对国家有害的人,芮良夫劝谏周厉王不要过于宠信这样的人,但周厉王没有把芮良夫的话放在心上,最终周厉王丧失民心,被放逐在外。

这些篇目虽然比较精简,但是情节并不零碎,同时能让人在有限的文字中品读出人物的性格特征。

(2)一对多式记事

这里主要指一个篇目记载了多个事件,这样的篇目通常文本内容较多,涉及的人物也多,提到的地点也多,叙事线索并不单一,但是整个篇目的叙事并不拖沓,人物的语言十分精简,叙事逻辑也很清晰,不会让人觉得读不通,体现出了作者高超的叙事技巧。

以《晋语·里克杀奚齐而秦立惠公》为例,这一篇目主要讲述了晋国国君崩逝,在国家危急存亡之际,急需选出王位继承人,里克杀掉了公子奚齐和卓子,企图立重耳,朝中另一派则拥戴夷吾,于是大夫们请求秦穆公念及与晋王的关系,来帮助晋国渡过难关。秦穆公虽然认为重耳是懂得礼法的君子,但为了不让晋国危及秦国的存在而选择了拥立贪恋权势、急功近利的夷吾为国君。该篇出现的人物众多,涉及多个国家,但是在叙事层面上把事件的经过逻辑清晰地呈现在了读者眼前。

(3)多对一式记事

多对一式记事主要指的是多篇文章记录一件事情的全过程,这在《国语》当中是比较少见的,所能列出的篇目很少,但是这种叙事使内容更加详细化,能够极大地还原事件的起因、经过和结局,在叙事过程中能更好地彰显人物性格,使得人物形象更加丰满。

比如《越语》中的《越语·勾践灭吴》《越语·范蠡进谏勾践持盈定倾节事》《越语·范蠡劝勾践无蚤图吴》《越语·范蠡谓人事至而天应未至》《越语·范蠡谓先为之征其事不成》《越语·范蠡谓人事与天地相参乃可以成功》《越语·越兴师伐吴而弗与战》《越语·范蠡谏勾践勿许吴成卒灭吴》《越语·范蠡乘轻舟以浮于五湖》,这些篇目主要记载了越王灭吴的过程,越王在征讨吴国的过程中多次询问范蠡的意见,讲究作战的种种条件,以确保万无一失。这些篇目的叙事很好地塑造了范蠡的形象,突出了范蠡足智多谋、为人谦逊的特点。

《国语》中所体现的叙事特点如下:

第一,重视因果。

《国语》中的叙事十分遵循因果规律,尤其是在国君的统治方面,呈现出了明显的因果关系。例如在《周语·祭公谏穆王征犬戎》中,周穆王想要征讨犬戎,祭公极力劝谏,以先王高尚的品德为例,想要让周穆王放弃征讨,但是周穆王仍然不听劝告,征讨犬戎,最后以失败告终,还失去了荒服地区诸侯的朝拜。在《周语·虢文公谏宣王不籍千亩》中,周宣王即位后,不去行天子耕籍田一千亩之礼,虢文公劝谏周宣王应当以百姓的生计为重,像先王一样重视民生,重视农业,从而使国富民强,但是周宣王不以为意,三十九年后,在千亩发生战争,由于国家生产力低下,民心溃散,王室的军队最终被打败。从这里不难看出,《国语》在叙述过程中十分重视因果。

第二,重视礼法。

《国语》中的篇目大多数都含有规劝类的话语,同时这些劝辞主要是围绕礼法展开,有着一种强烈的儒家色彩。比如在《周语·祭公谏穆王征犬戎》中,主要讲述的是周穆王想要征讨犬戎,但是祭公并不赞同周穆王的做法,于是他开始对周穆王进行规劝,祭公先是以先王之德表示应以德昭示天下而非炫耀武力,并列举先贤的做法,提出做事要讲究礼法,不能脱离礼法而乱为,那样会导致国家灭亡。

第三,逻辑严谨。

《国语》在叙事方面十分严谨,虽然有些篇目记载的是两人之间的对话,但有理有据,逻辑清晰,有说服力。比如《周语·仲山父谏宣王料民》记载了周宣王在失去了南方的军队后,想要在太原查点百姓,但是仲山父劝谏说:“民不可料也!”为什么说“民不可料也”?接下来就从三个方面来论述原因。首先,举了古时候的例子,那时候不用查点百姓就能够知道具体人数,因为有对应的官员在负责关于百姓生活的方方面面,所以不需查点也是十分清楚的。接下来又说明了天子在日常游猎时也会对百姓的数目进行相应的了解,又何必多此一举呢?最后,仲山父又从查点百姓的不利之处出发,说明了查点百姓会使诸侯疏远、政令难以推行等弊端,从多个方面系统地说明了查点百姓是不正确的。如此,充分体现出《国语》在叙事方面的逻辑性。

总体来说,《国语》中的不同篇目在叙述过程中的特点各不相同,《周语》中多劝谏类的篇目,多是引用古时的礼法制度和先贤的典故来对当时的统治者进行警示和规劝。如在《周语·邵公谏厉王弭谤》中,周厉王暴虐无道,杀害了监察天子的人,邵公知道了以后立刻进行劝谏,层层引证,用礼法来进行规劝。

三、先秦叙事语篇的叙事目的

“中国古代的编年史,殷代的卜辞是直接的渊源。”①“用这种文字去记载殷

① 刘节.中国史学史稿[M].郑州:中州书画社,1982:17.

的世系、事迹。这就是我国最古的雏形史书”①。早期的记事之史已不可考，记事准则也不可知。春秋时期的记事准则可从《左传》中推得一二。《左传》中有“宋不告命，故不书。凡诸侯有命，告则书，不然则否。师出臧否，亦如之。虽及灭国，灭不告败，胜不告克，不书于策”的记载，意思是只要不告知他国的史官，他国史官便不会记录。而到了春秋中晚期，告知制已有了变化，独立记事的史官已经形成，其事告或不告，都会有史官记录下来，并且史官的自主意识和历史责任感也大大提高，形成了据事直书的记事准则。

正如刘知几所说：

> 盖烈士徇名，壮夫重气，宁为兰摧玉折，不作瓦砾长存。若南、董之仗气直书，不避强御；韦、崔之肆情奋笔，无所阿容。虽周身之防有所不足，而遗芳余烈，人到于今称之。②

这种以生命为代价的记史活动，蕴含着求实精神。但先秦撰史的详细情况现已不得而知，不过可从《史记》《汉书》等文献中窥得一二。

司马迁在《太史公自序》中说：

> 二十而南游江、淮，上会稽，探禹穴，窥九疑，浮于沅、湘；北涉汶、泗，讲业齐、鲁之都，观孔子之遗风，乡射邹、峄；厄困鄱、薛、彭城，过梁、楚以归。③

又在“太史公曰”中言：

> 学者多言无鬼神，然言有物。至如留侯所见老父予书，亦可怪矣……而留侯常有功力焉，岂可谓非天乎？……余以为其人计魁梧奇伟，至见其

---

① 张孟伦. 中国史学史[M]. 兰州：甘肃人民出版社，1983：2.

② 刘知几. 史通通释[M]. 浦起龙，释. 上海：上海古籍出版社，1978：193-194.

③ 司马迁. 史记[M]. 北京：中华书局，1999：2489.

图，状貌如妇人好女。盖孔子曰："以貌取人，失之子羽。"留侯亦云。[①]

吾过大梁之墟，求问其所谓夷门。夷门者，城之东门也。[②]

由此可以看出，撰史者在收集材料、剪裁内容时不仅会依据赴告文书、典藏档案，还会对民俗异事进行实地探访，这样所成史书才较为客观可信。并且先秦时期的书写条件是十分艰苦的，当以毛笔写于竹简或木牍之上，一根竹简大致能书写八到十余字。因此作者在写作之时不能用大量文字来描述事件的发展，只能取其精要，也就形成了简洁的叙事风格。

在先秦的观念中，史书主要的功能是教育。

《国语·楚语·申叔时论傅太子之道》记载：

教之春秋，而为之耸善而抑恶焉，以戒劝其心；教之世，而为之昭明德而废幽昏焉，以休惧其动；教之诗，而为之导广显德，以耀明其志；教之礼，使知上下之则；教之乐，以疏其秽而镇其浮；教之令，使访物官；教之语，使明其德，而知先王之务用明德于民也；教之故志，使知废兴者而戒惧焉；教之训典，使知族类，行比义焉。[③]

先秦时期的叙事者能够有意识地从历史上发生的事件中总结经验，寻求规律，注意到人的重要性，无论是统治者、将士，还是普通的百姓。《左传》中蔡声子就专门对楚材晋用做了透彻说明，详细表述了楚国用人不当所导致的种种恶果——用人者兴，弃人者亡。在叙事过程中秉持德、礼、孝、悌、忠、信等人文思想，以德为主进行材料的取舍、要素的铺排与省略。先秦时期，大大小小的战争不计其数，虽然"春秋无义战"，战争的本质无非是对土地及切身利益的争夺，但是在叙事者的笔下，这些战争还是有区别的。"礼""义"是衡量的主要标准。

① 司马迁. 史记[M]. 北京：中华书局，1999：1635.
② 司马迁. 史记[M]. 北京：中华书局，1999：1868.
③ 国语[M]. 北京：中华书局，2007：290.

并且,尽管决定战争胜负的因素有很多,如军事因素、政治因素等等,但左氏还是更多地强调“礼”,有了“礼”“义”,战争才可以师出有名,可以大张旗鼓地进行,才能取得胜利。这就是春秋时期的“无礼不行,不义不战”。先秦叙事的叙事意图与原则皆以“礼”为准则。伦理意识与道德观念是周代文化的深层结构,中国的传统思维方式是一种以伦理意识为核心、以现世性和实用性为基本取向的思维方式。在此思维方式的影响下,先秦史书,它们的主要功能是:资鉴劝惩;教育功能;保存文献;文化传播。

第二节　先秦叙事语篇的叙事视角

叙事视角是指让叙事者采取怎样的角度来观察故事,叙述故事。叙事视角也称叙述聚焦,“作者必须创造性地运用叙事规范和策略,使用某种语言的透视镜、某种文字的过滤网,把动态的立体世界点化(或幻化)为语言文字,凝结为线性的人事行为序列。这里所谓语言的透视镜或文字的过滤网,就是视角”①。

常见的叙事视角有第三人称全知叙事视角、第三人称限知叙事视角和纯客观的史官叙事视角等。

一、第三人称全知叙事视角

欲成“究天人之际,通古今之变”的史书,必须多方搜集史料,全面实录。没有全知视角,这是极难实现的。因此,《左传》《战国策》《国语》在整体上呈现出对第三人称全知叙事视角的大量运用。作者不仅知道事件的起因、经过和结果,而且知道人物的现在、过去和未来,包括那些鲜为人知的细节和秘密。不论是闺房私语、暗室密谋,还是个人心理独白,作者都能站在一个高于他所记叙的文本的高处俯视着每一枝枝蔓蔓。

第三人称全知叙事视角就是没有固定的观察位置,“叙述者可从任何角度、

① 杨义.中国叙事学[M].北京:商务印书馆,2019:260.

任何时空来叙事:既可高高在上地鸟瞰,也可看到在其它地方同时发生的事;对人物的过去、现在和未来均了如指掌,也可任意透视人物的内心"[①]。"他可以用第三人称写作,做一个'全知全能的作家'。这无疑是传统的和'自然的'叙述模式。作者出现在他的作品的旁边,就像一个讲演者伴随着幻灯片或纪录片进行讲解一样。"[②]这种"讲解"可以超越一切,历史、现在、未来全在他的视野之内,任何地方发生的任何事,甚至是同时发生的几件事,他全都知晓。

(一)第三人称全知叙事视角在《左传》中的运用

1. 全面呈现历史事件的复杂情状

如僖公二十八年的"晋楚城濮之战"是春秋四大战役之一,该篇也是描写战争场面的名篇。作者详细交代了战争的起因、经过、结果。

作者从晋国写起,"二十八年春,晋侯将伐曹,假道于卫,卫人弗许"。接着记叙了元帅先轸为晋文公谋划。视角转向楚国,楚国君臣离心,将帅骄横,"王怒,少与之师,唯西广、东宫与若敖之六卒实从之"。通过对晋、楚交战双方全知性的叙述,提前预示了战争的结局。最终晋国打败了楚国,"楚右师溃",继而"楚左师溃"、"楚师败绩"。

在这场战役中,作者无所不知,从子玉战前的梦境,到晋楚两国交战前的准备以及战争的经过,再到楚国失败的原因、子玉的自刎,都交代得清清楚楚,使读者如临其境。

2. 全面展示人物的性格命运

作者运用全知的视角,揭示了每一个历史人物的性格特点,通过人物对话等表现人物的特征。如僖公四年"齐桓公伐楚"事件中就呈现了一个性格饱满、智谋无双的贤相形象。

僖公四年春天,齐侯率军队伐楚。楚派使臣询问原因,齐国的国相管仲说出了三个理由。第一个是:"昔召康公命我先君大公曰:'五侯九伯,女实征之,

---

① 申丹. 全知叙述模式面面观[J]. 国外文学,1995(2):3.

② 勒内·韦勒克,奥斯汀·沃伦. 文学理论[M]. 刘象愚,等,译. 杭州:浙江人民出版社,2017:218.

以夹辅周室。'"这里充分体现了管仲的外交主张,即凭借"尊王攘夷"的旗号,用诸侯长的身份讨伐对天子不敬的人。第二个理由是"尔贡包茅不入,王祭不共,无以缩酒"。第三个理由是"昭王南征而不复"。其实昭王南征是在几百年前,这三个理由都是齐伐楚的借口,但管仲却能由近及远、有理有据地列出来。这种作者全知视角的叙述,让我们对人物性格、事件背景的理解更为深入。

3. 揭示宫闱秘事和人物间的隐秘关系

《左传》中既有恢宏的战争场面描写,也有宫闱闺阁的私密对话,通过这种全知的描述,读者可以更清楚事件的前因后果。如僖公四年,献公宠姬骊姬与中大夫合谋陷害太子申生,骊姬让太子祭祀,太子在祭祀后为其父君进献,结果献品被骊姬"置诸宫"六日,"公至,毒而献之",姬泣曰:"贼由大子"。最终太子逃奔新城。如此隐秘的事件,作者却记录得这样详细,这是典型的第三人称全知视角的运用。

这种第三人称全知叙事视角的运用可以增大叙事的广度,揭示复杂的人物关系和事件的因果联系,但也正因为作者的这种无所不能,叙事的可信性被削弱,读者的再创作空间也很有限。

(二)第三人称全知叙事视角在《战国策》中的运用

《战国策》中《齐策一·邹忌修八尺有余》就是典型的对第三人称全知叙事视角的运用。

语篇从邹忌的外貌入手,写他"八尺有余""身体昳丽"。然后具体讲述了邹忌与其妻、其妾以及客人的三次对话"我孰与城北徐公美?"他的妻子、妾室、客人均称徐公未有邹忌美。三次对话,作者如在其境,全知地讲述了各个环境中的私人对话,并且还全能地知道了邹忌的心理变化。从开始的"忌不自信"到"自以为不如",再到"窥镜而自视,又弗如远甚",以及最后邹忌躺在床上的思考——"吾妻之美我者,私我也;妾之美我者,畏我也;客之美我者,欲有求于我也。"邹忌的心理活动,别人是不可能知晓的,但是叙事者却对邹忌的心理了如指掌,描写得十分生动。叙事者全知全能,将各种情形下的对话和邹忌的内心世界完全暴露在读者面前。

再如《秦策一·苏秦始将连横》中,苏秦与秦惠王的对话,叙述者娓娓道来,仿佛身在其中。

苏秦始将连横,说秦惠王曰:“大王之国,西有巴、蜀、汉中之利,北有胡貉、代马之用,南有巫山、黔中之限,东有肴、函之固……愿大王少留意,臣请奏其效。”

秦王曰:“寡人闻之,毛羽不丰满者,不可以高飞;文章不成者,不可以诛罚;道德不厚者,不可以使民;政教不顺者,不可以烦大臣。今先生俨然不远千里而庭教之,愿以异日。”

苏秦曰:“臣固疑大王之不能用也……以此论之,王固不能行也。”

直到苏秦“十上书而说不行”,形容枯槁,面目黧黑归家,父母妻嫂都对他非常漠然,甚至不与其言。

苏秦喟叹曰:“妻不以我为夫,嫂不以我为叔,父母不以我为子,是皆秦之罪也。”乃夜发书……曰:“安有说人主不能出其金玉锦绣,取卿相之尊者乎?”

后苏秦被封为武安君。

将说楚王,路过洛阳。父母闻之,清宫除道,张乐设饮,郊迎三十里。妻侧目而视,倾耳而听;嫂蛇行匍伏,四拜自跪而谢。苏秦曰:“嫂何前倨而后卑也?”嫂曰:“以季子之位尊而多金。”苏秦曰:“嗟乎!贫穷则父母不子,富贵则亲戚畏惧。人生世上,势位富贵,盖可忽乎哉!”

苏秦自己的喟叹,苦读时的自我激励,不可能向他人倾吐,苏秦路过洛阳时家人种种的行为亦达不到如此夸张的地步,但叙事者却将这些娓娓道来,似眼见耳闻一般。

(三)第三人称全知叙事视角在《国语》中的运用

《国语·晋语·优施教骊姬谮申生》中有载:

> 优施教骊姬夜半而泣谓公曰:“吾闻申生甚好仁而强,甚宽惠而慈于民,皆有所行之。今谓君惑于我,必乱国,无乃以国故而行强于君。君未终命而不殁,君其若之何?盍杀我,无以一妾乱百姓!”
>
> 公曰:“夫岂惠其民而不惠于其父乎?”

这本是君王与妃子在夜半时分共处一室私语的内容,其实从正常的角度来说,寻常的夫妇在晚上说话时都会低语,不易叫人察觉或被他人偷听,更何况这是一国之君与其宠妃,理应不被他人所知道。但是在《国语》中,这些却被完整地记录了下来。究其原因,是这里的叙述者拥有全知的视角。这也是《国语》叙事的一个突出方面。

这种第三人称全知叙事视角的最大优点在于视野开阔,适合表现时空延展度大、矛盾复杂、人物众多的题材。其次,是便于全方位地描述人物和事件。另外,作者在局部灵活地暂时改变观察或叙述角度,增加了作品的可信性,又使叙事形态显出变化,从而强化其表现力。此外,叙事朴素明晰,使读者读起来觉得轻松。

但这种叙述视角的缺陷也是相当明显的。它经常受到挑剔和怀疑的便是叙事的可信性。“常用的方法就是无所不知的作者不断地插入故事当中向读者讲述他们需要知道的东西。这种步骤有些牵强,它容易破坏故事的幻觉,除非作者本人是个极为有趣的人,否则这种插入是不受欢迎的。”①因为这里只有作者的一个声音,一切都是作者意识的体现。再者,这种叙事形态大体是封闭的,结构比较呆板,时空基本按照自然时序延伸扩展或改变,缺少腾挪跌宕,加之是“全知”的叙事,留给读者的再创造余地十分有限。

---

① 万·梅特尔·阿米斯. 小说美学[M]. 傅志强,译. 北京:燕山出版社,1987:182.

二、第三人称限知叙事视角

在第三人称限知叙事视角的情况下,叙述者和人物知道得同样多。对事件的解释,在人物没找到答案之前,叙述者也不能向我们提供。第三人称限知叙事视角受到一定的限制,作者借故事中的人物观察和叙述一切,推动情节发展。作者的视野和故事中的人物的视角是完全重合的。在运用第三人称限知叙事视角的时候,作者不能像使用全知叙事视角那样任意透视人物的内心世界,而是把主要注意力集中放在对事件过程及人物行动的叙述上。先秦叙事文献虽然在整体上采用第三人称全知的叙事视角,但是在局部也采用第三人称限知视角。

(一)第三人称限知叙事视角在《左传》中的运用

在第二人称限知视角的运用中,作者借助事件中人物的视角来观察和叙述一切,通过对事件过程的描述及对人物行动的叙述来推动情节发展。僖公二十三年,“晋公子重耳的逃亡”这部分就很好地运用了第三人称限知视角。

> 晋公子重耳之及于难也,晋人伐诸蒲城。蒲城人欲战,重耳不可……遂奔狄……
>
> 过卫,卫文公不礼焉。出于五鹿,乞食于野人,野人与之块,公子怒,欲鞭之。子犯曰:“天赐也。”稽首,受而载之。
>
> 及齐,齐桓公妻之,有马二十乘,公子安之……
>
> 及曹,曹共公闻其骈胁,欲观其裸。浴,薄而观之……
>
> 及宋,宋襄公赠之以马二十乘……
>
> 及郑,郑文公亦不礼焉……
>
> 及楚,楚子飨之……

在这个叙事片段中,作者的视角与重耳一致,从蒲城到狄、齐、曹、宋等。视角的限知,使晋公子重耳逃亡之路的描写具有清晰的层次和顺序,一个地方一个地方地展开,先描写地点再叙述事情。作者在此处选择了限知视角,写出了重耳逃亡的经过,又设置悬念增强了文本叙述的波折性和趣味性,引人入胜。

限知视角的运用,增强了读者的代人感和文本的真实感,并且在限知视角外留下了许多叙事的暗示性空白,给予了读者自由想象与创作的空间。

再如庄公十年的“曹刿论战”也恰当地运用了第三人称限知视角。

> 十年春,齐师伐我。公将战,曹刿请见。其乡人曰:……
>
> ……
>
> 战于长勺。公将鼓之。刿曰:“未可。”……遂逐齐师。
>
> 既克,公问其故。对曰:“夫战,勇气也。一鼓作气,再而衰,三而竭。彼竭我盈,故克之。夫大国难测也,惧有伏焉。吾视其辙乱,望其旗靡,故逐之。”

这个叙事片段采用了第三人称限知叙事视角,作者对世界的感知与曹刿的感知相重合。作者的视线寸步不离地追随着曹刿的行踪,从他的家乡到宫廷,继而又到了战场。看他如何反驳乡人的鄙陋短见,如何反复地向鲁庄公询问战争的准备情况,如何指挥作战。视角的限知,使长勺战场的描写具有清晰的层次和顺序,先表面后深层,先描写战况后揭示原因。在“既克”之后,曹刿才以士气和战机向众人解释了自己的行为,既合情合理,又设置悬念,继而巧妙地化解悬念,增强了文本叙述的波折性和趣味性,引人入胜。

(二)第三人称限知叙事视角在《战国策》中的运用

《战国策·齐策》“冯谖客孟尝君”中,作者采用了先抑后扬的写作手法,开篇先将叙事视角限制在奴仆身上,从一般的奴仆角度,一遍遍地看到冯谖的贪得无厌。“长铗归来乎!食无鱼。”“长铗归来乎!出无车。”“长铗归来乎!无以为家。”待到后面,冯谖为孟尝君去薛邑收债,又“窃矫君命,以责赐诸民”。作者也是采用限知的视角,未揭示这样做的好处。直到最后,“孟尝君为相数十年,无纤介之祸者,冯谖之计也。”才揭示了冯谖的才能和孟尝君的知人之能。

再如《战国策·秦策》“齐助楚攻秦”中,张仪南见楚王,承诺曰“大王苟能闭关绝齐,臣请使秦王献商於之地,方六百里”。其后,作者采用了限知的视角,从楚王的角度,写了楚王的喜悦、楚王的使人绝齐,写出了楚王的贪利与目光短浅。

张仪称病不朝,楚王仍未看清张仪的真正目的,还派勇士去齐庭辱骂齐王,导致楚与齐彻底断绝关系。而张仪在确定齐楚断绝关系之后,否认了当初的承诺。对楚使者说:"从某至某,广从六里。"楚王大怒,最终兴师伐秦,却大败于杜陵。

作为叙事者,作者完全知道张仪的计谋,但却将叙事视角局限于楚王,以楚王的角度来叙述事情的始末,读者也就只能体会到楚王的喜悦与愤怒。而齐王受辱的委屈,张仪奸计得逞后的沾沾自喜,叙事者只字未提。

第三人称限知叙事视角所代表的乃是一种感觉世界的方式。由全知到限知,意味着人们在感知世界时能够把表象和实质相分离。在《战国策》的众多篇章中,先抑后扬的写作手法比较多见。如在叙述事件的前一部分,如君主受到奸佞欺骗,或者听信小人谗言之时,叙事者往往采用这种限知视角。这样可以留下悬念,让读者随着事件的情节发展与人物产生相同的心理状态。在事件后半部分,情况发生反转时,读者也会同主人公一样懊悔自责。这正是金圣叹所说的"影灯漏月"之妙。

限知视角的出现,反映出人们感知世界的层面变得丰富。限知视角的运用,极大地增强了文本的真实感和整体感,遮掩了全知叙述所产生的人为性和虚假性。此外,限知视角留下了许多叙事的暗示性空白。这种空白具有"千呼万唤始出来,犹抱琵琶半遮面"的意境,不贸然地突破视角的界限,给人留下许多寻味的余地。

毋庸置疑,第三人称限知叙事视角在表现感知世界的新层面和新深度的同时,也展现了自身的局限性。它在给人们的联想留有空白的同时,也限制了人们对更广阔时空进行感知的自由度。

三、纯客观性的史官叙事视角

先秦文献的叙述者更多的时候会把自己放在一个旁观者、记录者的位置,因而这些作品呈现出的是犹如生活原貌般的过程和人物行为。叙述者的主观想法常常是隐藏在场面和对话之后,有时其也会以“君子曰”等形式表达自己的看法。

在纯客观性的史官叙事视角中,叙述者比任何一个人物都知道得少。他可以向我们描述人物所看到、听到的东西,但是他无法进入任何意识。在纯客观的叙事视角中,叙述者把自己放在一个旁观者、记录者的位置,作品中呈现出的是犹如生活原貌般的事件过程和人物行为。叙述者主观视角的退出使作品的意义隐于场面和对话之后,作品片段之间有很多不确定的意义空白,需要读者去推测。

(一)纯客观性的史官叙事视角在《左传》中的运用

在纯客观的叙事视角中,《左传》的叙述者以旁观者、记录者的角色出现,多进行客观描述,不直接表达观点。

如僖公三十三年“晋、陈、郑伐许”就是一篇典型的运用纯客观性的史官叙事视角的历史片段。

> 冬,公如齐,朝,且吊有狄师也。反,薨于小寝,即安也。
>
> 晋、陈、郑伐许,讨其贰于楚也。
>
> 楚令尹子上侵陈、蔡。陈、蔡成,遂伐郑,将纳公子瑕,门于桔柣之门。瑕覆于周氏之汪。外仆髡屯禽之以献。文夫人敛而葬之郐城之下。

“晋、陈、郑伐许”事件笔墨不多,仅用一句话带过,但是作者仍然交代了战争的原因——“讨其贰于楚也”。接下来作者又以旁观者的身份,记述了楚伐郑的情况,并交代了事件的细节和结果——“文夫人敛而葬之郐城之下”。在讲述过程中作者通过俭省的笔墨、客观的视角,平铺直叙了一个历史事件。

纯客观性的史官叙事视角的叙述完全由人物话语与概述构成,其中人物话语所占比重较大,作用也更为重要。如果说概述主要起到勾勒事件过程的交代性作用的话,那么人物话语则起着说明作者意图、表明事件成败原委的解释性作用。

如,庄公六年的“楚灭邓”就是一篇典型的运用纯客观性的史官叙事视角的历史片段。

楚文王伐申，过邓。邓祁侯曰："吾甥也。"止而享之。骓甥、聃甥、养甥请杀楚子，邓侯弗许。三甥曰："亡邓国者，必此人也。若不早图，后君噬齐，其及图之乎？图之，此为时矣。"邓侯曰："人将不食吾余。"对曰："若不从三臣，抑社稷实不血食，而君焉取余。"弗从。还年，楚子伐邓。十六年，楚复伐邓，灭之。

全文短小精悍，仅由几个简短的对话和客观的叙述构成。作者以旁观者的身份，如实地记录了邓祁侯与三个外甥的对话，并用一句话简单陈述了楚国灭邓国的时间和经过。其间并没有额外赘述人物的心理、外貌以及楚国进攻的经过，作者只是以史官的身份和口吻，尽职地记录了一个真实的历史事件。

《左传》中这种纯客观性叙事视角的运用，增强了叙事的真实性，构建了春秋这一时期的客观语境，更符合编年体史书的特点。同时作者为了保持客观叙述的效果，将自己的情感态度隐匿其中，有时会借助事件中的人物之口表达自己的情感，有时也会用"君子曰"等形式发表主观评价。例如僖公二十二年"宋公及楚人战于泓"中，作者以"君子曰"的形式进行了评价——"非礼也。妇人送迎不出门，见兄弟不逾阈，戎事不迩女器。"僖公二十八年"晋楚城濮之战"也是用"君子谓"对事件加以评论，作者借君子之口直接表达了态度，显示了编撰者主观意识的增强，也使读者更清楚事件的情况、人物的善恶，从而达到微言大义的效果。不过从整体来说，这种"君子曰"评论形式所占比重不大，并不影响《左传》总体"客观叙述"的地位。

纯客观叙事视角的运用，增强了事件的可信性，构成了春秋的完整语境，作者独立在事件之外，隐匿在事件之中，以相对客观的视角，记录人物的言行，事件的起因、经过、结果，让读者觉得客观公正，更易相信。

（二）纯客观性的史官叙事视角在《战国策》中的运用

《战国策》的成书非一人于一时所为，因此其作者身份难以确定。但统观全书，仍然能够发现叙事者在更多时候是将自己隐藏在文本当中，采用纯客观性的史官叙事视角,以相对客观的态度进行叙述,不多加评判。需要读者透过文本仔细体会叙述的目的。

在《战国策》"鲁仲连义不帝秦"中,秦围赵之邯郸,情况危急。赵国平原君面临着内忧外患,犹豫不决。这时鲁仲连请见平原君,并见到了魏将辛垣衍。鲁仲连历数秦称帝之危害。先说"彼秦,弃礼义,上首功之国也,权使其士,虏使其民",接着举了齐威王"生则朝周,死则叱之,诚不忍其求也"的例子。然后层层递进地说到"曷为与人俱称帝王,卒就脯醢之地也?"最终通过正反相应的多个例子成功地说服了辛垣衍,使秦围赵之邯郸这场大祸消于无形。

> 于是平原君欲封鲁仲连。鲁仲连辞让者三,终不肯受。平原君乃置酒,酒酣,起,前,以千金为鲁连寿。鲁连笑曰:"所贵于天下之士者,为人排患释难、解纷乱而无所取也。即有所取者,是商贾之人也,仲连不忍为也。"遂辞平原君而去,终身不复见。

叙述者隐匿在事件之后,尽量客观地通过事件的叙述,让我们感受到了鲁仲连飘然远翥、不受羁绁的人物形象以及不畏强权、不受千金的高贵品格,这样的侠义精神在作者的笔下流露出来。叙事者虽无一句赞扬之词,但对义士的崇敬之情却充斥在字里行间。

(三)纯客观性的史官叙事视角在《国语》中的运用

《国语》中语料复杂。如《国语·晋语》围绕"骊姬之乱"这一中心,先后择取"史苏、郭偃论晋将及难""史苏论骊姬必乱晋""里克、丕郑、荀息论晋献公废太子立奚齐""郤叔虎谏伐翟""优施教骊姬远太子""士蔿谏献公以太子从军""优施教骊姬谮申生""申生伐东山""骊姬谮杀太子申生"九则"语"料,如连珠贯串,将这一事件的起因、经过及结果生动曲折地叙述出来,环环相扣,逐次展开,原始要终,首尾完整。其中也有不少对纯客观性的史官叙事视角的运用。

例如:

> 既,骊姬不克,晋正于秦,五立而后平。

骊姬生奚齐,其娣生卓子。公将黜太子申生而立奚齐。

申生胜狄而反,谗言作于中。君子曰:“知微。”

纯客观叙事视角的好处在于作者可以完全退隐在故事、事件之后,冷静客观地记录人物的言行,让事件和行为说话,客观公正地还原事件真实的面貌。纯客观的叙事视角比其他叙事视角更易使读者产生真实感,能够增强作品的可信度。正如刘半农所说:“写来不著形迹,其妙处全在字句之外。”

先秦叙事文献的多角度叙事视角对后来的《史记》也产生了重要的影响。可以说《左传》多个叙事视角的运用,对后世史传文学的发展产生了巨大的影响。司马迁曾在《报任安书》中说:“乃如左丘无目……终不可用,退而论书策,以舒其愤,思垂空文以自见……”所以司马迁在写《史记》时,是把《左传》作为典范的。除了发愤著书的精神、不虚美不隐恶的史德之外,《左传》在叙事视角这方面也给司马迁提供了很好的借鉴。“《左传》以叙事的方式,全方位地叙述了春秋时期黄河、长江中下游地区齐、晋、秦、楚、鲁等几十个诸侯国255年间的历史,堪称中国古代叙事史的第一个范本。”①司马迁写《史记》时,就借鉴了《左传》叙事上的特点。史传文学大都是采用全知视角进行历史叙事的。因为只有这样,作者才能够面对上下几千年的历史,以全知全能的视角了解过去、预知未来,进入人物的内心世界。

并且《史记》也继承和发展了《左传》中“君子曰”的形式,出现了“太史公曰”的形式,如《廉颇蔺相如列传》中,太史公曰:“……方蔺相如引璧睨柱,及叱秦王左右……退而让颇,名重太山,其处智勇,可谓兼之矣!”这使得《史记》的叙事视角更加多元化、叙事层面更具立体感。

总体来说,《左传》《战国策》《国语》多视角的运用,成功地为读者展示了春秋、战国这一时期波澜壮阔的历史画面,记录了春秋列国的兴亡变迁和诸侯争

① 马卫东.《左传》叙事成就与中国古典史学的诞生[J].社会科学战线,2020(8):91.

霸过程。三种叙事视角的灵活运用也为后世的叙事文学作品奠定了基础,产生了重要的影响。

第三节 先秦叙事语篇的叙事时间

"时间的发展是叙事语篇的特征,对于叙事语篇的理解,掌握叙事时间的发展是关键。叙事时间在语篇生成和理解中充当非常重要的角色。叙事时间能引入转换,进而影响语篇理解。叙事时间又具有激活情景模式和心理模式的功能,同时作为分割记号,它标志着语篇中的时间间隙和话题转换。"①《左传》是我国第一部叙事详细完备的编年体史书。因此本节拟以《左传·隐公》"郑伯克段于鄢"为例,从叙事时间的次序、时距、频率三个角度对"郑伯克段于鄢"中叙事时间的体现进行细致的考察,以此来探讨《左传》在叙事时间设计上的独特之处及其功能。以此来管窥先秦叙事语篇的叙事时间特点。

一、历史叙事时间

时间是人类经验最基本的范畴之一,历史时间是自然界的不可逆的时间,而将发生在历史时间中的事件记录下来需要语言。语言线性的特点就决定了其对事件信息的表达也是线性的。如果只有一条故事线或只有一个人物出现在故事里,那么时间必然是线性的,但实际上,通常是几条线同时发生,几个人物同时存在,因此必然涉及作者在叙述时的时间安排,必然导致多线型时间,也就形成了历史叙事时间。

历史时间与历史叙事时间是两种时间关系,历史叙事不可能按照历史的本貌在文本中复现,必然会体现叙事者的个性特征、思想意识,融合叙事者对材料的删选加工和叙述方法与技巧。正如潘万木先生所说:"'瞻望前景'或'预叙'

① 马明艳.叙事语篇的结构维度及其功能[J].宁夏大学学报(人文社会科学版),2013(3):178.

在历史发生发展的时间范围即是预言；而在历史的记录时间里，所谓‘瞻望前景’或‘预叙’，事实上则蜕变为‘追溯以往’或‘回叙’，因为此时的预言早已成为现实。事后的预言无疑都会应验的，这里已没有事实上的对发展前景的预测，而是对事实叙述的一种设计，或一种技巧性的运作。”①

历史叙事时间具有可断性，可通过撰史者的介入，将自然时间顺序下发生的事件重新选择、安排、衔接、组合等。李纪祥先生对历史叙事时间的可断性曾有过论述，认为历史叙事中往往有多条线索、多个人物共享一个线性时间，所以撰史者在叙事时用两条或两条以上的线性时间构成复杂的线性时间。②

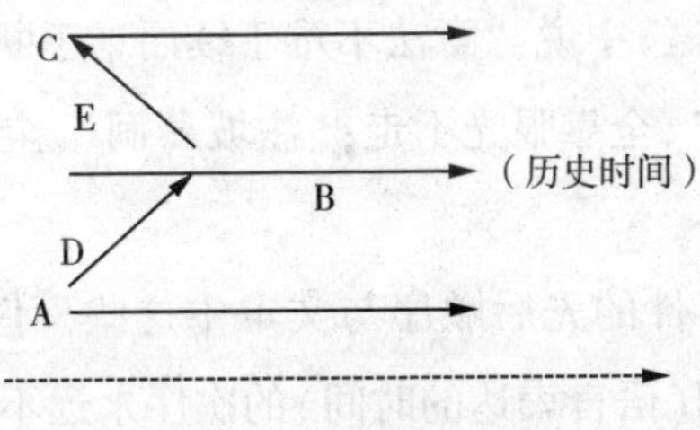

图 2-1　历史叙事时间

如图 2-1 所示，A、B、C 三条叙事时间被撰史者分别打断，由 A——B——C 出现 D、E 两个插入段落，叙事时间的方向、时距等因素也相应调整，这就是对时间秩序的重建，形成了历史叙事时间。

历史叙事时间长度可缩短或延长。在历史叙事中，不是以均匀的篇幅与笔墨记录自然时间里发生的事件，而是通过撰史者有意的概述、省略、停顿等再现历史的片段，是被压缩或扭曲后的长度。

《左传》是我国第一部叙事详细完备的编年体史书，记事是按照年、时、月、日的先后顺序。年是指鲁国国君在位的年次；时指春夏秋冬四个季节，记事以春开始以冬结束；月指一年中十二个月的顺序；日指一个月中的每一天，用干支顺序来记日。《左传》的叙事手法、叙事时间虽多被学者关注，但学者们在论述

① 潘万木，黄永林.《左传》之预言叙述模式[J]. 华中师范大学学报(人文社会科学版)，2004(5)：86.

② 李纪祥. 时间·历史·叙事[M]. 兰州：兰州大学出版社，2004：42.

时多是列举各种方法而未作深入分析,也极少从叙事时间的次序、时距、频率三个方面来细致考察。

二、叙事时间次序

叙事文结构的要素之一是"顺序"。"顺序性要素的介入,于无序中寻找有序,赋予紊乱的片段以位置、层次和意义。"①说话者在表达交际意图之前,首先要考虑事件发生发展的时间和空间。但在语言表达时不可能完全按照现实的时空顺序来安排人物和事件。

清人刘熙载在《艺概》中说:"章法不难于续而难于断。先秦文善断,所以高不易攀。然'抛针掷线',全靠眼光不走;'注坡蓦涧',全仗缰辔在手。明断,正取暗续也。"

次序是指故事中事件的先后顺序与文本中这些事件的线性叙述顺序之间的关系。因为叙述时间(语言表达的时间)的次序永远不可能与被叙述时间(故事时间)的次序完全一致,会产生"超前"或"错后"的情况。历史时间中发生的事件是多维的,呈立体状存在,而时间也是多元的。但在叙述时,作者要把多维的事件转变为线性的语言,而话语的时间是单一的,叙事时会有先有后,也就产生了倒叙或预叙。

(一)倒叙

倒叙,即回头叙述先前发生的事,包括各种追叙和回忆。如果 a、b、c 三个事件是以 b、c、a 的次序出现,那么事件 a 便是倒叙。倒叙主要是服从文本主线情节的需要,而将时间推回到主线叙事之前,以揭示事件的因果关系。倒叙是《左传》一书中时间变异的一种普遍处理方式,在记录隐公元年"郑伯克段于鄢"时首次使用倒叙手法。

《左传》记载"郑伯克段于鄢"发生在隐公元年。左氏记录如下:

元年春,王周正月。不书即位,摄也。

① 杨义. 中国叙事学[M]. 北京:商务印书馆,2019:88.

三月,公及邾仪父盟于蔑,邾子克也……故为蔑之盟。

夏四月,费伯帅师城郎。不书,非公命也。

然后突然笔锋一转,回到了过去的时间点上。

初,郑武公娶于申,曰武姜。生庄公及共叔段。庄公寤生,惊姜氏,故名曰寤生,遂恶之。爱共叔段,欲立之。亟请于武公,公弗许。

及庄公即位,为之请制。

这段话以"初"字起笔,交代了"郑伯克段于鄢"之前,其母姜氏因为生郑伯时难产,于是厌恶他而喜爱自己的小儿子共叔段,揭示了母子三人之间的恩怨。这段过去经历的描述也为后文共叔段的步步紧逼、不臣之心等行为,母亲姜氏的态度以及郑庄公的隐忍不发做了解释说明。鲁隐公元年是公元前722年,而据《史记》记载,郑庄公生于公元前757年,十四岁即位,所以一个"初"字将时间推回到三十五年前。"初"可译为"当初",从位置上看,位于事件之首。从功能上看,表示另起一话题。从叙事时间上看,这是一个倒叙的标记。这段说明从属于"郑伯克段于鄢"的主旨,所以属于倒叙。

倒叙往往是为读者提供在文本中某个时间转折点上所提到的某个人物、事件或故事线的过去情况,通常用于主线叙事之前,因此倒叙通常位于叙事的开始。其目的是解答读者头脑中对时间间隙中发生了什么所怀有的疑问,进而补充说明、揭示事件发展的因果关系,同时也表明作者的态度。这种时间次序上的改变也比顺叙更加紧张曲折。张高评曾评价:逆叙法因将上文隔断,而有一脉过乎其间,故文笔出没不测,有横峰侧岭之奇,具凌空跳脱之妙。

(二)预叙

预叙指叙述者提前叙述以后将要发生的事件。如果a、b、c三个事件是以c、a、b的次序出现,那么事件c便是预叙。预叙是提前进入了故事的未来。预叙和倒叙是叙述的两极,预叙往往含有明显的时间指向性和对事件的预告性。

法国叙事学家热奈特说,“所有带预兆的梦、预言性叙事、俄狄浦斯的神示、《麦克白》的女巫都有这个功能”①。

在“郑伯克段于鄢”中,面对共叔段种种不弟的行为,左氏借由郑庄公之口,对共叔段的结局做了预示:

公曰:“多行不义必自毙,子姑待之。”

公曰:“无庸,将自及。”

公曰:“不义不昵,厚将崩。”

这三次预叙出现在每一次对话的结尾,都是以文中郑庄公之口阐释出,这是因为共叔段的结局从自然时间来说,是过去发生的历史事件,但从文本的叙事时间来说,又是未来的,因此通过文本中人物公开说明自己的判断、希望,要比叙述者直接讲述更为自然。并且这些预叙最终能被证实——“京叛大叔段,段入于鄢,公伐诸鄢。五月辛丑,大叔出奔共。”预叙原本很难使读者对结局产生悬念,但能增强文章的表达效果,引起读者对战争胜负原因的追究,引发读者的思考和情感共鸣。并且由于《左传》是编年体性质,史事发展过程相对隔离,容易造成篇章的不完整,所以左氏刻意用预叙来弥补这种不足。

“郑伯克段于鄢”中,倒叙是由叙述者左氏完成的,而预叙则是借由文本中人物郑庄公之口完成的。前者是直接改变了叙事的时间次序,后者则是由人物促发的错时,是人物的认识行为或情感行为体现,也使得“郑伯克段于鄢”中的预叙在叙述层保持正常的位置。

此外,“郑伯克段于鄢”中还有对叙事时间的停顿,造成了叙述手法上的插叙。也就是说,在叙事时暂时中断一个事件,插入另一个事件,然后再继续前一个事件。如“颍考叔为颍谷封人,闻之,有献于公,公赐之食,食舍肉”,这段颍考

① 热奈特. 叙事话语 新叙事话语[M]. 王文融,译. 北京:中国社会科学出版社,1990:246.

叔的插叙为后面的事件——郑庄公与母姜氏的会面——介绍了原因,并且这个插叙是无标记的。“郑伯克段于鄢”中也有对叙事时间的延伸及补叙,如左氏叙述了克段的结果:“五月辛丑,大叔出奔共。”“遂置姜氏于城颍,而誓之曰:‘不及黄泉,无相见也。’”接着突然用“既而悔之”一语领起下文。这几个字是整篇文章的一个关键。《古文观止》评此句说:“‘无相见也’以上,纯是杀机。‘颍考叔’以下,纯是太和元气。‘既而悔之’一句,是转杀机为太和的紧关。”[①]于是接下来叙述了母子隧中相见的一幕。最后,“遂为母子如初”。左氏以时间顺序结构全篇,以“初”字开头又以“初”字做结,这段补叙使首尾完整,增强了文章结构的完整性。

三、叙事时间的时距

叙事时间的时距是指事件发生所需要的时间与叙述这些事件所占文本篇幅之间的关系,进一步说就是事件中的时间时距与文本再现时所占的篇幅大小之间的关系。篇幅越长,时间时距越慢;篇幅越短,时间时距越快。读者可以从作者对情节安排的篇幅上来评价事件是否重要。通常情况下,重要的事件会描写得相对详细,而不太重要的总会被压缩,即加速。因此我们在文本中通常能看到两种变动形式:加速与减速。加速就是用较短的文本篇幅来描述较长一段时间的故事。减速是用较长的文本篇幅描述较短时间的故事。最大的加速就是省略,相当于一定量的故事时间时距的文本篇幅是零。最小的速度表现为描写停顿,即相当于一定量的文本篇幅的故事,其时间时距为零。时间时距在文本中通常是以概述、省略、停顿、场景四种形式体现。

所谓概述,就是在文本中把一段特定的故事时期“浓缩”和“压缩”为表现其主要特征的较短的句子,以此加快速度。在“郑伯克段于鄢”中,这种加速随处可见。

---

① 吴楚材,吴调侯. 古文观止[M]. 北京:北京古籍出版社,1994:4.

初，郑武公娶于申，曰武姜。生庄公及共叔段。庄公寤生，惊姜氏，故名曰寤生，遂恶之。爱共叔段，欲立之。亟请于武公，公弗许。

及庄公即位，为之请制。

前文说过郑庄公与其母亲、弟弟的矛盾，可以追溯到庄公的出生，庄公的父亲武公从申地娶妻姜氏，姜氏在生庄公的时候寤生，受到惊吓，所以姜氏就不喜欢庄公，而喜爱其弟共叔段，并且达到屡次为其请求立其为储君的程度。这样以寥寥数句就概括了发生在十余年间的历史事件。在这十余年里庄公与姜氏和共叔段之间的事情，必然还有很多，但左氏只选取了服从于主题的句子来加快叙事速度。姜氏如何受惊、生产时怎样困难，不是重点，所以左氏未写一语，而是直接告知结果，"遂恶之"。姜氏怎样一次又一次地请求武公，欲立共叔段为储君，也没有细致写出，仍然是直接告知结果，"公弗许"。并且左氏紧接着用了一句"及庄公即位"结束了上文，又开启了下文。这句话简洁而重要，让事件一下过渡到即位之后郑庄公和共叔段的争权斗争，起到了明断暗续的作用。

郑庄公与共叔段的矛盾斗争延续了三十余年，作者在叙述时不可能也没有必要把其中的每一件事都记录下来。左氏以俭省的笔墨叙述庄公与姜氏、共叔段之间矛盾发展的几个典型事件——"为之请制。""请京，使居之，谓之京城大叔。""既而大叔命西鄙、北鄙贰于己。""大叔又收贰以为己邑，至于廪延。"又用一句话——"大叔完聚，缮甲兵，具卒乘，将袭郑。夫人将启之。"就将共叔段多年来的部署、准备概述出来。最后矛盾累积到了顶点，左氏便用"公闻其期"结束了姜氏、共叔段的一切密谋。

再有，"郑伯克段于鄢"的战争经过和结果，也仅仅是用"命子封帅车二百乘以伐京。京叛大叔段，段入于鄢，公伐诸鄢。五月辛丑，大叔出奔共。"这样的三句话概述出来。因为左氏撰写时所要强调的是"郑伯克段于鄢"事件的起因，所以经过和结果也就不再重要。

在叙述过程中左氏更是将与主旨无关的完全省略，一字不提。例如，在庄公即位的前十四年里，庄公和母亲、弟弟的相处情况到底是怎样的？即位后到克段这十二年中，庄公和他的母亲、弟弟又发生过哪些事情？共叔段的性格特点是怎样的？他在被称为“京城大叔”后，是如何宠禄太过的？这些左氏都只字未提。用省略的手法给我们带来了一种空白。左氏在寥寥九行的篇幅中加速了近二十年的时间，这样可以更好地凸显人物的特点，也能够体现出左氏对事件刻画的重心以及自己的态度观念。

与上相反，左氏将能体现共叔段不弟和郑庄公不兄行为的重要事件放慢，以场景的形式进行详细叙述。场景通常指，故事时间时距和文本时间时距在习惯上被看作是相等的。最纯粹的场景形式即对话，场景的根本特征就是叙述信息的量和叙述者的相对隐退。

在“郑伯克段于鄢”当中，对话主要集中在郑庄公和臣下之间。

> 祭仲曰：“都城过百雉，国之害也。先王之制：大都不过叁国之一，中五之一，小九之一。今京不度，非制也，君将不堪。”公曰：“姜氏欲之，焉辟害？”……公曰：“多行不义必自毙，子姑待之。”
>
> 既而大叔命西鄙、北鄙贰于己。公子吕曰：“国不堪贰，君将若之何？欲与大叔，臣请事之；若弗与，则请除之。无生民心。”公曰：“无庸，将自及。”
>
> 大叔又收贰以为己邑，至于廪延。子封曰：“可矣，厚将得众。”公曰：“不义不昵，厚将崩。”

郑庄公和共叔段的矛盾是主线，所以左氏用减速的方式对其情节进行扩展，通过对话的形式让我们知道了共叔段种种不弟的行为，通过“都城过百雉”“命西鄙、北鄙贰于己”“又收贰以为己邑，至于廪延”表现郑庄公的态度——“公曰：‘多行不义必自毙，子姑待之。’”“公曰：‘无庸，将自及。’”“公曰：‘不义不昵，厚将崩。’”对话场景的运用使事件似乎重现于读者眼前，我们仿佛正置身于庄公和臣下谈话的密室之中，进而了解到了庄公的性格特点。

“郑伯克段干鄢”一事，所用篇幅不大，加上郑伯与其母姜氏后来矛盾的化解，全文也不足千字。但是却给我们留下了深刻的印象。文本中没有提及郑庄公的军事才能、治国才能，也没有过多谈到共叔段、姜氏的种种行为，而是诠释了《春秋》当中“郑伯克段于鄢”这句话的主旨。因为共叔段的行为不像弟弟，所以用其名“段”；庄公与共叔段之间的关系像敌我两国，所以用“克”；庄公本身也未尽到做哥哥的职责，放任弟弟在反叛的路上越走越远，最后将其消灭，所以称之为“郑伯”。如此一来，发生在三十六年间的历史事件就通过概述、省略、停顿、场景等形式展现在读者面前。

四、叙事时间的频率

频率就是一个事件在故事中出现的次数与该事件在文本中的叙述（或提及）次数之间的关系。单一地只讲述一次“发生了”一次的事件，是“郑伯克段于鄢”里最普遍的叙述形式。不过“郑伯克段于鄢”中也存在着叙述了两次的“发生了”一次的事件。

这个“发生了”一次的事件是：在共叔段反叛事件后，郑庄公出于对其母姜氏多年的愤恨，将其安置在城颍这个地方，并发誓不到黄泉，再不相见。其在文本中被叙述了两次：

①遂置姜氏于城颍，而誓之曰：“不及黄泉，无相见也。”既而悔之。

②公语之故，且告之悔。

第一次叙述是采用第一人称视角对事件做了详细的描述，包括其中的行为——“遂置姜氏于城颍”，话语——“而誓之曰：‘不及黄泉，无相见也。’”以及庄公的心理活动——“既而悔之。”而第二次叙述则采用了第三人称视角，一句话就概述了此事。这是因为前文已经有了详细叙述，读者已十分清楚，所以没有必要再费笔墨。

有学者提出这样一个值得探讨的观点：“频率必然涉及重复，而重复是通过排除每一事件的独有特性而只保留其与类似事件共有的特性而实现的一种心理构成。严格地说，没有一个事件是可以完整无缺地重复的，而本文中的重复片断也不可能完全一致，因为其新的环境已把它置于一个必然会改变其意义的不同背景之中。"①

笔者认为,频率不仅可以指对同一事件的重复,也可以指对类似事件共有特性的一种重复。在前文中我们提到"郑伯克段于鄢"的主要事件——共叔段种种不弟、想要谋夺君位的表现,以对话的形式共叙述了三次。在这三段对话当中,事件的参与者身份发生变化,名字也有变化,但从情节上看,都是臣子针对某种情况进行劝谏,然后庄公以预言做断的形式做了回答。从主旨上看也都是为了体现共叔段种种不弟的行为,服从于矛盾的主线,体现了左氏的叙事意图,因此也可以看作是一种重复。左氏通过庄公与臣下祭仲、公子吕、子封的三次对话,完成了"劝谏—弗听(放任)"这个行为的重复。而相同行为的不断重复聚合出郑庄公的性格特点——阴险、虚伪,以及共叔段的性格特点——贪得无厌。

郑庄公和共叔段数十年的矛盾是客观事实,而在左氏的认知中,是想凸显庄公的兄不兄和共叔段的弟不弟,所以作者不厌其烦地安排了多次庄公与大臣的对话。但是,读者却要逆向解读这种关系,因为只有阅读到"公曰:'多行不义必自毙,子姑待之。'""公曰:'无庸,将自及。'""公曰:'不义不暱,厚将崩。'"这些放任默许的言语行为,结合到后面的"可矣",才能推测出郑庄公是一个阴险、擅用权谋的人。

时间本身是事件和文本的构成要素,对《左传》叙事时间的梳理能为我们更好地解读《左传》、体会左氏的撰史笔法提供有益的帮助。我们注意到,在"郑伯克段于鄢"的倒叙中,通常是采用概述的时距形式,而概述又通常要借助于频率。这一部分的叙事速度经历了由快到慢再到快的过程,这是因为在《左传》中知识、认知、撰史目的是起着决定性的作用的。

总体说来,《左传》"郑伯克段于鄢"对历史时间和叙事时间进行了巧妙的颠覆:倒叙和预叙的交叉运用使事件脉络清晰;省略、概述、场景、停顿的交替使用使事件在匆忙或细腻中前行;单一叙事、重复叙事的运用使事件情节完美。这些共同建构了《左传》的抑扬顿挫之美。

---

① 里蒙-凯南.叙事虚构作品[M].姚锦清,黄虹伟,傅浩,等,译.北京:生活·读书·新知三联书店,1989:102.

第三章　先秦叙事语篇的结构分析与生成机制

对先秦叙事语篇的分析与研究历史悠久,其研究范围十分广泛,研究目的主要是认识先秦叙事语篇本身的基本规律与特点,了解其如何反映社会现实和表达意义。

第一节　语篇的分析

近几十年来以语篇为对象的分析和研究越来越多,语篇分析、话语分析、语篇语言学、篇章语言学等概念繁多,其研究对象都是语篇,只是分析的角度和方法不同而已。下面就国内外几种影响较大的语篇分析的理论与方法进行简要介绍。

一、国外语篇分析

(一) Van Dijk 的篇章语义结构研究

Van Dijk 称语篇总体结构为宏观结构,语篇中一个句子以及两个按顺序连续排列的句子的结构为微观结构。Van Dijk 认为故事和会话通常都由许多常规模式组成,而填充这些整体图式形式的就是话语的总体宏观结构意义。因为形式、意义和行为都是系统地联系着的,所以微观层次的描写和宏观层次的描写也必然是互相联系的。①

① 托伊恩·A. 梵·迪克(Teun A. Van Dijk). 作为话语的新闻[M]. 曾庆香,译. 北京:华夏出版社,2003.

对于怎样能够得到语篇的宏观结构和微观结构,Van Dijk 提出了四项宏观规则:删除、选择、概括、组编或归总。同时,Van Dijk 还用树形图的方式来表述文本语义的宏观结构,如图 3-1 所示。

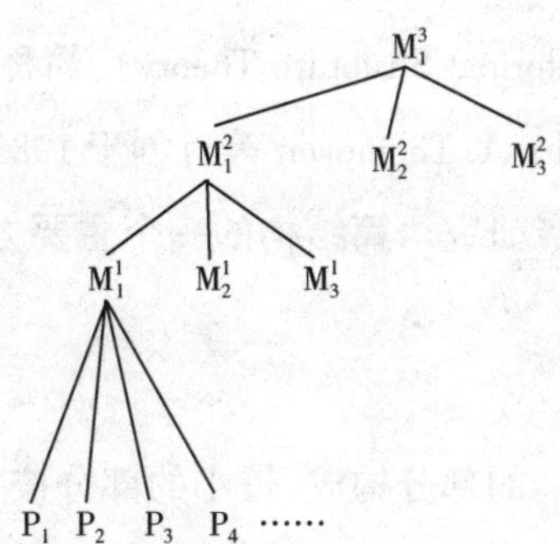

图 3-1 文本语义宏观结构整体示意图

钱敏汝认为,Van Dijk 的贡献在于他进一步提出了建立在话语更高层次上的宏观结构。[①] 但是 Van Dijk 的研究中也有不足,他对微观结构、宏观结构、超结构三者之间的关系未能够进行深入论述,并且他的微观结构和宏观结构主要是从篇章语义的角度来论述的。

(二)主位结构理论

捷克语言学家 Mathesius、Firbas 较早地提出了主位、述位的概念。1970 年,捷克语言学家 Daneš 在总结前人研究成果的基础上,在《论话语结构的语言学分析》中首次创造性地提出了五种主位推进模式,即简单的线性推进程序、连贯主位类型、派生主位推进程序、分裂述位的展开、跳跃主位的推进程序。这五种推进模式提出后,反响极大。苏联的科连克提出两种结构形式:平行结构和链式结构。Van Dijk 也提出了相似的两种模式。中国学者徐盛桓(1982)、黄衍(1985)、黄国文(1988)、胡壮麟(1994)、朱永生(1995)等也分别提出了不同的基本模式。唐青叶从话题延续及主题连贯的角度运用集合对应、排列组合等数理方法,在语篇层面上首先确定了五种基本模式:模糊跳跃模式(T_n—R_n, n>

① 钱敏汝.戴伊克的话语宏观结构论(上)[J].国外语言学,1988(2):87-93,86.

0)；主位延续模式（$T_n = T_x$，n>x>0）；述位延续模式（$R_n = R_x$，n>x>0）；直线延续模式（$T_n = R_x$，n>x>0）；交叉延续模式（$R_n = T_x$，n>x>0）。①

（三）修辞结构理论

“修辞结构理论”（Rhetorical Structure Theory），简称“RST 理论”，由美国学者 William C. Mann 和 Sandra A. Thompson 等首创于 1983 年，是一套关于自然语篇结构描写的理论。它重点研究语篇结构的一个主要方面——修辞结构，故名“修辞结构理论”。②

RST 理论的主要内容：

1. 语篇由各具重要功能的部分构成：较小的部分按一定关系模式组成更大的部分，直至生成语篇。

2. 一段话语或文字要被确认为语篇，其各个部分必须有机地结合以形成整体性和连贯性。

3. 整体性与连贯性来自语篇的内在功能。一个语篇之所以会产生整体性与连贯性的效果，是因为它的每一个组成部分都直接或间接地服务于语篇作者的同一中心目的。

4. 语篇结构是层级结构，不是线性结构。

5. RST 区分三种语篇结构，即类型结构、句法结构和关系结构。

6. 关系结构内部具有同一性：从小句连接到语篇本身的所有层级结构共用一套相同的关系模式，换言之，关系结构模式不因结构层级的改变而不同。

7. 关系结构是多语句语篇的主要结构。一套为数不多的递归性关系模式将基础的部分两两连接成更大的部分，直至形成语篇。

8. 不对称性在关系结构中占主导地位。

9. 语篇的结构关系是功能关系，不是形式关系。其共同特点是可用不同的效果类型进行描写。

10. 语篇关系是语篇的深层结构关系。这些抽象的关系由表层的语句来实

① 唐青叶. 语篇语言学[M]. 上海：上海大学出版社，2009：42-47.

② 王伟. “修辞结构理论”评介（上）[J]. 国外语言学，1994(4)：8-13.

现，但严格地讲，语篇关系并不存在于表层的语句或段落之间。

11. 语篇关系的种类和数量原则上是无限的，以前未出现过的关系类型也可能在新的语篇关系中出现。

RST 理论为比较修辞的研究奠定了基础。该理论已被应用于一些语言学问题的研究，为有标记和无标记结构关系的描写提供了一个基本方法，为无标记隐含关系的分析提供了模式框架。也有学者运用此理论对英语新闻广播的特征进行分析和描写。

(四)现代图式理论

1781 年，德国古典哲学家康德在著作《纯粹理性批判》中首先提出了图式理论。他指出："新的概念只有同人们已有的知识建立关系，才会变得有意义。"[①] 20 世纪 60 年代，瑞士心理学家皮亚杰提出"同化"和"顺应"的概念来解释图式的形成和发展，图式的概念再次引起了专家的广泛关注。20 世纪 70 年代以来，图式理论在语言学、人类学、心理学和人工智能等领域获得了长足发展和广泛应用。[②]

不同学者对图式使用了不同的术语。

Minsky 运用"框架"来描述与典型环境有关的图式；Schank 和 Abelson 则用"脚本"来描述事件的顺序；心理学家 Jean Piaget 把图式看作包含动作结构和运思结构在内的从经验到概念的介物；人工智能专家 Rumelhart 认为图式是以等级次形式储存于长时记忆中的一组"相互作用"的知识结构或构成认知能力的"建筑砌块"；De Beaugrande 和 Dressler 用"总体概念" 来表示图式；Sanford 和 Garrod 用"方案"来表示图式；Mckeown 和 Mann 则从狭义的角度用"修辞手段"意指语篇产生理论中的图式；Eysenck 和 Keane 认为"图式"是组织我们感知世界的内在结构；Cook 把图式定义为"典型事例的心理表征"；Brown 和 Yule 将图式定义为可以激活以理解篇章的知识结构；Van Dijk 认为图式是更高层次上的复杂的知识结构；还有学者用"心理模式"一词来表示图

① 康德. 纯粹理性批判[M]. 蓝公武，译. 北京：商务印书馆，2017：142-143.

② 崔雅萍. 图式理论在 L2 阅读理解中的运用[J]. 外语教学，2002(5)：52-57.

式。以上释义或术语虽各有不同,但表述的观点是一致的,即图式是作为一种经过抽象和概括了的背景知识存在于人们头脑中的认知结构,对理解和交际非常重要。① 不同学者对图式也进行了不同的分类。Carrell 把图式分为两类:内容图式(关于世界的背景知识)和形式图式(关于修辞结构的背景知识)。Cook 则把图式分为三种:世界图式、文本图式和语言图式。Kramsch 在著作中引用了 Fillmore 所提出的语篇理解中的三种图式,即语篇图式、风格图式和内容图式。虽然他们的分类侧重点各有不同,但都为相关研究提供了理论框架。

(五)故事语法

Gonzalez 认为,语法是描写语言的一种方法,故事语法就是描写故事的方法。所有的语言都由句法、形态学、音韵学等方面组成;与此相同,故事语法由场景、主题、情节和解决等方面组成。② 简单地说,故事语法就是描写故事结构的一套规则。

Rumelhart 第一个正式提出了故事语法理论,这也构成了其他故事语法理论的基础。之后 Mandler、Johnson、Thorndyke、Stein、Glenn 等进一步发展了这一理论。Rumelhart 的故事语法包括一系列构成故事结构的句法规则和一系列决定故事语义表征的语义解释规则。这些句法规则和语义解释规则如下③:

(1)故事→背景+情节　　⇒使能(背景,情节)

(2)背景→(状态)　　⇒并列(状态,状态,……)

(3)情节→事件+反应　　⇒引发(事件,反应)

(4)事件→{情节|状态变化|行动|事件+事件}

⇒因果(事件 1,事件 2)或使能(事件 1,事件 2)

(5)反应→内部反应+外部反应

⇒驱动(内部反应,内部反应)

---

① 魏薇,刘明东.图式理论的发展及应用[J].湖南第一师范学报,2007(1):105-108.

② 徐赳赳.现代汉语篇章语言学[M].北京:商务印书馆,2010:400.

③ 鲁忠义,彭聃龄.研究故事理解的一个重要方法——故事语法[J].心理科学通讯,1990(3):44-48.

(6)内部反应→{情绪|愿望}

(7)外部反应→{行动|(尝试)}　⇒时序(尝试1,尝试2,……)

(8)尝试→计划+实施　⇒驱动(计划,实施)

(9)实施→(前行动) +行动+结果　⇒使能[并列(前行动,前行动,……),{引发|因果|使能}(行动,结果)]

(10)前行动→子目标+(尝试)　⇒驱动[子目标,时序(尝试,……)]

(11)结果→{反应|事件}

Mandler和Johnson的故事语法理论丰富和发展了Rumelhart的故事语法理论,主要以Rumelhart的故事语法理论基本特征为基础,来分析故事的内在结构。首先,不再使用Rumelhart语法中的双重结构,而采用了单一的结构形式;其次,Rumelhart的故事语法理论只适合对单一情节的少数故事进行分析,而Mandlcr和Johnson则拓宽了这种分析的范围,较为详细地阐明了故事的内在结构。另外,他们还具体分析了故事深层结构和表层结构的关系。

以上语法理论对分析具有完整结构的简单故事十分有效,但是要描述故事的深层结构和表层结构的匹配关系,就需要一套新的方法,因此Johnson和Mandler(1980)提出了故事转换语法。这种语法包括删除规则和换位。

学界认为,故事语法从形式上看不够充分,并且故事语法对于着重了解故事内容的语义模型毫无意义,不过它依然是分析故事结构的有效方法之一。

二、国内语篇分析

近30年来,在语篇分析领域取得了突出成就的中国学者有陈平、廖秋忠、胡壮麟、郑贵友、钱敏汝、徐赳赳等。

陈平是我国较早关注语篇研究的学者之一。陈平把话语篇章研究和传统语法的不同高度概括为四点①:

1. 分析语料的不同

传统语法通常是研究孤立的句子,所采用的例句可以是自造的,也可以是

① 陈平.现代语言学研究:理论·方法与事实[M].重庆:重庆出版社,1991.

来自别人使用的话语,但经过剪裁再采用。话语分析则一般要求分析对象是从书本材料或录音材料等自然素材中选取的实际用语。

2. 规则和规律的不同

传统语法分析注重规则,也就是注重"能说""不能说",而话语分析既定性又定量的分析结果则更多地表现为一种规律性,也就是注重语言使用的倾向。这样,传统语法分析的注意力通常集中在类型的异同上,对各种类型所含实例的多寡则一般不予理会。话语分析在研究类型异同的同时,十分关注实例的多寡,认为定量分析是定性分析的基础,并且认为在绝大多数情况下,对立的两极之间存在着数量不一的中间阶段,即过渡的连续体。

3. 动态和静态的不同

传统语法分析把研究对象看作是一个静态的成品,而话语分析除此之外,还注重把其作为一个动态过程来考察。

4. 语境关注的程度不同

传统语法分析往往脱离语境来研究词语和句子,而对于话语分析工作来说,密切联系语句的使用环境是它在方法论上最重要的特征。可以说,脱离了话语环境,也就谈不上话语分析。

廖秋忠明确指出:"从句子到篇章的研究,这是语言学发展的必然结果。"并进一步认为:"篇章是最常见的语言事实,语言学家无法忽视也不可能回避。而且,篇章内部有结构,篇章现象也大都有形式上的表现,但又不能在句法层面来研究和解释,这些也是清楚的。"篇章对句法结构的形成、对句式和句式变体的使用都有着制约作用,同时句中也存在篇章现象。① 这些论断都是极有见地的。

郑贵友在《汉语篇章语言学》中讨论了篇章的语义结构和功能结构。在语义结构中归纳了微观语义结构的 4 大类 16 小类语义关系类型:因果关系、并列关系、逆反关系,以及包含和被包含关系。②

徐赳赳在《现代汉语篇章语言学》中设专章介绍了篇章层次结构。徐赳赳

① 廖秋忠. 廖秋忠文集[M]. 北京:北京语言学院出版社,1992:195,201.

② 郑贵友. 汉语篇章语言学[M]. 北京:外文出版社,2002.

分别介绍了传统结构、段落结构、三元结构、论证结构、故事结构、宏观结构、修辞结构，并且对每一种理论分别做了评价。他认为："在篇章研究里，叙述文是典型的研究对象，故事又是叙述文的典型代表……对故事结构进行分解，我们看到的是一个'立体'的故事，而不仅仅是个'线形'的故事。前人对故事结构的层次研究给后来的篇章层次研究打下了很好的基础。"Van Dijk"提出的宏观结构规则，以及每个层次之间的意义抽取和归纳，现在看起来有超前的眼光，确实是很高明的。但由于该分析法操作较烦琐，现在在教学和实际分析中用得不多。""修辞结构理论是近几十年来，在篇章研究领域影响较大的一个理论，国际上研究话语篇章的学者纷纷用该理论来研究自己的语言。"①

从上述介绍中可以看到，无论是语言学、修辞学，还是叙事学、心理学，都不约而同地对语篇进行了分析，只是所使用的术语和研究角度略有不同。并且篇章分析研究成果不均衡，外语语料研究比较多，汉语语料研究比较少，以古汉语为语料的研究更是少之又少。事实上，古代汉语语篇研究更需要重视意义、认知、功能方面的因素。对古代汉语语篇的研究，可以增强对古籍的正确理解，也能促进语篇语言学的理论建设。

第二节　先秦叙事语篇的结构

语篇的创作者既要从自己的心理表征中搜索并有效地提取出叙事实体，选用适当的语言形式，同时还要考虑听话者或阅读者的认知水平，因此，每个语篇都有自身的特点，也都有独特的结构。结构是叙事作品的基础。

一、语篇的结构

许慎《说文解字》云："结，缔也。从糸，吉声。""结"本义是结绳。"构，盖

① 徐赳赳．现代汉语篇章语言学[M]．北京：商务印书馆，2010：429-430.

也。从木，冓声。”“构”本指架木盖屋。① “结”与“构”连用，最早见于《抱朴子·勖学》：“文梓干云而不可名台榭者，未加班输之结构也。”②就文字表达而言，结构指语篇内部的脉络与框架。

清·李渔《闲情偶寄·结构第一》中说：

> 至于结构二字，则在引商刻羽之先，拈韵抽毫之始。如造物之赋形，当其精血初凝，胞胎未就，先为制定全形，使点血而具五官百骸之势。倘先无成局，而由项及踵，逐段滋生，则人之一身，当有无数断续之痕，而血气为之中阻矣。工师之建宅亦然。基址初平，间架未立，先筹何处建厅，何方开户，栋需何木，梁用何材，必俟成局了然，始可挥斤运斧。倘造成一架而后再筹一架，则便于前者，不便于后，势必改而就之，未成先毁，犹之筑舍道旁，兼数宅之匠资，不足供一厅一堂之用矣。③

李渔指出作者在行文之前，应当设计好文章的框架。

杨义在《中国叙事学》中也说：“读中国叙事作品，是不能忽视以结构之道呼唤和贯穿结构之技的思维方式，不能忽视形而上的哲理性结构和形而下的技巧性结构相互呼应的双重构成的。不然……难以解读清楚其深层的文化密码。”“某句或者某段话语处在此位置，而不处在彼位置，本身就是一种功能和意义的标志。”④由此可知结构的重要性。

作者的叙事目的不同，语篇结构自然也不相同。因此，即便是对同一个史实，在先秦不同的文献中，其记载也并不相同。

(一)对于同一事件，《春秋》与《左传》的记载对比

清代章学诚称：“史之大原，本乎《春秋》；《春秋》之义，昭乎笔削。”因此，文学语言的特质，后世文章的义法，多滥觞于《春秋》。《春秋》虽为编年体史书，

---

① 许慎. 说文解字(附检字)[M]. 北京：中华书局，1963.

② 葛洪. 抱朴子[M]. 上海：上海书店，1986：110.

③ 李渔. 闲情偶寄(插图本)[M]. 杜书瀛，评注. 北京：中华书局，2007：7.

④ 杨义. 中国叙事学(增订本)[M]. 北京：商务印书馆，2019：71，55.

但记事过于简略，相关史事并不连贯。而《左传》则对《春秋》的史事进行了丰富和评价。

例如：

《春秋》：四年春，王正月，公及齐侯平莒及郯。莒人不肯。公伐莒，取向。（宣公四年）

《左传》：四年春，公及齐侯平莒及郯，莒人不肯。公伐莒，取向，非礼也。平国以礼，不以乱。伐而不治，乱也。以乱平乱，何治之有？无治，何以行礼？（宣公四年）

通过对比可以看出，关于“伐莒”事件和结果“取向”，《春秋》和《左传》的记载都是相同的，但是《左传》在事件叙述后，加上了关于“礼”的评论与解释。

（二）对于同一事件，《公羊传》《谷梁传》与《左传》的记载对比

郑伯克段事件：

《公羊传》：

克之者何？杀之也。杀之，则曷为谓之克？大郑伯之恶也。曷为大郑伯之恶？母欲立之，已杀之，如勿与而已矣。段者何？郑伯之弟也。何以不称弟？当国也。其地何？当国也。齐人杀无知，何以不地？在内也。在内，虽当国，不地也。不当国，虽在外，亦不地也。

《谷梁传》：

克者何？能也。何能也？能杀也。何以不言杀？见段之有徒众也。

段，郑伯弟也。何以知其为弟也？杀世子、母弟目君。以其目君，知其为弟也。段，弟也，而弗谓弟；公子也，而弗谓公子，贬之也。段失子弟之道矣，贱段而甚郑伯也。何甚乎郑伯？甚郑伯之处心积虑，成于杀也。

于鄢，远也，犹曰取之其母之怀中而杀之云尔，甚之也。

然则为郑伯者,宜奈何?缓追,逸贼,亲亲之道也。

《左传》:

初,郑武公娶于申,曰武姜,生庄公及共叔段。庄公寤生,惊姜氏,故名曰"寤生",遂恶之。爱共叔段,欲立之。亟请于武公,公弗许。及庄公即位,为之请制。公曰:"制,岩邑也,虢叔死焉,他邑唯命。"请京,使居之,谓之京城大叔。

祭仲曰:"都城过百雉,国之害也。先王之制,大都不过参国之一,中五之一,小九之一。今京不度,非制也。君将不堪。"……公曰:"多行不义,必自毙,子姑待之。"

既而大叔命西鄙、北鄙贰于己。公子吕曰:"国不堪贰,君将若之何?欲与大叔,臣请事之;若弗与,则请除之。无生民心。"公曰:"无庸,将自及。"大叔又收贰以为己邑,至于廪延。子封曰:"可矣,厚将得众。"公曰:"不义不昵,厚将崩。"

大叔完聚,缮甲兵,具卒乘,将袭郑,夫人将启之。公闻其期,曰:"可矣!"命子封帅车二百乘以伐京。京叛大叔段,段入于鄢,公伐诸鄢。五月,辛丑,大叔出奔共。

书曰:"郑伯克段于鄢。"段不弟,故不言弟;如二君,故曰"克";称"郑伯",讥失教也:谓之郑志,不言出奔,难之也。

遂置姜氏于城颍,而誓之曰:"不及黄泉,无相见也!"既而悔之。……公入而赋:"大隧之中,其乐也融融!"姜出而赋:"大隧之外,其乐也泄泄!"遂为母子如初。

君子曰:"颍考叔,纯孝也。爱其母,施及庄公。《诗》曰:'孝子不匮,永锡尔类。'其是之谓乎!"(隐公元年)

"郑伯克段于鄢"这一事件在三传中记载各有不同。《公羊传》和《谷梁传》都用很少的文字比较简略地记录了这件事情,二书都未具体叙述此次事件的起因、经过、结果，而是将叙述的重点放在对“克”“段”“于鄢”等词的分析上，并通过层层设问、一问一答的方式，揭示了文章的寓意。

而《左传》则用了大量文字详细地记述了事件和众多人物。从事件的前因“武姜因寤生而厌恶郑庄公”写起，到共叔段种种不尊的表现，然后再到郑庄公发兵讨伐，最后写到使段出奔共的结果。文章最后还有“君子”的评价。整个事件叙述得非常详细。

晋代范宁曾评“春秋三传”的特色说：“《左氏》艳而富，其失也巫。《谷梁》清而婉，其失也短。《公羊》辩而裁，其失也俗。”

（三）对于同一事件，《国语》与《左传》的记载对比

《国语》和《左传》的关系也十分密切，素有春秋“外传”和“内传”之称，但是它们对同一战争事件的记叙也是不同的。

1.《国语》与《左传》部分内容的对比

《左传》和《国语》的体裁虽不相同，但有些内容可以互见，有同有异。下面试举几例。

晋文公称霸：

晋侯始入而教其民，二年，欲用之。子犯曰：“民未知义，未安其居。”于是乎出定襄王，入务利民，民怀生矣。将用之。子犯曰：“民未知信，未宣其用。”于是乎伐原以示之信。民易资者不求丰焉，明征其辞。公曰：“可矣乎？”子犯曰：“民未知礼，未生其共。”于是乎大蒐以示之礼，作执秩以正其官，民听不惑，而后用之。出谷戍，释宋围，一战而霸，文之教也。（《左传·僖公二十七年》）

文公即位二年，欲用其民，子犯曰：“民未知义，盍纳天子以示之义？乃纳襄王于周。公曰：“可矣乎？”对曰：“民未知信，盍伐原以示之信？”乃伐原。曰：“可矣乎？”对曰：“民未知礼，盍大蒐，备师尚礼以示之。”乃大蒐于被庐，作三军。使郤縠将中军，以为大政。郤溱佐之。子犯曰：“可矣。”遂伐曹、卫，出谷戍，释宋围，败楚师于城濮，于是乎遂伯。（《国语》卷十·晋语四）

绕角之役：

子仪之乱，析公奔晋。晋人置诸戎车之殿，以为谋主。绕角之役，晋将遁矣，析公曰："楚师轻窕，易震荡也。若多鼓钧声，以夜军之，楚师必遁。"晋人从之，楚师宵溃。晋遂侵蔡，袭沈，获其君；败申、息之师于桑隧，获申丽而还。郑于是不敢南面。楚失华夏，则析公之为也。（《左传·襄公二十六年》）

昔令尹子元之难，或谮王孙启于成王，王弗是，王孙启奔晋，晋人用之。及城濮之役，晋将遁矣，王孙启与于军事，谓先轸曰："是师也，唯子玉欲之，与王心违，故唯东宫与西广实来。诸侯之从者，叛者半矣，若敖氏离矣，楚师必败，何故去之！"先轸从之，大败楚师，则王孙启之为也。（《国语·楚语上》）

申公巫臣助晋通吴：

子反与子灵争夏姬，而雍害其事，子灵奔晋。晋人与之邢，以为谋主。扞御北狄，通吴于晋，教吴叛楚，教之乘车、射御、驱侵，使其子狐庸为吴行人焉。吴于是伐巢，取驾，克棘，入州来，楚罢于奔命，至今为患，则子灵之为也。（《左传·襄公二十六年》）

昔陈公子夏为御叔娶于郑穆公，生子南。子南之母乱陈而亡之，使子南戮于诸侯。庄王既以夏氏之室赐申公巫臣，则又畀之子反，卒于襄老。襄老死于邲，二子争之，未有成。恭王使巫臣聘于齐，以夏姬行，遂奔晋。晋人用之，实通吴、晋。使其子狐庸为行人于吴，而教之射御，导之伐楚。至于今为患，则申公巫臣之为也。（《国语·楚语上》）

从上述《左传》与《国语》中相似内容的对比来看，二者无疑依据了相同或相关的书写材料，但是由于《左传》与《国语》的体例不同，撰述的目的也各有不同，所以《国语》更多地保留了文本的原始面貌，《左传》则对文本进行了较多改写，尤其是其中大量的人物对话等，多不是源于原始材料。“现存先秦时期的传世文献，已经是更早期的文本经过多次编撰之后呈现的后期形态。先秦文献的写定具有特殊性，经历时间长，参与作者多，源头史料、师说、后学之说混杂，文本经历了复杂的流动与凝定过程，呈现出交织斑驳的层级纹理。”①

2.《国语》与《左传》对比结果分析

(1)体裁不同

《国语》是国别体，而《左传》是编年体，虽然从汉唐开始，人们就习惯于把二者并称，但是二者在体裁上却有差别。所谓的国别体，就是按照国家的不同来进行记事。在《国语》当中，《鲁语》主要记载的是鲁国的人和事，通常会按照时间顺序进行记事。比如最开始的篇目记载的是鲁庄公的事迹，接下来记载鲁僖公的事迹等，这样记事的好处是能看出一个国家的整段历史，对于这个国家不同时期的政治、经济、文化能够有更好的了解。但是这样的记事方式也有不足之处，如在同一时期未能对其他诸国发生的事件进行概述，不利于读者把握某一时期各个国家大体的情况。

《左传》作为编年体史书弥补了《国语》的不足之处，编年体是按照具体的年、月、日顺序记载各个国家的大事小情的，可以让我们详细地了解在具体的年份或某一特定的历史时段社会发展的大致情况。但是这样的记事方式也有一定的不足，比如记载的事件过于冗杂，联系不太紧密等。

(2)记载的时间范围不同

《左传》主要记载了自鲁隐公元年(公元前722年)到鲁哀公二十七年(公元前468年)这一时期的历史，而《国语》则记载了上起周穆王十二年(公元前990年)西征犬戎，下至智伯被灭(公元前453年)这一时期的历史。经过对比可以发现，《左传》记录的时间范围比《国语》要短，也就是说《左传》中没有周穆王、周共王、周宣王、周幽王和周平王的故事。就具体的篇目而言，《国语》当中

① 曾祥波.《国语》《左传》成书关系新论[J].学术研究，2021(11):171.

《周语》的前十篇在《左传》中是没有记载的。

(3)叙事详略不同

《国语》在叙事过程中侧重记述道理、礼仪,有着一定的感情倾向。但是《左传》则不同,其记述事件更为客观。这一点我们从具体的篇目对比当中就可以发现,如《国语·鲁语上》:

> 庄公丹桓宫之楹,而刻其桷。匠师庆言于公曰:"臣闻圣王公之先封者,遗后之人法,使无陷于恶。其为后世昭前之令闻也,使长监于世,故能摄固不解以久。今先君俭而君侈,令德替矣。"公曰:"吾属欲美之。"对曰:"无益于君,而替前之令德,臣故曰庶可已矣。"公弗听。

这一篇文章主要讲述了鲁庄公要把先父桓公宗庙的楹柱涂上红漆,并在屋椽上雕刻花纹,但是匠师庆却认为这一行为过于奢靡,先王留下来的节俭习惯是美德,而现在大王却要背弃先王的美德,这是不正确的。这则故事到这里,《国语》的记载就结束了。而《左传》对这件事则有更加详细的记载:

> 二十四年春,刻其桷,皆非礼也。御孙谏曰:"臣闻之:'俭,德之共也;侈,恶之大也。'先君有共德,而君纳诸大恶,无乃不可乎?"
>
> 秋,哀姜至,公使宗妇觌,用币,非礼也。御孙曰:"男贽,大者玉帛,小者禽鸟,以章物也。女贽,不过榛、栗、枣、脩,以告虔也。今男女同贽,是无别也。男女之别,国之大节也,而由夫人乱之,无乃不可乎?"
>
> 晋士蔿又与群公子谋,使杀游氏之二子。士蔿告晋侯曰:"可矣。不过二年,君必无患。"

《左传》又记述了同年秋天哀姜来到鲁国,庄公命宗妇以玉帛为礼,但是玉帛是男人之间交换的尊贵礼物,女人之间交换的礼物不过榛子、栗子等,表示诚敬而已。从这里我们能感受到《国语》的叙事似乎是只要达到想表述的意义就停止了,而《左传》则叙事更加详备。

二、结构要素分析

在叙事结构中，大事件是由一系列小事件组合而成的。书面叙事语篇中，一个完整语篇由相互关联的小事件语篇组合而成，每个小事件的记述多以时间或空间标记开始。因此，本节所探讨的叙事语篇为能完整叙述一个事件、大于等于一个句子的语言单位。其主题意义相对完整，一脉相承，结构有序，功能相对独立，依赖于语境能完成一种可识辨的交际功能。语言单位可以长至十几个自然段落，也可短至一个自然段。并且因为《左传》具有言事相兼的特点，此类复杂事件的结构最为完整，要素更为齐备，所以接下来我们重点分析此类语篇的结构。

(一)叙事语篇的底层结构

《左传》叙事语篇的底层结构一般包括“事件”和“评价”两个部分，“事件”下可再分为背景和情节，背景主要由时间和事件的起因构成，情节主要由主体事件和后续事件构成。其中“主体事件”是核心内容，通常包括人物、地点、事实等要素。

我们先来试举两例《左传》中的叙事语篇进行简要分析。

例如：

(1)宋陈等伐郑（东门之役）(隐公四年)

宋殇公之即位也，公子冯出奔郑，郑人欲纳之。【背景，远因追叙】及卫州吁立，将修先君之怨于郑，而求宠于诸侯，以和其民。使告于宋曰：“君若伐郑以除君害，君为主，敝邑以赋与陈、蔡从，则卫国之愿也。”宋人许之。于是陈、蔡方睦于卫。【背景近因】故宋公、陈侯、蔡人、卫人伐郑，围其东门，五日而还。【主体事件(原因+人物+地点+事实+结果)】

(2)巴人伐楚(哀公十八年)

巴人伐楚，围鄾。初，右司马子国之卜也，观瞻曰：“如志。”故命之。及巴师至,将卜帅。王曰:"宁如志,何卜焉?"使帅师而行。请承。王曰:"寝尹、工尹,勤先君者也。"三月,楚公孙宁、吴由于、薳固败巴师于鄾,故封子国于析。【主体事件(人物+地点+时间+原因+事实+结果)】

君子曰:"惠王知志。《夏书》曰:'官占,唯能蔽志,昆命于元龟。'其是之谓乎!《志》曰:'圣人不烦卜筮。'惠王其有焉。"【评析】

由上述两例可以看出,在语篇中要完整地叙述一次战争,通常包含时间、地点、人物、起因、经过、结果等要素,简称为事件。事件中也可进一步区分主体事件和后续事件。而评价则是指对事件本身或者事件中的人物进行的分析或评价。总结如下:

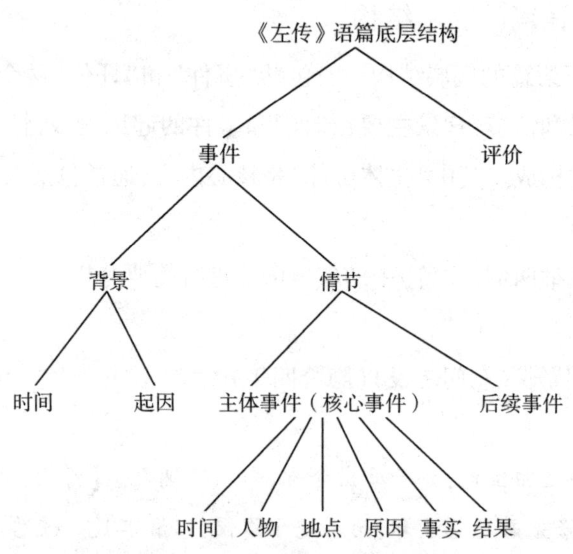

图 3-2 《左传》语篇底层结构图

(二)结构要素的呈现方式

正如前文所说,每个语篇都具有一定的结构,而《左传》叙事语篇的底层结构包括"事件""评价"两个部分,接下来就对其结构要素进行详细考察。

1. 背景的呈现方式与特点

《左传》叙事语篇开篇会交代一个简单背景,告诉读者战争发生的时间和起因。

例如：

四月，郑人侵卫牧，以报东门之役。卫人以燕师伐郑……（隐公五年）

十年春，齐师伐我。公将战，曹刿请见。其乡人曰："肉食者谋之，又何间焉。"刿曰："肉食者鄙，未能远谋。"乃入见……（庄公十年）

四年春，齐侯以诸侯之师侵蔡。蔡溃，遂伐楚。楚子使与师言曰："君处北海，寡人处南海，唯是风马牛不相及也……"……（僖公四年）

通过上述三例我们不难发现，《左传》叙战语篇的"背景"部分具有以下特点：

（1）强化时间顺序

上述三例，皆以时间开篇，如"四月""十年，春"等。《左传》为编年体史书，记年、时令、月、日是其本质特点，因为时间、人物与事件是构成历史的基础要素。左氏如此强化时间顺序，原因主要是：一来《左传》是为了传《春秋》的，必然受到《春秋》的影响。二来受编年体史书的叙事体例所限，在为政者的有意教育提倡下，史官文化成为春秋至战国时期的主流文化。随着先秦史学家对时间的理解加深并愈益重视，以事系日、以日系月、以月系时、以时系年的编年体，成为当时史书叙事的主要体例。史书的时间先后顺序明确清楚，何事发生于前，何事发生于后，次序清楚，便于读者对事件发展过程及前因后果的理解，这是编年体史书的优点。

（2）重视战争的起因

《左传》能充分利用编年体叙事的长处，将战争的起因早早点出，并将其远因近因、主因旁因逐一交代出来。

如隐公元年郑伯克段于鄢的起因，远因可以追溯至"初，郑武公娶于申，曰武姜，生庄公及共叔段。庄公寤生，惊姜氏，故名曰'寤生'，遂恶之。爱共叔段，欲立之。亟请于武公，公弗许。"近因是郑庄公不断地容忍、放纵和共叔段不断地修城墙、"命西鄙、北鄙贰于己"。直接导火线是"大叔完聚，缮甲兵，具卒乘，将袭郑,夫人将启之”。

再如成公二年的齐晋鞌之战,其远因早在宣公十七年就已点出:“十七年,春,晋侯使郤克征会于齐。齐顷公帷妇人,使观之。郤子登,妇人笑于房。献子怒,出而誓曰:‘所不此报,无能涉河!’”直接导火线是“孙桓子还于新筑,不入,遂如晋乞师。臧宣叔亦如晋乞师”。根本原因则是齐晋争夺霸主地位。

还有秦晋韩原之战发生在僖公十五年,但早在僖公十三年,“晋荐饥”,秦救灾恤邻,输粟于晋。十四年,“秦饥,使乞籴于晋,晋人弗与”。晋大夫庆郑当时就说:“四德皆失,何以守国?”“背施幸灾,民所弃也。”原因之一在此就做了交代。僖公十五年,秦果然伐晋。

僖公二十七年、二十八年的城濮之战,战争爆发的起因是:“冬,楚子及诸侯围宋,宋公孙固如晋告急。先轸曰:‘报施救患,取威定霸,于是乎在矣。’狐偃曰:‘楚始得曹,而新昏于卫,若伐曹、卫,楚必救之,则齐、宋免矣。’”这里晋国商量的计谋是先伐曹、卫,以转移矛盾,下文就围绕着曹、卫这个中心来写。僖公二十八年“春,晋侯将伐曹……侵曹伐卫。”接着又写“宋人使门尹般如晋师告急”。先轸为其出谋划策:“使宋舍我而赂齐、秦,藉之告楚。我执曹君,而分曹、卫之田以赐宋人。楚爱曹、卫,必不许也。喜赂怒顽,能无战乎?”“公说,执曹伯,分曹、卫之田以畀宋人。”面对晋的计策,楚国“子玉使宛春告于晋师曰:‘请复卫侯而封曹,臣亦释宋之围。’”对此先轸又出计策,最终“私许复曹、卫。曹、卫告绝于楚”。以上写的都是城濮之战的外围战,虽是晋楚的矛盾,但斗争的主角却是曹、卫。

从上述例子中可以发现,《左传》叙战语篇背景中更多地交代了战争发生的原因(近因和远因)。

(3)背景和核心事件关系复杂

背景和核心事件的关系也是多样的,其中最主要的关系是因果关系。前面的例子皆是如此。

除此之外,背景有时也对核心事件起补充作用。

例如：

初，甘昭公有宠于惠后，惠后将立之，未及而卒。昭公奔齐，王复之。又通于隗氏。王替隗氏。【背景事件】颓叔、桃子曰："我实使狄，狄其怨我。"遂奉大叔，以狄师攻王。王御士将御之，王曰："先后其谓我何？宁使诸侯图之。"王遂出。及坎欿，国人纳之。

秋，颓叔、桃子奉大叔，以狄师伐周，大败周师，获周公忌父、原伯、毛伯、富辰。王出适郑，处于氾。大叔以隗氏居于温。【核心事件】（僖公二十四年）

僖公二十四年秋，颓叔、桃子侍奉太叔，以狄师攻打周天子。在事件发生前，《左传》以"初"这个表示追叙的时间词，提供了一个背景信息，叙述了昭公与周天子的恩怨。这个背景是对核心事件的补充说明。

有时背景是对主体事件的顺承。

例如：

夔子不祀祝融与鬻熊。楚人让之，对曰："我先王熊挚有疾，鬼神弗赦而自窜于夔。吾是以失楚，又何祀焉？"【背景事件】秋，楚成得臣、斗宜申帅师灭夔，以夔子归。【核心事件】（僖公二十六年）

僖公二十六年秋，楚师灭夔。在此事前，《左传》先交代了夔子与楚人的一段对话，然后按照时间顺序，叙述了秋天楚国灭亡夔国、逮夔子回国的事件。背景与核心事件是顺承关系。

（4）背景的表达形式丰富

背景的表达形式可以分为三种。第一种是直接以叙述性的语言陈述出来，第二种则是通过人物的对话表达和体现出来，第三种是通过形式标记"初"来引出事件的背景。

①直接以叙述性的语言陈述出来。

例如：

郑武公、庄公为平王卿士。王贰于虢。郑伯怨王，王曰："无之。"故周、郑交质。王子狐为质于郑，郑公子忽为质于周。王崩，周人将畀虢公政。【背景】四月，郑祭足帅师取温之麦。秋，又取成周之禾。周、郑交恶。（隐公三年）

此例为直陈式背景表达方式。因为（周平王）分权给虢公，郑庄公怨恨周平王，所以周、郑交换人质。然而周平王一死，周人就准备把政权交给虢公。《左传》采用直接叙述的方式交代了周、郑发生战争的背景。

整体观察直陈式的背景表达方式，背景多处于语篇前，没有特殊的形式标记。概括简洁，所用笔墨较少，有时背景另起一段，但均为叙述性的语句，常以时间或人物开头。这种方式不仅意味着背景的开始，同时也表示要进行话题转换。

②通过人物的对话表达和体现出来。

这种背景的表现形式只出现在复杂事件中。

例如：

晋荀息请以屈产之乘与垂棘之璧假道于虞，以伐虢。公曰："是吾宝也。"对曰："若得道于虞，犹外府也。"公曰："宫之奇存焉。"对曰："宫之奇之为人也，懦而不能强谏。且少长于君，君昵之。虽谏，将不听。"乃使荀息假道于虞，曰："冀为不道，入自颠軨，伐鄍三门。冀之既病，则亦唯君故。今虢为不道，保于逆旅，以侵敝邑之南鄙。敢请假道，以请罪于虢。"虞公许之，且请先伐虢。宫之奇谏，不听，遂起师。夏，晋里克、荀息帅师会虞师，伐虢，灭下阳。先书虞，贿故也。（僖公二年）

晋侯复假道于虞以伐虢。宫之奇谏曰："虢，虞之表也。虢亡，虞必从之。晋不可启，寇不可玩。一之谓甚，其可再乎？谚所谓'辅车相依，唇亡齿寒'者，其虞、虢之谓也。"公曰："晋，吾宗也，岂害我哉?"对曰："大伯、虞仲，大王之昭也；大伯不从，是以不嗣。虢仲、虢叔，王季之穆也；为文王卿士，勋在王室，藏于盟府。将虢是灭，何爱于虞？且虞能亲于桓、庄乎，其爱之也？桓、庄之族何罪，而以为戮，不唯逼乎？亲以宠逼，犹尚害之，况以国乎?"公曰："吾享祀丰洁，神必据我。"对曰："臣闻之，鬼神非人实亲，惟德是依。故《周书》曰：'皇天无亲，惟德是辅。'又曰：'黍稷非馨，明德惟馨。'又曰：'民不易物，惟德繄物。'如是，则非德民不和，神不享矣。神所冯依，将在德矣。若晋取虞，而明德以荐馨香，神其吐之乎?"弗听，许晋使。宫之奇以其族行，曰："虞不腊矣，在此行也，晋不更举矣。"（僖公五年）

以上二例是著名的宫之奇两次谏假道事件，背景的表现形式都是以事起首："晋荀息请以屈产之乘与垂棘之璧假道于虞，以伐虢。""晋侯复假道于虞以伐虢。"然后以臣下与君主的对话形式进一步交代背景，僖公二年虞晋伐虢事件中，通过荀息的言语，可以判断出宫之奇由于懦弱不能坚决进谏，因此借道伐虢会成功。僖公五年晋人灭虞事件则是通过宫之奇的劝谏，揭示出虢与虞"辅车相依，唇亡齿寒"的关系，并且也告诉了读者事件的背景信息。这样的叙事安排，既让读者了解了战争事件的背景，同时又凸显了因果关系。

从语篇位置上看，言语对话这类背景都位于语篇的开头和战争发生之前。从语言表现形式上看，是以事起首，又以事终结。从内容上看，劝谏的结果都是君主不听从，最终导致了失败甚至灭国。

③通过形式标记"初"来引出事件的背景。

通过"初"这个形式标记来交代事件发生的背景，从位置上看，"初"有处在语篇开头、中间、末尾三种情况。

例如：

秋，七月，秦桓公伐晋，次于辅氏。壬午，晋侯治兵于稷，以略狄土。立黎侯而还。及雒，魏颗败秦师于辅氏。获杜回，秦之力人也。

初，魏武子有嬖妾，无子。武子疾，命颗曰："必嫁是！"疾病，则曰："必以为殉！"及卒，颗嫁之，曰："疾病则乱，吾从其治也。"及辅氏之役，颗见老人结草以亢杜回，杜回踬而颠，故获之。夜梦之曰："余，而所嫁妇人之父也。尔用先人之治命，余是以报。"(宣公十五年)

此例中，"初"位于语篇中间。宣公十五年秦桓公伐晋，魏颗击败秦师，俘虏秦大力士杜回。在交代了这个核心事件后，《左传》另起一段，以一个"初"字补充了魏颗其人的背景。

以"初"字为标记的背景，主要是补充交代在主线叙述中未能及时说明的情况，如事件的因果关系、人物的生平及言行等内容。《左传》中，作者多用"初"字，对事件的因果关系或人物关系进行补充说明。通过以"初"字为标记的背景安排，能更好地完成作者资鉴劝惩的叙事目的，也更能突出地刻画人物形象，突破编年体体例的限制，通过追叙或补叙等方式让事件更加完整。

《左传》中每一个事件的叙述都经过左氏的删选、加工和过滤，因此，必然体现出左氏的个性特征和思想意识。《左传》如此重视战争的起因是因为事件构成的原则是时间顺序和因果顺序，左氏认为，一种现象必然会导致一种结果，因此他强调战争的起因来凸显战争胜负的根源。关于因果关系的叙述，反映了左氏对人和事物变化关系的理解，也是其思想观念的体现。徐复观先生也指出，《左传》叙事"特别凸出行为的因果关系，以作成败祸福的解释，并为孔子的褒善贬恶，提供有力的支援"①。

2. 情节的呈现方式与特点

历史叙事本讲求真实、完整、清楚，但历史事件本身是纷繁复杂的，若要理清头绪，分别原委，实现文本内部的一贯性，就要依赖于情节的合理安排。因此，左氏如何讲述战争，对叙述情节如何安排，就显得格外重要。正是由于左氏重视因果关系、强调人在战争中的作用，所以《左传》叙战虽然篇篇更新、绝不雷同，但却还是有规律可循。综合观察《左传》叙战篇章的情节安排，会发现始终

① 徐复观. 两汉思想史(第三卷)[M]. 上海：华东师范大学出版社，2001：199.

有一条含有因果关系的主要线索贯穿其中，其叙事结构因此非常完整。《左传》对于较大规模的战役，其叙事多偏重于战前双方的谋略与将领性格之描写，于战后亦多安排总结评论型人物对战争发表看法。

(1)重视因果关系——战前对战争结果的提前告知

僖公十五年韩原之战，战前：

卜徒父筮之，吉。涉河，侯车败。诘之。对曰："乃大吉也，三败必获晋君。其卦遇蛊☶，曰：'千乘三去，三去之余，获其雄狐。'夫狐蛊，必其君也。蛊之贞，风也；其悔，山也。岁云秋矣，我落其实而取其材，所以克也。实落材亡，不败何待？"

僖公二十八年城濮之战，战前：

晋侯梦与楚子搏，楚子伏己而盬其脑，是以惧。子犯曰："吉！我得天，楚伏其罪，吾且柔之矣。"

定公四年柏举之战，战前(昭公三十一年)：

十二月，辛亥，朔，日有食之。是夜也，赵简子梦童子裸而转以歌。旦占诸史墨，曰："吾梦如是，今而日食，何也？"对曰："六年及此月也，吴其入郢乎，终亦弗克。入郢必以庚辰，日月在辰尾。庚午之日，日始有谪。火胜金，故弗克。"

《左传》中在战前就对战争结果预先告知的例子比比皆是，在鄢陵之战的前四年，楚文子就预言楚王"无礼必食言，吾死无日矣夫"。战前一年，晋韩献子再次就楚王断言："民将叛之。无民孰战？"这就两次预告了晋胜楚败的趋势。实际上如果是按事件自身发展的顺序，结果应是最后叙述出来的，但左氏却将结果以预言的形式提前告知。韩原之战结果以卜筮预先告知，城濮之战、柏举之战则以释梦告知。

究其原因主要有两点：

一是巫传统的延续和左氏思维知识的局限。卜筮在当时人看来，是神秘而准确的，在当时人的认知中，任何自然界的变化或是事物的变化都是一种特殊的征兆，会引起某件事情的发生。因此，《左传》里用了很多预言，如在一场战争的结果出现之前，就有很多端倪通过占卜预兆、梦境预示和人物之口体现出来，并且这些预言往往能够得到印证。

二是上文我们提到的左氏想通过强调因果关系来达到叙事意旨。"无论历史叙事还是文学叙事，进行这种话语活动的目的都不仅仅是传达一个事件，而是要通过对一个或一系列事件的叙述和阐释而表达某种意义。我们要研究中国的叙事传统的演变，不能不注意不同形态的叙事在其叙述内容中所表达的意义方面的差异。"①

(2)以人物对话推动情节发展——揭示战争胜负缘由

《左传》是一部编年体史书，史以事为主，而事以人为本，因此，左氏在叙战时往往集中叙述战争胜负的原因，强调人在战争中的作用。整体观察《左传》叙战情节安排，会发现《左传》主要以人物对话推动情节发展，揭示战争胜负缘由，即重视人物言行与战争结果的关系。在《左传》中，对人物的塑造虽然往往是定型的、静止的，但是却前后一致。《左传》总是有意突出战胜者身上某种正义的、理智的、果敢的品质，以与战败者身上那种非正义的、愚昧的、懦弱的品质相对照，以显出一种胜败的逻辑趋势。某人物做出了某些行为、下了某些判断，于是对战争发展产生某些影响，进而产生某些结果，如此则强调了人物态度、德行与吉凶之决定性。面对事情与问题，人物表现出怎样的反应，以何种态度面对，往往是决定战争发展与人物命运的关键所在。除态度问题外，人物性格对战争的发展也有影响。人的因素，往往是左氏所强调的：一是强调遵德循礼则胜、失德无礼则败；二是强调敬天保民则胜、愎谏违卜则败；三是强调忠敬仁直则胜、侈汰骄淫则败。

---

① 高小康. 中国叙事观念的演变[J]. 明清小说研究，2000(3)：10.

如在晋楚城濮之战中：

> 晋车七百乘，韅、靷、鞅、靽。晋侯登有莘之虚以观师，曰："少长有礼，其可用也。"遂伐其木以益其兵。己巳，晋师陈于莘北，胥臣以下军之佐当陈、蔡。子玉以若敖之六卒将中军，曰："今日必无晋矣。"子西将左，子上将右。胥臣蒙马以虎皮，先犯陈、蔡。陈、蔡奔，楚右师溃。狐毛设二旆而退之。栾枝使舆曳柴而伪遁，楚师驰之。原轸、郤溱以中军公族横击之，狐毛、狐偃以上军夹攻子西，楚左师溃。楚师败绩。子玉收其卒而止，故不败。

晋楚争霸由来已久，晋国能够取胜的真正原因，包括地形有利、内政稳定、人员紧凑，敌国（楚）内政情况不佳、楚国君主成王短视少谋等等。而左氏的叙述更强调文公重耳的知人善用、处事冷静，而他的对手子玉则处事浮躁，"刚而无礼"。

整个战事过程紧紧围绕这一对立的因素有条不紊地展开，晋文公在战争中遇到很多复杂的问题，如要伐曹、伐卫，又要救宋，要争取齐、秦。楚国兵力很强，不易制胜。面对众多纷繁的难题，晋文公都采用臣下的计谋，一个个去解决。这是晋国取胜的关键所在。在得到齐、秦明确的支持后，晋文公本人在战争开始时还在犹豫，子犯曰："战也！战而捷，必得诸侯。若其不捷，表里山河，必无害也。"栾贞子曰："汉阳诸姬，楚实尽之，思小惠而忘大耻，不如战也。"于是晋文公打消了顾虑，并且在整个战争过程中表现得有勇有谋，如晋侯使栾枝对曰："寡君闻命矣。楚君之惠，未之敢忘，是以在此。为大夫退，其敢当君乎？既不获命矣，敢烦大夫谓二三子，'戒尔车乘，敬尔君事，诘朝将见'。"可以说，城濮之战的胜利与晋文公拥有果敢的臣下密不可分。

与此相对，战争一开始就表现了楚国子玉的骄横跋扈，晋人通过灭曹、卫的办法激怒楚国，楚君劝子玉回师，而刚愎自用的子玉却一意孤行，还向楚王请求增兵……整个叙战过程都是晋、楚双方首领性格和行为方式的显现过程。所有这些描写，都显示了晋国必然取胜、楚国必然失败的缘由。

左氏强调的原因具有集中性,在多个战事中都以同样的方式体现。

再如在齐晋鞌之战中:

> 癸酉,师陈于安。邴夏御齐侯,逢丑父为右。晋解张御郤克,郑丘缓为右。齐侯曰:"余姑翦灭此而朝食。"不介马而驰之。郤克伤于矢,流血及屦,未绝鼓音,曰:"余病矣!"张侯曰:"自始合,而矢贯余手及肘,余折以御,左轮朱殷,岂敢言病?吾子忍之!"缓曰:"自始合,苟有险,余必下推车,子岂识之?然子病矣!"张侯曰:"师之耳目,在吾旗鼓,进退从之。此车一人殿之,可以集事,若之何其以病败君之大事也?擐甲执兵,固即死也。病未及死,吾子勉之!"左并辔,右援枹而鼓,马逸不能止,师从之。齐师败绩。逐之,三周华不注。

齐国败,败在齐侯的骄傲轻敌,不吃早饭,不给马披上盔甲就迎战。而晋国胜,得力于将帅一心,主帅郤克被箭所伤,血流到鞋上,都未绝鼓音。郤克的车左和车右:一个被箭从手射穿到肘,血把整个车轮都染红了,仍奋勇杀敌;一个不管战事如何紧张,遇到危险都必下推车。最终御者解张"左并辔,右援枹而鼓",使晋取得了胜利。

春秋这一时期大大小小的战争不计其数,面对已经发生的众多史事,选择何事加以记载,是详细叙述还是点到为止,对何事又是略而不记,这些都是作者在战争这个事件图式中的认知体现。左氏所见的史料,大多可能仅记载参战国家与战争地点,详细些的,可能加记人物或军队数量。但《左传》在战争叙述方面,却往往重点叙述战前双方之谋略、人物之对话等,其叙战方式的形成除了受到先秦的思维特征和左氏撰史目的影响之外,也必然受到了《左传》形成之前其他文献的影响。甲骨卜辞、《诗经》、《尚书》、《春秋》等都对左氏产生了影响,在此我们只重点讨论《诗经》和《国语》对《左传》的影响。

左氏对《诗经》相当熟悉,全书中引诗用诗的地方约有二百七十处。这虽与古人的崇古意识有关,但更可以看出《诗经》对左氏的影响之大。《诗经》中虽有很多描述战争的诗歌,但它们多从征人感受入手,鲜少提到战争本身,这对左氏不重视战争过程、更重视战争的原因和意义的写作意识有直接影响。并且《诗经》中的人物虽然众多,但其形象多是通过简单的外貌描写或直接的议论抒情来塑造的,多为片断式、即兴式的,这对《左传》的人物叙述也有直接影响。

《国语》和《左传》对一些战争的叙述所采用的原材料应是一致的,但《国语》多是直接转抄,而《左传》则进行了较为细致的删选和加工。同时由于《国语》是国别体史书,以记言为主,书中记述了上百个人物,那些鲜明立体的形象为左氏提供了经验,而那些由于缺少细节描写而导致人物形象不够丰满的语篇,则给左氏带来警示。因此,左氏在撰写《左传》时注意到以人辑事、因事系人,将人物的各种活动分别安排在不同事件当中。并且由于《国语》多是用具有口传说唱特点的对话来推动情节发展的,所以《左传》中也少有对战争时人物心理活动的描写,而是将对话作为主要的叙写手段。其实对话并不是历史写作最合适的表现方法,因为对话的本质是一种拟言和代言,会使历史的真实性大打折扣,但从叙述的角度来说,对话则是一种很好的表现方式,因为对人物性格的刻画、对情节的推动都可以借助对话来实现。同时,对话描写还拉近了人物和读者的距离,赋予事件更多的生动性与可感性。

值得注意的是,在这一时期,左氏更加意识到了人的重要性,能够有意识地从历史上发生的事件中总结经验,寻求规律。左氏有自己的道德观念、伦理意识,因此,在叙战时他以德为主来决定材料的取舍和详略安排。同时左氏也注重形象思维和比兴思维。形象思维是以具体的形象或图像为思维内容的思维形态,是人的一种本能思维,它通过独具个性的特殊形象来表现事物的本质。所以左氏在通过对战争的描写来表达“礼”“善”等观念时,很少有空洞的说教,必然是引用具体形象的事迹加以证明。形象思维和比兴思维从左氏叙战时对人物形象的塑造和对战争细节的描写中也可以窥见。此外,礼仪道德、政通人和也是决定战争胜负的关键因素。左氏极其注重用人的意义,蔡声子专门对楚材晋用做了透彻说明,详细地表述了楚国用人不当而导致种种恶果。用人者兴,弃人者亡。

(3)对战争过程的简要叙述

《左传》在对战争进行叙述时,对战前战事的酝酿过程的叙述总是曲折而详尽的，但对战争过程的叙述却极其简要，有时仅用几个字或十几个字。其对僖公十五年韩原之战、僖公二十八年城濮之战、僖公三十三年秦晋殽之战、宣公十二年邲之战、成公十六年鄢陵之战等战争的叙述无不如此。

如僖公三十三年秦晋殽之战，对于秦晋双方战斗的过程和结局只有简单的一句话："夏，四月，辛巳，败秦师于殽，获百里孟明视、西乞术、白乙丙以归。遂墨以葬文公。"而对战前酝酿过程中所涉及的胜败缘由则叙述得非常详细，从各个侧面、不同人物的角度展示了秦败晋胜的必然结果。面对秦师计划袭击郑国，先有蹇叔对秦国此次行动的胜败分析："劳师以袭远，非所闻也。师劳力竭，远主备之，无乃不可乎！师之所为，郑必知之。勤而无所，必有悖心。且行千里，其谁不知？"接着又有王孙满观秦师后的预言："秦师轻而无礼，必败。轻则寡谋，无礼则脱。入险而脱，又不能谋，能无败乎？"后来又有晋原轸对战局的评点："秦违蹇叔，而以贪勤民，天奉我也。奉不可失，敌不可纵。纵敌患生，违天不祥。必伐秦师。"此战前酝酿过程紧紧围绕战争的胜败缘由展开，多侧面详细地叙述了这一次战争的非正义性，从而预示了秦师必败的结局。

再如定公四年吴楚柏举之战：

> 十一月，庚午，二师陈于柏举。阖庐之弟夫概王晨请于阖庐曰："楚瓦不仁，其臣莫有死志。先伐之，其卒必奔。而后大师继之，必克。"弗许。夫概王曰："所谓'臣义而行，不待命'者，其此之谓也。今日我死，楚可入也。"以其属五千先击子常之卒，子常之卒奔，楚师乱，吴师大败之。

对战争的过程仅以"以其属五千先击子常之卒，子常之卒奔，楚师乱"一语带过，而对战前的人物对话则着墨颇多。

《左传》在对战争进行叙述时，还经常以战后的说明替代战争的过程。例如庄公十年的齐鲁长勺之战：

> 公与之乘。战于长勺，公将鼓之。刿曰："未可。"齐人三鼓，刿曰："可矣。"齐师败绩。公将驰之。刿曰："未可。"下视其辙。登轼而望之，曰：

"可矣。"遂逐齐师。

战争过程的叙述非常简明,主要写通过曹刿的指挥使鲁获胜的事件,但是战争为何这样进行?下面就是曹刿在战后的解释说明。

既克,公问其故。对曰:"夫战,勇气也。一鼓作气,再而衰,三而竭。彼竭我盈,故克之。夫大国难测也,惧有伏焉。吾视其辙乱,望其旗靡,故逐之。"

对战争过程简要叙述是因为"春秋无义战",战争的主要目的是吞并人口与土地,为了争霸,这一时期的战争多以车战为主,因此,在先秦的书写条件下要想写好战争的过程并不是一件容易的事。更何况左氏强调的不是战争本身,而是通过对战争的叙述来达到惩恶劝善的目的,因此,《左传》叙战往往以战前的谋划或战后的说明替代战争的过程。

(4)后续事件具有多种表现形式

在简单事件和复杂事件中,战争的后续事件也可视为战争的结果。战争的结果通常与战争事实发生在同一历史场景下,文字一般较短,而后续事件有些则是经过一段时间的发展后,战争事件的最终情况。此处所说的后续事件多指战争的后续状况或相关方面的反应等。

后续事件从形式上看,是对战争的延伸记载,同时也是对事件的历史回应。这类结果从位置上看,也是出现在事实的后面,其语言表达形式通常是"直陈+对话"。下面我们详看一个叙战语篇。

例如:

夏,公会郑伯于郲,谋伐许也。

郑伯将伐许,五月,甲辰,授兵于大宫。公孙阏与颍考叔争车,颍考叔挟辀以走,子都拔棘以逐之。及大逵,弗及,子都怒。

秋,七月,公会齐侯、郑伯伐许。庚辰,傅于许。颍考叔取郑伯之旗蝥

弧以先登,子都自下射之,颠。瑕叔盈又以蝥弧登,周麾而呼曰:"君登矣!"郑师毕登。壬午,遂入许。许庄公奔卫。【主体】

齐侯以许让公。公曰:"君谓许不共,故从君讨之。许既伏其罪矣,虽君有命,寡人弗敢与闻。"乃与郑人。【后续】

郑伯使许大夫百里奉许叔以居许东偏,曰:"天祸许国,鬼神实不逞于许君,而假手于我寡人。寡人唯是一二父兄,不能共亿,其敢以许自为功乎?……寡人之使吾子处此,不唯许国之为,亦聊以固吾圉也。"

乃使公孙获处许西偏,曰:"凡而器用财贿,无置于许。我死,乃亟去之!吾先君新邑于此,王室而既卑矣,周之子孙日失其序。夫许,大岳之胤也,天而既厌周德矣,吾其能与许争乎?"【后续】

君子谓:"郑庄公于是乎有礼。礼,经国家,定社稷,序民人,利后嗣者也。许无刑而伐之,服而舍之,度德而处之,量力而行之,相时而动,无累后人,可谓知礼矣。"【评价】

郑伯使卒出豭,行出犬鸡,以诅射颍考叔者。君子谓:"郑庄公失政刑矣。政以治民,刑以正邪。既无德政,又无威刑,是以及邪。邪而诅之,将何益矣!"【后续事件+评价】(隐公十一年)

隐公十一年七月,鲁隐公会合齐侯、郑庄公攻打许国。初一日,军队攻打许城,初三日郑庄公进入许城,结果许庄公逃亡到卫国。对战争事件的记叙本来到此就结束了,但是左氏却未在此停笔,反而在下文叙写了多个战争后续事件,并且对每一个后续事件都有"君子谓"的评论。

第一个后续事件是齐侯要把许国让给隐公,隐公不受。

第二个后续事件是郑庄公让许国大夫百里侍奉许叔住在许国的东部。作者叙写这两件事的主要目的是凸显隐公与郑庄公的守礼,因此,左氏借"君子"之口对其直接进行了评论:"郑庄公于是乎有礼。礼,经国家,定社稷,序民人,利后嗣者也。许无刑而伐之,服而舍之,度德而处之,量力而行之,相时而动,无累后人,可谓知礼矣。"对其知礼的行为大加赞扬。

第三个后续事件是对战争过程中颍考叔之死的反应。郑庄公让人拿出公猪、狗和鸡来诅咒射杀颍考叔的人。其实郑庄公知道是谁杀死的颍考叔，只是不舍得处罚子都。因此，作者还是借“君子”之口对其进行了评论：“郑庄公失政刑矣。政以治民，刑以正邪。既无德政，又无威刑，是以及邪。邪而诅之，将何益矣！”

再如：

> 秋，七月，秦桓公伐晋，次于辅氏。壬午，晋侯治兵于稷，以略狄土。立黎侯而还。及雒，魏颗败秦师于辅氏。获杜回，秦之力人也。
>
> ……
>
> 晋侯赏桓子狄臣千室，亦赏士伯以瓜衍之县。曰：“吾获狄土，子之功也。微子，吾丧伯氏矣。”羊舌职说是赏也，曰：“《周书》所谓‘庸庸祗祗’者，谓此物也夫！士伯庸中行伯，君信之，亦庸士伯，此之谓明德矣。文王所以造周，不是过也。故《诗》曰‘陈锡哉周’，能施也。率是道也，其何不济！”【后续事件1】
>
> 晋侯使赵同献狄俘于周，不敬。刘康公曰：“不及十年，原叔必有大咎，天夺之魄矣。”【后续事件2】（宣公十五年）

宣公十五年的秦晋辅氏之战，晋胜秦败，战争的直接结果是“获杜回”，战争的后续事件是：“晋侯赏桓子狄臣千室，亦赏士伯以瓜衍之县。”“晋侯使赵同献狄俘于周，不敬。”在这两个后续事件中，左氏都安排了人物对晋侯的行为进行评价。

在后续事件中或在后续事件后多有评论，这亦是《左传》安排后续事件的目的，即不仅是为战争的后续情况做说明，更重要的是通过后续事件体现资鉴劝惩的叙事意图。

3. 评价的呈现方式与特点

《左传》对事件进行评论主要有两种方式：一种是内部评论，即通过事件之内人物的言论进行评论，这样可以使读者自然地接受作者的思想观念，而不显得突兀；另外一种则是外部评论，即作者借助“君子曰”“书曰”等形式，对事件进行评论，它更加侧重于阐释观念和道德评价。

例如“郑伯克段于鄢”叙事后，用“书曰”的形式，对此次事件进行了总体评价。“书曰：‘郑伯克段于鄢。’段不弟，故不言弟；如二君，故曰‘克’；称‘郑伯’，讥失教也：谓之郑志，不言出奔，难之也。”这里的评论与事件之间主要是说明关系。《左传》叙事在事件结局与人物下场方面，强调惩恶劝善之观念。凡是失德、无礼、犯上为恶者，多是不好的下场。凡是德礼信义、忠君敏事、恤民敬让之人，最终多有正面评价。

再如我们前文说到的秦晋韩原之战中，左氏先对战争的起因进行了叙述，即战前穆姬怨之，晋侯背弃大夫，秦晋因籴粮救灾事两下失和。在战后左氏分别对这些事进行了回应，以期首尾相接，结构完整。如战后秦穆姬以死相挟，使秦伯放晋惠公回；战后“晋大夫反首拔舍从之”，迎归晋侯；战后“晋又饥，秦伯又饩之粟”。左氏对战争结局进行了评价，评价与事件之间是解释关系。左氏非常强调结局的资鉴意义，因为结局是因果结构不可缺少的构成要素。先秦叙事语篇的评价呈现方式与特点，后文将会设专章进行论述，此处不再赘言。

第三节　先秦叙事语篇的生成机制

语篇的生成是一个复杂的、动态的过程，涉及多个方面，而明确作者的叙事态度，即话语意义是解读先秦叙事文献的关键，它决定了语篇的字词、句式选择，决定了整体篇章的结构以及情节的安排，是叙事表达与叙事解读的核心。

有学者认为意义建构是一个社会认知过程，是在大的社会文化背景下生发和酝酿成熟的，首先需要具备两个充分必要的条件：一是交际双方在社会文化背景下，通过社会实践所累积的内隐的百科知识（框架），在具体的情境中被双方部分提取而调校为共享焦点，即双方对进行交互的使用事件的认知理解（图 3-3 中左半侧上层虚线联通部分）；二是在外显的语境下双方的交际协同，即彼此间言语及非言语的沟通、协调以达到成功的交际（图 3-3 中左半侧下层实线联通部分）。具备了这两个条件，交际的一方——意义创新者，在此情此景中出于交际目的，发挥语言的经济原则或表达力效果，创造新奇义，而接收者在此情此景中领受了该义，进而在语言社团内进行复制和传播，经过更多成员反复使用，该义成为社团所默认的或约定俗成的意义，进入该社团公共词库，成为规约化的用法（图3-3右半侧）。①

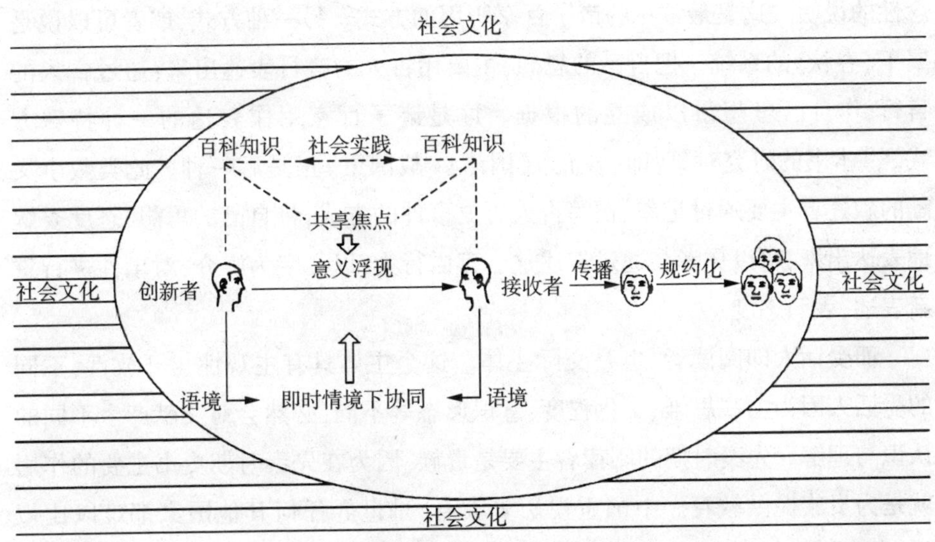

图3-3　语言意义建构的社会认知过程示意图

由此可知，语篇意义与交际主体、叙事意图和语境有密不可分的关系。

一、交际主体与叙事意图

（一）交际主体

人本主义心理学家马斯洛认为："需要是动机产生的最根本的心理基础，动机则是直接推动人的行为活动的内部原因和动力……需要与动机紧密地联系在一起。离开需要的动机是不存在的。"②在言语交际行为中，主体的需要就是

① 许葵花，葛晓华.语言意义建构研究的历史嬗变——以多义现象为例[J].东北师大学报(哲学社会科学版)，2021(4)：119-125.

② 车文博.人本主义心理学[M].杭州：浙江教育出版社，2003：118.

交际意图,需要不同,交际意图就不同。各种不同的交际意图构成了话语意义的基础和核心。

那么先秦时期的主体需要是什么?徐复观先生曾说:"由先秦以及西汉,思想家表达自己的思想,概略言之,有两种方式。一种方式,或者可以说是属于《论语》、《老子》的系统。把自己的思想,主要用自己的语言表达出来,赋予概念性的说明。这是最常见的诸子百家所用的方式。另一种方式,或者可以说是属于《春秋》的系统。把自己的思想,主要用古人的言行表达出来;通过古人的言行,作自己思想得以成立的根据。这是诸子百家用作表达的一种特殊方式。"①本书的研究对象,即《左传》《国语》《战国策》正是后一种。此类叙事文献的叙述者主要通过记叙、撰写古人历史事件的方式,将自己的思想、态度委婉地表达出来,所以作者会通过叙述这一言语行为,以文字为媒介,对事件进行重新表述,表明态度。

而受话人即阅读者,也是交际主体。这个主体具有主观性与开放性,不同的受话人因为主观思维、文化程度、意识形态等不同,必然会对文献产生不同的认识与理解。先秦时期的阅读者主要是贵族,因为在先秦时期史书主要的作用就是为贵族提供教育。中国重视历史教育,是世界任何其他国家都难以比拟的。中国自上古以来,历史始终居于教育科目的中心。"古之儒者,博学乎'六艺'之文。六学者,王教之典籍。"中国古代的教本,是所谓《诗》《书》《易》《礼》《乐》《春秋》的"六艺"。《尚书》《春秋》是标准的史书,《易》《诗》《礼》《乐》都有史料的意味在其中。中国的经学教育,实际上就是历史教育。因此,先秦叙事者在撰写时一方面要考虑到阅读的开放性,另一方面要通过对叙事结构、叙事模式、人物塑造等的设计对"贵族"读者发挥引导作用,使其在阅读中领会作者"惩恶劝善"的目的。

(二)叙事意图

叙事意图是叙事的核心,贯穿全书。"无论历史叙事还是文学叙事,进行这种话语活动的目的都不仅仅是传达一个事件,而是要通过对一个或一系列事件

① 徐复观.两汉思想史(第三卷)[M].上海:华东师范大学出版社,2001:1.

的叙述和阐释而表达某种意义。”①“每一部历史书都是根据某种观点写出来的,并且是只能根据那种观点才有意义。”②清代刘熙载说:“叙事有主意,如传之有经也。”清代李渔说:“古人作文一篇,定有一篇之主脑;主脑非他,即作者立言之本意也。”

交际意图是行为产生的动机,是话语意义建构的基础与核心。交际意图也可视为认知图式。认知心理学认为,图式是人脑有组织的知识结构,涉及人对某一范畴事物的典型特征及关系的抽象认识,是一种包含了客观环境和事件的一般信息的知识结构,它是围绕某个主题组织起来的认知框架或认知结构。

吕明臣进一步解释为:图式是整体主义的认知模式,所谓整体主义就是人们对对象的认知不是单纯地从部分到整体的分析模式,还利用人们业已形成的有关事物对象的整体经验模式认知对象。交际意图构成整体的认知图式,从交际的认知图式出发,可以快速有效地理解言语交际行为。根据意向的不同性质,交际意图可以分为各种具体的交际意图认知图式。③

《左传》《国语》《战国策》这类叙事文献,因其资鉴劝惩、教育、保存文献、文化传播等功能而具有了最重要的交际意图,即告知意图,要将历史上发生的人与事告知后世人。

告知图式即交际主体将某种信息告诉对方,其意图图式为:

告知[X]

也可将其细化为:

①告知叙述图式:告知[发生了什么]

②告知描写图式:告知[某个对象怎么样]

③告知判断图式:告知[某个对象是什么]

例如:

例1 十年春,晋人伐秦,取少梁。《左传》

① 高小康.中国叙事观念的演变[J].明清小说研究,2000(3):4-21.

② 沃尔什.历史哲学导论[M].何兆武,张文杰,译.桂林:广西师范大学出版社,2001:42.

③ 吕明臣.话语意义的建构[M].长春:东北师范大学出版社,2005:76.

例2　齐助楚攻秦,取曲沃。《战国策》

例3　王不听,遂征之,得四白狼、四白鹿以归。自是荒服者不至。《国语》

在这样的事例中,都是明确告知我们在何年何月发生了什么事情,属于告知叙述图式:告知[发生了什么],这里的“告知”是图式中的意向内容,其意向属性是隐含着的。

再如:

例4　卫懿公好鹤,鹤有乘轩者。《左传》

例5　(冯谖)居有顷,倚柱弹其剑,歌曰:“长铗归来乎!食无鱼。”《战国策》

例6　王怒,得卫巫,使监谤者,以告,则杀之。《国语》

以上三例均是告知描写图式:告知[某个对象怎么样]。例4是通过描写的方式,告知了“卫懿公”这个对象怎么样。卫懿公特别喜欢鹤,让鹤乘坐大夫的车子,给鹤很高的禄位。例5是通过描写冯谖倚柱弹剑的行为和其语言,告知了“冯谖”这个人的情况。例6则是告知了厉王是怎样暴虐的一个君主。

先秦文献中也常借君子之口或事件中的人物之口直接告知听话人“某个对象是什么”。

例如:

例7　君子曰:“石碏,纯臣也。恶州吁而厚与焉。‘大义灭亲’,其是之谓乎!”《左传》

例8　子义闻之曰:“人主之子也,骨肉之亲也,犹不能恃无功之尊,无劳之奉,而守金玉之重也,而况人臣乎?”《战国策》

这两例是告知判断图式,直接告知[某个对象是什么]。例7告诉我们"石碏,纯臣也。"例8告诉我们无论是人主之子还是人臣之子,都不能恃无功之尊、无劳之奉。

话语意义是在言语交际行为主体的认知加工活动过程中建构出来的。奥斯汀和塞尔强调交际意图是语言使用过程中的关键所在,是言语交际行为的动机和核心。因为在实施言语行为过程中话语的产生和理解并不是互不相关的抽象对象。说话人为了某种交际意图实施言语交际行为,并围绕这个意图选择言语交际形式,塑造语篇。而听话人在掌握了与说话人大致相当的知识基础上,通过言语交际形式、修辞手段和含意理解说话人的交际意图,从而积极参与到言语交际行为这个认知加工过程中。

二、语篇意义的生成过程

言语交际行为是说话人将交际意图变成话语形式并发送出去,经过传递送到听话人那里,听话者接收话语形式并从话语形式中寻求到说话者的交际意图。对于文本来说,作者生产篇章,读者理解篇章,这是一个相反的过程,但是两者之间却相辅相成。

(一)叙述者的认知加工过程

作者在生成语篇时,首先要选择叙述的对象,以及对象中的次级内容。其次是对选择出的对象进行叙述,明确叙述到什么程度,哪些需要详尽叙述,哪些需要粗略叙述。最后将这些对象进行排列衔接,成为完整的语篇。因此,可以说叙述者的认知加工开始于交际意图的形成,而终止于话语形式标识的生成。这一过程的核心问题是如何将形成的交际意图符号化为合适的话语形式标识。

说话人认知加工的过程可以用图示表示如下:

交际意图输入──→假设形成──→选择决策──→话语形式生成①

先秦叙事者在撰写语篇前,面对零散的简牍材料或口述材料,头脑中可能

① 吕明臣.话语意义的建构[M].长春:东北师范大学出版社,2005:122.

也是零散的意义片段。在逐渐明晰叙事意图后，要将这些零散的片段组织成意图明确、内容明晰的意义整体。叙事者需要不断进行自我监控，自我调整，不断地增减内容，调整结构，将散乱的内容变成有序的语篇，这个创作过程时间可长可短，而从先秦的创作环境看，创作时间往往很长，可能数年或数十年。只是这一过程是在叙事者的认知中进行的，构建好的意义结构又经历了语言转写的过程，所以很少留下痕迹。

叙事者需要对头脑中的材料不断地进行意义结构的深化加工：将能够突显叙事意义核心的材料进行强化；限定意义指向；对意义核心进行评价赋义。事件中的人物是复杂的，事实是多角度的，因此，意义结构本身携带多种潜势，并非必然指向核心。叙事者需要采取各种措施，限定意义的语义指向，加固意义结构。例如齐晋鞌之战中，齐侯在参战前说："余姑翦灭此而朝食。"作者调动语言资源"姑"，限制其语义指向，使其优先指向齐侯，写出了齐侯的骄傲轻敌，暗含了其必败的结局。

叙事者需要对材料进行剪辑，将多维的意义结构作线性压缩，要明晰意义之间的关系，使其语义连贯，要对意义单元进行粘连，使其衔接自然。当多个意义单元同时出现时，叙事者要保证意义结构的有序、清晰，因此，需要借助这些衔接连贯的语言资源。例如表示并列关系的连接词"且"："下臣不幸，属当戎行，无所逃隐。且惧奔辟而忝两君。（成公二年）"表示转折关系的连接词"而"和"然"："韩厥梦子舆谓己曰：'且辟左右。'故中御而从齐侯。（成公二年）""子岂识之？然子病矣！（成公二年）"表示因果关系的"故"："伤而匿之，故不能推车而及。（成公二年）"

除此之外，叙述者也用词汇复现的方式来对意义单元进行粘连、衔接，在一个语篇或段落内部，重复使用同一个词语，使语篇上下文前后能够衔接，同一个词语的不断出现能够使衔接能力加强。

笔者随机统计了《左传》中的十个叙战语篇中人物重现次数，如表 3-1 所示：

表 3-1 《左传》中十个叙战语篇中人物重现次数

语篇	事件	人物及重现次数				
一	郑伯克段	姜氏 7 次	庄公 18 次	共叔段 12 次	颍考叔 3 次	
二	楚武王侵随	楚师 4 次	随 4 次	少师 4 次	斗伯比 2 次	
三	齐鲁长勺之战	齐师 4 次	鲁公 8 次	曹刿 5 次		
四	狄人伐卫	狄人 4 次	卫 8 次			
五	晋人灭虞	晋 9 次	虞 14 次	虢 7 次	宫之奇 2 次	
六	晋秦彭衙之战	晋 5 次	秦 9 次	孟明 4 次	狼瞫 5 次	莱驹 3 次
七	楚子伐陈	楚 2 次	陈 7 次	夏征舒 3 次		
八	晋秦迁延之役	晋侯 4 次	秦 4 次	郑子蟜 2 次	栾黡 3 次	诸侯之师 3 次
九	齐卫伐晋	东郭书 6 次	犁弥 7 次	卫侯 2 次	齐侯 5 次	
十	鲁公伐邾	邾 8 次	鲁 3 次	吴 5 次		

语篇的生成，不仅要求意义结构完善，还要求符号序列能够承担意义交流的功能。因而叙事者需要对符号序列进行交互主观化处理，提高语篇的可接受程度。所以先秦叙事者会通过“君子曰”等形式提醒读者关注语篇内容，并会通过不断出现的叙事模式对读者进行解读方式引导，通过不断“突出”的词汇与句式的使用对读者进行情感、态度的引导。

语篇的意义包括事件和评价两方面内容，因而主体对意义结构的加工，也包括在语篇中投射自己的主观评价、情感态度，保证语篇评价意义的连贯一致。① 因此在先秦叙事语篇中作者也采用了或隐现或明示的评价方式，表达自己或褒或贬的情感态度。例如《左传》中典型的“君子曰”形式。“君子曰：‘颍考叔，纯孝也。爱其母，施及庄公。《诗》曰：“孝子不匮，永锡尔类。”其是之谓乎！’”

语篇叙述者一方面直接表达了自己积极的情感态度，也就是对颍考叔的赞扬，另一方面又在语句中使用“纯”“孝子不匮，永锡尔类”这样具有明显褒义色彩的符号资源进行修饰，运用两种方式对意义单元进行评价赋义，投射了主观赞赏情感。

（二）接受者的认知加工过程

听话人的认知加工从话语形式标识开始至寻求到交际意图结束。这一过程的核心问题是听话人如何从话语形式标识中寻找到交际意图，即话语的理解。这一过程可以用下图表示：

话语形式输入——→假设形成——→假设选择——→形成交际意图

事实上我们阅读、理解语篇时所处的世界与语篇中构建的世界并不相同。因此，我们要在头脑中搭建出一个语篇里的世界，而对语篇里世界的搭建则要依靠一些储存在长时记忆中的名词词语。当听话人即读者阅读语篇时，该篇章会在读者的大脑中创造出一个关于自身的世界，这是一个逐步建立的过程，我们会通过阅读语篇时依次遇到的人、事、物来逐渐搭建出具有自

① 殷祯岑. 语篇意义整合的过程与机制探析[J]. 当代修辞学，2018(6)：55-67.

身结构的故事。

读者在作者叙述的篇章中选用的特定词语、句式、结构的语言形式的引导下,加上自身对世界的了解,形成关于作者交际意图的假设,为后来的进一步加工提供基础。篇章理解是一个复杂的对篇章的表层语言结构进行不断分析、综合的心理过程,而且常常是在几个不同的层面上同时进行。在此过程中,两个记忆系统协同工作。一个是短时记忆,这是一个工作记忆,同时负责处理进入的表层语言结构信息和理解其中语言项目的词汇、语法和篇章意义。另一个是长时记忆,其中包括存储处理好的信息及相关上下文语境信息的情节记忆,以及存储关于整个世界的更为抽象和持久的语义记忆。

Sperber 和 Wilson 认为,读者能够理解篇章的关键心智能力,是指从作者在某一特定语境场合使用的表达方式中做出推断的能力。因此,读者在阅读语篇时,可能会出现几种对交际意图的假设,并会随着对篇章的理解确认或增加其中某一个假设,也可能对某个潜在的交际意图的假设加以摒弃。最终读者可以快速地推断出交际意图。这是因为激活的强度不同,显著的、权重较大的才会被最终选择。

综上,交际主体具有认知能力,掌握语义,以及语境作用、背景知识、文化因素等要素,是言语交际得以实现的基础。正是因为发话人具有认知能力、想象力,掌握推理,才会不断丰富言语表达形式。听话人也是因为具有了这种认知能力,才能做出确切的判断,识别出语句的意义,当他发觉某些词、某些结构、某些模式重复出现时,就自然要寻求其他方法,尽量得到与语境相一致的解释。人的认知能力、概念系统是复杂的,因此才会出现各种语言形式。言语交际的主体——说话人和听话人共同通过话语形式完成交际行为,形成了一个动态的认知过程,如图 3-4 所示:

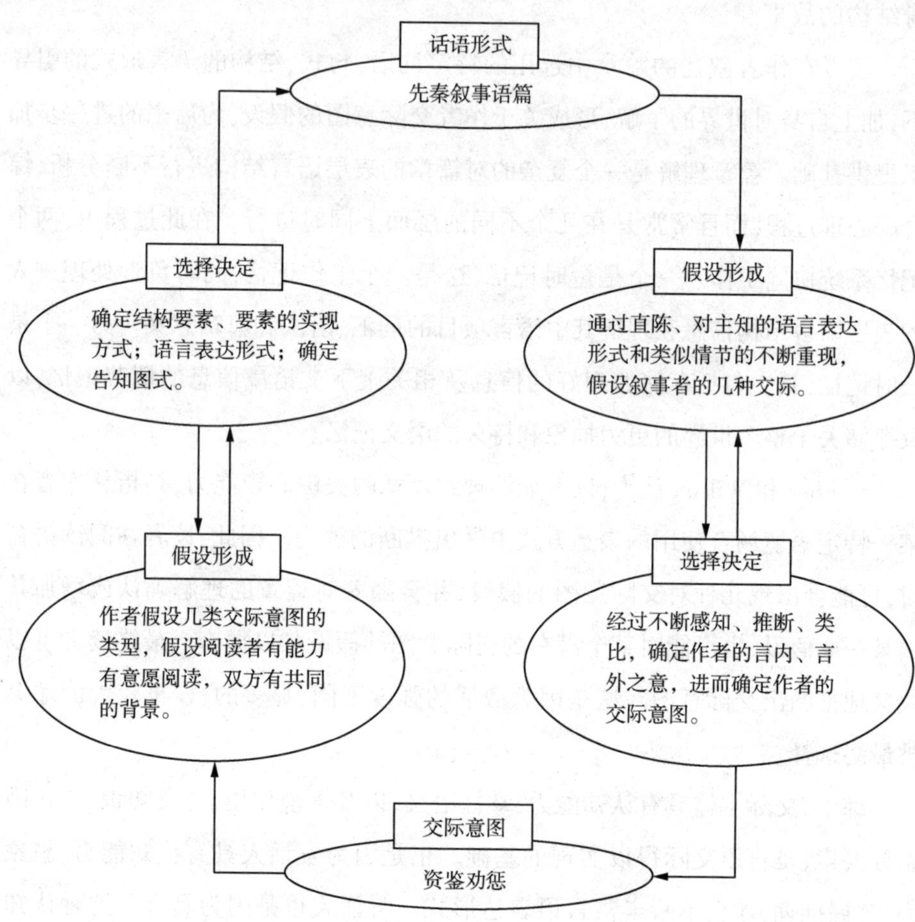

图 3-4　言语交际主体的动态认知过程

第四章　先秦叙事语篇句式考察及其语用学分析

句式是语篇的基础,任何语篇都是由一定的句式组成的,同样任何句式也都只有进入语篇才能发挥作用,所以句式和语篇的关系非常密切。不是所有的句式都能进入任何语篇,也不是所有的语篇都可以选择任何句式。语篇对句式具有制约性和选择性,只有适用的句式才能进入动态的语篇中。

先秦叙事语篇句式多样,陈述句、疑问句、感叹句、祈使句交错使用,共同发挥作用,构成了先秦语篇之特点。本章主要以《左传》的叙战语篇为考察对象,具体探讨其中的句式使用情况、语篇功能等问题。

第一节　叙事语篇疑问句分类及其语篇功能

《左传》长于叙事,其战争描写篇章占全书 60%,语料达 11 万字。在其叙战篇章中共出现了 567 个问句,类型多样,既有单一的“是非问”“特指问”“选择问”“反问”,也有多种疑问句复合使用的情况。疑问句在语篇中起到了话题转换、加强语气等作用。对疑问句的类别和功能加以探析,以此管窥上古汉语疑问句的使用与发展规律。

疑问句、陈述句、祈使句、感叹句是从语气角度划分出来的四种句类。① 其中疑问句常用升调,提问手段多样,疑问词种类丰富,话语标记明显,具有更强

① 黄伯荣,廖序东.现代汉语(下册)[M].北京:高等教育出版社,2017:100.

的语用价值。《左传》作为先秦重要典籍,记载大大小小的战争事件 740 次,战争描写篇幅巨大①,可以说全书 60%都是记叙战争相关内容的。在对《左传》叙战篇章 11 万字语料进行穷尽式统计后,发现其中共有 567 个疑问句②。根据疑问语气的不同,将其进一步分为两类,第一类是询问句,共计 219 例,第二类是反问句,共计 348 例。通过对疑问句的结构类型进行考察,可以明确其语用价值和语篇功能。

一、询问句结构类型

询问句皆有疑而问,按照句法形式和语义特点可将其分为"是非问" "特指问" "选择问"三种。在叙战篇章中,特指问有 163 例,占比 29%,是非问有 48 例,占比 8%,选择问有 8 例,占比 1%。

(一)特指问

特指问是用疑问代词提出疑问点,如"谁、哪里、什么、怎么样"等,听话人就疑问代词特指的内容进行解释,给出办法,做出回答。③ 特指问的问题本身并不含有回答时所需的信息。《左传》叙战篇章中共有 163 例特指问,占比第二。常用格式如下:

1. 如何、若何、奈何、若之何

例 1 齐侯曰:"……与不谷同好,如何?"(齐宋等侵蔡)《左传·僖公四年》

例 2 使皇武子辞焉,曰:"……吾子取其麋鹿,以间敝邑,若何?" (秦晋殽之战)《左传·僖公三十三年》

例 3 叔展曰:……"河鱼腹疾,奈何?"(宋以蔡人救萧)《左传·宣公十二年》

---

① 刘魏.《左传》中的战争语篇描写研究[M].北京:清华大学出版社,2017:30.

② 文中数据为笔者自己统计,疑问句皆下加横线表示,疑问词下加重点号,括号中为战争事件。

③ 黄伯荣,廖序东.现代汉语(下册)[M].北京:高等教育出版社,2017:102.

例4 公子吕曰:"国不堪贰,君将若之何?"(郑伯克段)《左传·隐公元年》

这组代词构成特指问句时通常做谓语,用来询问方法或情状,可译为"怎么样"。如例1中齐侯说:"贵国和我国共同友好怎么样?""若之何"的用法与"若何"大致相同,常用来询问方法,表示"怎么办"。如例4中公子吕问郑庄公:"一个国家不能忍受两属的情况,您打算怎么办?"

2. 何如、几何

例5 吴子问于伍员曰:"初而言伐楚,余知其可也……今余将自有之矣。伐楚何如?"(吴灭徐)《左传·昭公三十年》

例6 子文问之(蒍贾),对曰:"不知所贺……靖诸内而败诸外,所获几何?"(楚陈等围宋)《左传·僖公二十七年》

"何如"常做谓语,主要询问行为方式、事物情状,商量是否可行。如例5中吴子问伍员应该如何制定战略战术,商量伐楚是否可行。"几何"在句中也主要做谓语,询问数量多少。如例6中子文问蒍贾,蒍贾回答说:"您把政权传给了子玉,所得到的有多少?"

3. "何……"句式

在特指问句中,"何"最为常用,形式较多,常见的有四种,即"何谓""何以""何……之有""何"。

例7 公曰:"何谓忠贞?"(晋内乱)《左传·僖公九年》

例8 楚子曰:"……无德而强争诸侯,何以和众?利人之几,而安人之乱,以为己荣,何以丰财?武有七德,我无一焉,何以示子孙?"(晋楚邲之战)《左传·宣公十二年》

例9 王子朝使告于诸侯曰:"……今王室乱,单旗、刘狄剥乱天下,壹行不若,谓'先王何常之有?'……"(周王室内战)《左传·昭公二十六年》

例 10　景王问于苌弘曰："今兹诸侯，何实吉？何实凶？"（楚师围蔡）《左传·昭公十一年》

上述疑问代词种类多样，在句中多为主语，也可做定语、状语，其后通常不用语气词，可译为"什么""哪里"等。如例 7 中献公说："什么叫忠贞？"例 10 中周景王向苌弘询问："现在诸侯之中，哪里吉利，哪里不吉利？"

4. 谁、孰

例 11　韩献子谓桓子曰："……子为元帅，师不用命，谁之罪也？"（晋楚邲之战）《左传·宣公十二年》

例 12　韩献子曰："……无民，孰战？"（郑侵楚）《左传·成公十五年》

"谁"在特指问中通常做主语、定语。"孰"构成的特指问中，"孰"的前面用名词性词语泛指询问的范围。如例 12 中韩献子说："没有百姓，谁去作战？""百姓"这个名词性的词语泛指"谁去作战"的询问范围。

5. 焉、胡

例 13　公曰："姜氏欲之，焉辟害？"（郑伯克段）《左传·隐公元年》

例 14　叶公亦至，及北门，或遇之，曰："君胡不胄？……若之何不胄？"乃胄而进。又遇一人曰："君胡胄？"（楚内战）《左传·哀公十六年》

"焉""胡"多出现在动词前，表示"哪里""为什么"。如例 13 郑庄公问："姜氏想要这么做，哪里能躲开这种祸害呢？"其中"辟"为动词。例 14 中有人问叶公："您为什么不戴上头盔？"又有人问叶公："您为什么戴上头盔？"这里"胄"是名词活用为动词。

总体说来，特指问在《左传》叙战篇章中所占数量较多，这和《左传》全书疑问句的使用特点是一致的。并且这些特指问都有形式标记——疑问代词，其中以"何"作为标记的例句最多。疑问词通常出现在句首，要求听话人就疑问代词涉及的原因、办法等某一特定信息进行回答。

（二）是非问

是非问的句法结构和陈述句类似，说话人陈述一件事后，加上语气词，听话人可就问题作肯定或否定答复。《左传》叙战篇章中共有此种情况 48 例，常见格式为“……乎？”

例 15　叔展曰：“有麦曲乎？”曰：“无”。“有山鞠穷乎？”曰：“无”。（宋以蔡人救萧）《左传·宣公十二年》

例 16　必谓己曰：“夫差，而忘越王之杀而父乎？”则对曰：“唯，不敢忘！”（吴伐越）《左传·定公十四年》

此类以语气词“乎”作为标记的是非问最多，“乎”作为语气词在上古、中古文献中较为常用。是非问语气较为平缓，使用环境宽松，不限制说话人与听话人的身份地位，臣子对君主，或者上级对下级都可使用。是非问中回答者不需要提供新的信息，在一定程度上限制了回答的内容，只要回答肯定或否定即可，但从叙战语篇中看，听话人几乎都是否定回答。如例 15 中，申叔展问：“有麦曲吗？”还无社说：“没有。”申叔展又问：“有山鞠穷吗？”还无社说：“没有。”因此，这类是非问在某种意义上也是“无疑而问”，说话人并不真正需要回答。

此外，《左传》叙战语篇中也有无形式标记的是非问。

例如：

例 17　莫敖曰：“卜之？”对曰：“卜以决疑，不疑何卜？”（楚败郧师）《左传·桓公十一年》

在这句话中，莫敖问：“占卜一下吗？”回答是：“没有疑问，不需要占卜。”但此类问句数量极少。

（三）选择问

选择问是所提问题中提供多种选择，说话人从中进行选择、取舍。选择问

比是非问多了选择性,又比特指问扩大了范围。叙战篇章中仅有 8 例,常用格式如下:

1. ……孰……

例 18　谓其母曰:“父与夫孰亲?”(鲁宋卫陈伐郑)《左传·桓公十五年》

例 19　酆舒问于贾季曰:“赵衰、赵盾孰贤?”(狄侵鲁)《左传·文公七年》

“孰”作为选择问句的代词比较常见,“孰”前是比较的对象,“孰”后是比较的标准。如例 18 中,选择的对象是父亲和丈夫,挑选标准是“亲”。

2. ……抑……

例 20　子西谏曰:“……使翦丧吴国而封大异姓乎,其抑亦将卒以祚吴乎?”(吴灭徐)《左传·昭公三十年》

例 21　文子使王孙齐私于皋如,曰:“子将大灭卫乎,抑纳君而已乎?”(鲁越宋纳卫侯)《左传·哀公二十六年》

在这类选择问句中,常使用连词“抑”,句末可使用“也”“乎”等语气词。如例 20 中子西劝谏时说:“不知道上天让吴光暴虐,是要让吴光剪除吴国而让异姓国土地扩大呢?还是终于要护佑吴国了?”

选择问在《左传》叙战篇章中数量最少,仅有 8 例,这是因为《左传》作为一部史书,记叙的是已经发生的历史事件,因此选择的可能性很小,自然选择问句的数量也很少。并且《左传》叙战语篇中的选择问都有话语标记“孰”“抑”等,这和现代汉语选择问的表达是一致的。

二、反问句结构类型

反问句是一种借助疑问的形式,但却表达说话人强烈的态度,质疑或否定对方,并不需要听话者回答的一种特殊问句。反问句在《左传》叙战篇章中数量最多,共有 348 例,占比 61%,可分为以下两种形式。

(一)有疑问代词的反问句

反问句的疑问代词种类丰富,既有和特指问代词相同的"谁""何"等,也有独特的"孰……焉"等形式。

1. 若何、如何、若之何

例 22　对曰:"君实深之,可若何?"(秦晋韩原之战)《左传·僖公十五年》

例 23　子鱼曰:"……明耻教战,求杀敌也。伤未及死,如何勿重?"(宋楚泓之战)《左传·僖公二十二年》

例 24　张侯曰:"……此车一人殿之,可以集事,若之何其以病,败君之大事也?"(齐晋鞌之战)《左传·成公二年》

"若何""如何"常做状语,如例 23 中"如何"做状语,可译为"为什么不能再伤害他呢?""若之何"做状语时,多表示不同意某种做法,含有责难的意味,可译为"怎么能"。如例 24 发生在齐晋鞌之战之中,晋的将领张侯说:"怎么能因为自己伤的严重就坏了君主的大事呢?"表达了张侯对晋主帅郤克的责备。

2. 何

"何"用做宾语、定语、状语时都可以构成反问句,此外还常在一些固定形式中表示反问。

例 25　对曰:"君子有远虑,小人何知?"(齐鲁郊之役)《左传·哀公十一年》

例 26　子鱼曰:"君未知战……获则取之,何有于二毛?"(宋楚泓之战)《左传·僖公二十二年》

例 27　曰:"国之存亡,天也。童子何知焉?"(晋楚鄢陵之战)《左传·成公十六年》

例 28 乃请诸楚曰："……封疆之削，何国蔑有？"（鲁伐莒取郓）《左传·昭公元年》

例 25 中"何"在动词前做前置宾语，这句话的意思是君子有深远的考虑，小人知道什么？例 26 构成了"何+动+于宾"的形式。"二毛"指的是头发斑白的老人，这里子鱼指责宋公不懂得作战，作战中"俘获了就抓回来，为什么要管头发花白不花白？"例 27 是"何+动+焉"的形式，"焉"复指前面的有关内容，意思是"小孩子怎么能知道国家的存亡这样天意才能决定的事情？""何"除做宾语外，也可做定语、状语。如例 28 中"何"在此句中做"国"的定语，意思是"边境被削弱，哪个国家没有？"

3. 何以、何为、何所、何必

例 29 对曰："朝不及夕，何以待君？"（齐人伐郑）《左传·僖公七年》

例 30 闵马父闻子朝之辞，曰："文辞以行礼也。子朝干景之命，远晋之大，以专其志，无礼甚矣，文辞何为？"（周王室内战）《左传·昭公二十六年》

例 31 弥援其手曰："子则勇矣，将若君何？不见先君乎？君何所不逞欲？且君尝在外矣，岂必不反？……"（卫内战）《左传·哀公二十五年》

例 32 知伯曰："君告于天子，而卜之以守龟于宗祧……以辞伐罪足矣，何必卜？"（晋齐犁丘之役）《左传·哀公二十三年》

例 29 和例 30 中，"何"与 介词"以""为"组合。例 29 中"何以待君？"意思是"情况紧急，怎么等待君王？"例 30 中闵马父听到了子朝的言辞后说："子朝背离了景王的命令……无礼到了极点，哪里还用得着文辞？"例 31 中"何"用在所字短语前，这一段话其实是四个问句的复合使用，"君何所不逞欲？"意思是"君王到哪里也不能满足愿望？"例 32 中"何必"的反问语气不强烈，和现代汉语用法相同，译为"用正当的理由讨伐有罪的人就够了，何必占卜？"

4.“若……何”“何……如”“何……为”

例 33 及君即位,诸侯之望曰:“……我敝邑用不敢保聚,曰:‘岂其嗣世九年而弃命废职,其若先君何?’……”(齐伐鲁)《左传·僖公二十六年》

例 34 向戌辞曰:“君若犹辱镇抚宋国,而以逼阳光启寡君,群臣安矣,其何贶如之?……”(晋等灭逼阳)《左传·襄公十年》

例 35 先轸曰:“秦不哀吾丧而伐吾同姓,秦则无礼,何施之为?”(秦晋殽之战)《左传·僖公三十三年》

这里的“若……何”“何……如”“何……为”,可理解为“怎么”“什么”等。例 33 中他难道会放弃王命,废弃职责,他怎么面对先君?例 34 中向戌推辞说:“如果能用逼阳来使寡君扩大领土……还有什么比得上这样的赐予呢?”例 35 中先轸说:“秦国就是无礼的国家,还讲什么恩施?”

5. 谁、孰

例 36 对曰:“子之能仕,父教之忠,古之制也……淫刑以逞,谁则无罪?臣闻命矣。”(重耳归晋之战)《左传·僖公二十三年》

例 37 子家子曰:“……陷君于难,罪孰大焉?……”(鲁公伐季氏)《左传·昭公二十五年》

“谁”构成反问句时通常做主语,表示周遍性的肯定。例 36 中狐突回答说:“滥用刑法以图自己的快意,谁能没有罪?”例 37 中“孰”与“焉”呼应,构成“孰……焉”的形式表示反问,在“孰……焉”中常用形容词,如本例中的“大”,这句的意思是:“陷国君于危难之中,还有比这个再大的罪过吗?”

6. 恶、安、焉、胡

例 38 楚斗椒救郑,曰:“能欲诸侯,而恶其难乎?”(诸侯侵郑)《左

传·宣公二年》

例39 楚子曰:"……暴而不戢,安能保大?犹有晋在,焉得定功?"(晋楚邲之战)《左传·宣公十二年》

例40 其母曰:"人尽夫也,父一而已,胡可比也?"(鲁宋卫陈伐郑)《左传·桓公十五年》

疑问代词"恶、安、焉、胡"等作为标记,也可构成反问句。例38中"恶"和句末的"乎"搭配,意思是:"难道能够想得到诸侯的拥护而又厌恶困难吗?"例39中有两个反问句,两个疑问代词"安""焉",都可以解释为"哪里能",如"安能保大?"意思是"哪里能够保有强大?""焉得定功?"译为"哪里能够巩固功业?""胡"作为标记的反问句最少,句末与语气词"也"搭配。例40中雍姬的母亲说:"父亲只有一个,丈夫怎么能和父亲相比呢?"

(二)无疑问代词的反问句

1. 岂

例41 邓曼曰:"……不然,夫岂不知楚师之尽行也?"(楚伐罗)《左传·桓公十三年》

"岂"只能出现在反问句中,经常用在动词前,句末可用语气词"也"搭配,起到加强语气的作用。例41的意思是:"伯比大夫难道不知道楚国的军队已经全部出发了?"

2. 其

例42 宫之奇谏曰:"……一之谓甚,其可再乎?"(晋人灭虞)《左传·僖公五年》

"其"常和语气词"乎"搭配,意义上和"岂"基本相同,也可译为"难道",例如例42宫之奇说:"一次都可以说非常过分了,难道还能有第二次吗?"

3. 不

例43　士芳曰:"……为吴大伯,不亦可乎?"(晋灭耿、霍、魏)《左传·闵公元年》

"不亦……乎"已凝结成固定格式,在叙战篇章中较为常见,此句的意思是:"做一个吴太伯,不也是可以的吗?"

4. 敢、能

例44　先轸曰:"匹夫逞志于君,而无讨,敢不自讨乎?"(狄伐晋)《左传·僖公三十三年》

例45　曰:"……楚人来讨,能勿从乎?"(郑侵蔡)《左传·襄公八年》

特指问中也常用"敢"和"能"这类能愿动词进行提问,但在构成反问句时,却要与副词"不""勿"搭配,句末均有语气词"乎"。例44句子的意思是"岂敢不自己惩罚自己?"例45句子的意思是"能够不顺从他吗?"

5. 得乎

例46　申叔时老矣,在申,闻之,曰:"子反必不免。信以守礼,礼以庇身。信、礼之亡,欲免,得乎?"(楚侵郑)《左传·成公十五年》

"得乎"表示主观上想要达到某种目的,而客观上不可能实现。例46"想要免于祸患能够得到吗?"意思是"不能实现"。

《左传》叙战语篇中反问句的类型比较丰富,疑问代词和副词是其常用的标记,其中副词"岂""敢不"等在现代汉语中还在使用,但"不亦""得乎"等在现代汉语中已经消失。反问句表达了说话人的责备、反驳、困惑等意。并且反问句通常并不需要回答,是说话人对话语信息提出的质疑、赞同或谴责等①。通过反

① 洪波,诸允孟. 现代汉语否定疑问词语的意义与功能[J]. 首都师范大学学报(社会科学版),2019(6):118-126.

问表达作者的态度,使话语表达比陈述句更为有力、更有意义。

三、疑问句的语篇功能

"《左传》以叙事的方式,全方位地叙述了春秋时期黄河、长江中下游地区齐、晋、秦、楚、鲁等几十个诸侯国255年间的历史,堪称中国古代叙事史的第一个范本。"①《左传》战争场面的描写精彩纷呈,疑问句的多样使用凸显了话语功能。这567个疑问句多用在战前和战中的叙事过程中。左氏强化叙战目的,注重因果的描写,强调战争获胜或失败的原因,通过疑问句推动了话题的转换和话题的进行,引起读者的思考。

(一)话题转换,指引读者

《左传》中的战争描写,既有纯客观记叙的小型战争场景,通常笔墨简省,用语不多,几乎没有人物对话。例如"司空无骇入极,费庈父胜之。"(隐公二年)这类描写基本都为陈述句,而没有疑问句的使用,主要是为了记录历史,体现了史书的功能。但对于交战双方力量强大、影响深远的战争,左氏从不吝笔墨,浓墨重彩地进行描写。叙战语篇疑问句全部都出现在大规模战争事件的叙述中,说话人通过提问的方式导入一个新话题,其使用不是为了获得信息,所以多数疑问句不需要回答,或者仅是否定回答。疑问句除1例外,均出现在"对话"这种显性互动形式中,引起读者对新话题的注意,具有揭示话题转换、指引读者的功能。

在叙战语篇中,当交际双方就某一主题进行交谈时,例如是否出兵讨伐,战争是否会取得胜利,其相关信息是说话双方共知的,疑问句的形式会弱化信息的主观性,强化对对方的尊重。例如僖公二十七年,晋侯听从子犯的建议,使百姓知道义、有信用后,问子犯"可矣乎?"意思是能使用百姓吗?子犯回答说,百姓还不知道礼仪,不能使用。于是晋侯又使百姓懂礼仪,最终凭借着百姓"一战而霸"。通过疑问句的使用,就百姓知礼仪达成了共识,这样更容易说服听话

---

① 马卫东.《左传》叙事成就与中国古典史学的诞生[J].社会科学战线,2020(8):91-103,282.

人,使话语的表达更合理,更易获得认同。

反问句在叙战语篇中数量最多,基本都出现在战争时的劝谏事件中。劝谏者既要表达自己的观点,又要注意说话时的态度。如上文例24是齐晋鞌之战时张侯对主帅不能放弃作战的劝说。例26是宋楚泓之战时子鱼对宋公在作战时不要讲虚礼的劝说。反问句可以显示说话者内心的"不满"情绪,表现说话人主观的"独到"见解,传递说话人对对方的一种"约束"力量。[①] 因为劝谏多是下对上,臣子对君主,所以采用反问句居多,表达了说话人肯定或否定的意思,有加强语气的作用。同时反问句强调发话人对受话人的导向性,虽然形式上是疑问,但答案早已蕴含在问题中。对于发话者来说,这个预设的答案是不容置疑的。因此说话人有时故意不直陈意见,而是以反问的形式引起听话人以及读者思考,让听话人和读者自己寻找答案。

(二)形成语境,加强语气

语篇在一定的语境下产生,受到编撰态度、历史文化、思想意识的影响,同时也通过语句的表达,传递作者的叙事目的与思想。《左传》叙战语篇中不仅陈述句、感叹句、祈使句、疑问句多种句式并用,而且在疑问句内部特指问、是非问、反问也复合使用,共同构成了春秋这一时期完整的语境,让读者体会到《左传》中的微言大义。

例如:

1. 特指问+特指问+反问

例47 对曰:"不知所贺……靖诸内而败诸外,所获几何?[特指问]子玉之败,子之举也,举以败国,将何贺焉?[特指问]子玉刚而无礼,不可以治民……苟入而贺,何后之有?[反问]"(楚陈等围宋)《左传·僖公二十七年》

① 邵敬敏.现代汉语疑问句研究[M].北京:商务印书馆,2014:222.

2. 是非问+特指问+是非问+反问+是非问+反问

例48 晏平仲端委立于虎门之外，四族召之，无所往。其徒曰："助陈、鲍乎？"[是非问]曰："何善焉？[特指问]""助栾、高乎？"[是非问]曰："庸愈乎？"[反问]"然则归乎？"[是非问]曰："君伐，焉归？"[反问]公召之而后入。(齐内战)《左传·昭公十年》

3. 反问+反问+反问+反问

例49 郑伯使许大夫百里奉许叔以居许东偏，曰："天祸许国……寡人唯是一二父兄，不能共亿，其敢以许自为功乎？[反问]寡人有弟，不能和协，而使糊其口于四方，其况能久有许乎？[反问]……若寡人得没于地，天其以礼悔祸于许？[反问]……吾子孙其覆亡之不暇，而况能禋祀许乎？[反问]"(齐郑鲁伐许)《左传·隐公十一年》

以上三例中既有是非问、特指问、反问的交互使用，也有反问句的反复使用。这些复合问句可以表明说话人的观点，形成语境，便于发话人和受话人互动，进而促成双方的认同。人除了其他特点以外还是一个说服别人并被别人说服的动物。[①] 如例49中，在鲁、齐、郑三国伐许的情况下，当时许国已败，君主逃亡卫国。郑庄公进入许国，希望许大夫百里能够侍奉许叔居许东部，郑庄公连用了四个反问句，说自己不敢把讨伐许国视为自己的功劳，不敢长久地占有许国，语义上层层递进，加强了语气，委婉而又充分地表达了自己的想法，希望和许国长久友好地相处。通过不同类型疑问句复合使用的方式，加强了与说话人的有效互动，增强了对方对信息的接受度与参与度，更易获得认同。

《左传》叙战语篇中疑问句数量丰富、类型多样，567个例句几乎都出现在

① 大卫·宁，等. 当代西方修辞学：批评模式与方法[M]. 常昌富，顾宝桐，译. 北京：中国社会科学出版社，1998.

人物对话中。其反问句数量最多,超过一半,选择句数量最少,仅有 8 例,部分疑问句具有疑问和断言两种特征。疑问句的单一使用和复合使用共同推动了叙战情节的发展,表达了说话人的观点和态度,加深了读者的印象,更好地传达了作者要表达的语义,构建了《左传》完整的语境。

第二节 叙事语篇主谓谓语句及其语篇功能

主谓谓语句是汉语里独具特色的一种句型,是主谓结构作谓语形成的句子,是汉语基础句型结构"主谓结构"在谓语位置上的扩展和延伸,而非由其他句型转换、移位而来。从生成语法来看,主谓谓语句是深层语义结构在语用需求的推动下,转化为表层结构时乂经过句了中心成分即"谓素"的多次格位指派而形成的。主谓谓语句作为一种常规句式,在汉语的历史发展中自先秦而始就一直存在,在汉语方言中也普遍存在。

朱德熙先生说:"主谓结构做谓语的格式是汉语里最常见最重要的句式之一。""跟印欧语比较的时候,主谓结构可以做谓语是汉语语法的一个明显的特点。"①

一、领属类主谓谓语句考察及语篇功能

(一)领属关系主谓谓语句考察

领属关系主谓谓语句是主谓谓语句中的典型句式,谓语部分对大主语进行描写、解释、说明。《左传》中有许多这样的句式。

例 50 祭仲曰:"都,城过百雉,国之害也。先王之制:大都,不过参国之一;中,五之一;小,九之一。今京不度,非制也,君将不堪。"

例 51 初,惠公之即位也少,齐人使昭伯烝于宣姜,不可,强之。生齐

① 朱德熙. 语法答问[M]. 北京:商务印书馆,1985:8.

子、戴公、文公、宋桓夫人、许穆夫人。文公为卫之多患也,先适齐。及败,宋桓公逆诸河,宵济。卫之遗民男女七百有三十人,益之以共,滕之民为五千人,立戴公以庐于曹。

例52　君子曰:"我知罪矣,秦必归君。贰而执之,服而舍之,德莫厚焉,刑莫威焉。服者怀德,贰者畏刑。此一役也,秦可以霸。纳而不定,废而不立,以德为怨,秦不其然。"

例53　丙辰,楚重至于邲,遂次于衡雍。潘党曰:"君盍筑武军,而收晋尸以为京观。臣闻克敌必示子孙,以无忘武功。"楚子曰:"非尔所知也。夫文,止戈为武。武王克商。作《颂》曰:'载戢干戈,载櫜弓矢。我求懿德,肆于时夏,允王保之。'"

例54　公曰:"吾不堪也。"对曰:"周礼未改。今之王,古之帝也。"公曰:"筮之。"筮之,遇《大有》之《睽》,曰:"吉。遇'公用享于天子'之卦也。战克而王飨,吉孰大焉,且是卦也,天为泽以当日,天子降心以逆公,不亦可乎?《大有》去《睽》而复,亦其所也。"

例句中的画线句子,皆为主谓谓语句。其中例51的主语指人,即"卫之遗民",其余4例主语皆是指称事物,即"先王之制""役""文""卦",大小主语之间从广义上讲也是一种领属关系。

通过对领属类主谓谓语句在语篇中位置的观察,我们发现领属类主谓谓语句都是作为后续句出现的,往往以前面的句子为背景而存在。这是因为在语篇中要对一个对象进行描写、说明时,首先要引入这个对象。因此,例50中,在对"先王之制"进行解释时,先有一个引入过程:"都城过百雉——先王之制"。例51中,前文先介绍狄人攻打卫国,在黄河边上打败了卫国人,然后再引出"卫之遗民"。例52前文是详尽的秦晋韩原之战。例53上文出现了"武功"。例54的上文出现了"卦"。在这些例句中,主谓谓语句的大主语通常是以名词形式出现的,并且基本都与上文的某个部分同指。在这5例当中,仅有1例出现在叙述性语言中,其他均为对话类语言,这也进一步证实了主谓谓语句在口语中出现的频率更大。

(二)领属类主谓谓语句的语篇连贯功能

通过前文的分析,领属类主谓谓语句的大主语由于和上文的某个部分同指,所以能够利于保持主题的一致性。例50中“先王之制”同指的成分,在上文的主题部分出现,因为位置相似,所以读者容易理解、联想。例53、例54中的大主语的同指成分是在上句的述题部分出现,两个同指成分之间距离较短,也有助于上下文的连贯。

领属类主谓句的大主语通常是在篇章层次结构中占据较为显著位置的名词形式,其所指称的实体具有较高的可及性,因为在篇章理解过程中,读者通常会对实体更重视。而对于主谓谓语句的后续句而言,如例51“卫之遗民男女七百有三十人,益之以共,滕之民为五千人,立戴公以庐于曹。”后续句的主语有承前省略的情形,这也有助于语篇的连贯。

二、关涉类主谓谓语句及语篇功能

(一)关涉类主谓谓语句

关涉类主谓谓语句是指大主语表示事件,谓语部分说明与此事件有关的事实。或者是大主语表示范围,谓语部分说明与此范围相关的事实。《左传》中的此类句式如下。

例如:

例55　楚围宋之役,师还,子重请取于申、吕以为赏田,王许之。申公巫臣曰:“不可。此申、吕所以邑也,是以为赋,以御北方。若取之,是无申、吕也。晋、郑必至于汉。”王乃止。(成公七年)

例56　伍参言于王曰:“晋之从政者新,未能行令。其佐先縠刚愎不仁,未肯用命。其三帅者,专行不获。听而无上,众谁适从?此行也,晋师必败。且君而逃臣,若社稷何?”王病之,告令尹改乘辕而北之,次于管以待之。(宣公十二年)

例57　祭仲专,郑伯患之,使其婿雍纠杀之。将享诸郊。雍姬知之,谓其母曰:"父与夫孰亲?"其母曰:"人尽夫也,父一而已,胡可比也?"遂告祭仲曰:"雍氏舍其室而将享子于郊,吾惑之,以告。"祭仲杀雍纠,尸诸周氏之汪。公载以出,曰:"谋及妇人,宜其死也。"夏,厉公出奔蔡。(桓公十五年)

例58 狄侵我西鄙,公使告于晋。赵宣子使因贾季问酆舒。且让之。酆舒问于贾季曰:"赵衰、赵盾孰贤?"对曰:"赵衰,冬日之日也;赵盾,夏日之日也。"(文公七年)

例59 卫献公使子鲜为复,辞。敬姒强命之……告右宰谷,右宰谷曰:"不可。获罪于两君,天下谁畜之?"(襄公二十六年)

例60 十一月,越围吴。赵孟降于丧食……曰:"吴犯间上国多矣,闻君亲讨焉,诸夏之人莫不欣喜,唯恐君志之不从。请入视之。"(哀公二十年)

例55中,"楚围宋之役"表示事件,"师还"说明了一种与事件相关的事实。例56中,语义关系相同。例57中,小主语是疑问代词"孰",复指大主语"父与夫","父与夫"是限定范围,"孰亲"是说明与此范围相关的主谓短语。例59、例60的"谁""莫"小主语也均为疑问代词,复指大主语。大主语都是谓语部分适用的范围。

(二)关涉类主谓谓语句的语篇连贯功能

关涉类主谓谓语句在语篇中通常也处于后续句,并且关涉类主谓谓语句中的大主语在上文已经出现过,或至少部分出现过。如例57"使其婿雍纠杀之。将享诸郊。雍姬知之,谓其母曰:'父与夫孰亲?'"雍纠和夫是同指。例58"赵宣子使因贾季问酆舒。且让之。酆舒问于贾季曰:'赵衰、赵盾孰贤?'"赵宣子就是赵盾。有时关涉类主谓谓语句大主语也可以和上文没有同指的语义关系,但是往往与上文的某个部分意思相关,例59、例60均是如此。

从认知心理学的观点来看,人们思维或表述的过程通常都是以已知信息为出发点,把新的信息作为表达的中心,因此就形成了一个已知信息在前、未知信息在后这样一个语篇发展的基本链条。从一个主题过渡到另一个主题,这是连贯语篇的线性扩展方式。前一句的述题变为后一句的主题，后一句的述题接着又变为下一句的主题，这样可以使句子之间环环相扣，紧密相连。《左传》中主谓谓语句在语篇中通常处于后续句，因为主谓谓语句通常以前面的句子为背景存在。主谓谓语句的主语有承上的语篇功能，有助于语篇的发展延续。领属类主谓谓语句可以保持主题的一致性，关涉类主谓谓语句，有助于主题的转换。

如果若干句子能成为连贯的上下句，那么其中一定有个联系点。如果这个联系点是以词汇形式出现的，那么它在上句出现以后，以瞬间记忆的形式被保存，当它在下句再出现时，意味着要从记忆中提取它。由于瞬间记忆容易消失，大约 0.25 秒—2 秒，所以上下两句之间的同指成分时间间隔不宜超过这个界限。同时在此时限内，间隔时间越短越好。间隔时间短，上句中的联系点在记忆中的痕迹较深，在下句中重复时容易被提取，更能引起注意，而上下两句因这个联系点而产生的连贯性就能够得到突出和强调。所以在《左传》主谓谓语句中，大主语都与上文的某个部分同指，这是一种有效的词汇衔接方式。

对于主谓谓语句的生成机制，孙红举曾有过论述，他在《汉语主谓谓语句的生成基础及生成机制考察》[①]中强调，从认知的特点看，人类说明和感知信息的起点常常是已知信息，信息过程往往是从已知信息到未知信息的推进。表达未知信息时，大脑中首先形成信息推进的概念化的语义链条(语义结构)。已知信息是 NP(也可以是部分谓词性成分)时，如果用一个句子形式(S-P)对已知信息进行说明并表达未知信息，NP 可以与阐述未知信息的子句(S-P)通过它们之间的某种语义关系而整合成一个表示复杂语义的句子。深层的语义结构由此投射为表层的句法结构形式：NP-(S-P)，承载已知信息的 NP 投射为 S1，阐述未知信息的子句(S-P)投射为 P1；子句中的主语降级为 S2，谓语降级为 P2，最终形成主谓谓语句的句法结构。

① 孙红举. 汉语主谓谓语句的生成基础及生成机制考察[J]. 广西社会科学，2012(10)：143-147.

第三节 叙事语篇中礼貌句式及其语篇功能

礼貌原则是英国著名学者利奇(Leech)在对格赖斯(Grice)的合作原则基础上提出的重要修正和补充,对话语交际研究具有重要的指导意义。利奇这样解释:合作原则只能约束我们在交际中说什么和如何理解对方的言外之意,但不能解释人们为什么使用如此大量的间接言语行为,而礼貌原则是对合作原则的必要补充。①

礼貌原则共有六条准则,每条准则下面又各有两条次准则:

1. 得体准则:减少表达有损于他人的观点。(1)尽量少让别人吃亏。(2)尽量多使别人得益。

2. 慷慨准则:减少表达有利于自己的观点。(1)尽量少使自己得益。(2)尽量多让自己吃亏。

3. 赞誉准则:减少贬损他人。(1)尽量少贬低别人。(2)尽量多赞誉别人。

4. 谦逊准则:减少表扬自己。(1)尽量少赞誉自己。(2)尽量多贬低自己。

5. 一致准则:减少与他人的观点不一致。(1)尽量减少双方分歧。(2)尽量增加双方一致。

6. 同情准则:减少与他人的情感对立。(1)尽量减少双方的反感。(2)尽量增加双方的同情。

利奇用“在言语行为对于说话人和听话人的损益问题”这一衡量标准来解释礼貌原则,他认为礼貌就是要尽量使他人受益,尽量使自己受损,由此形成了使他人受益和使自己吃亏的程度的比例关系②,越是有益于听话人的行为,其语句的礼貌程度越高;相反,越是有损于听话人的行为,其语句的礼貌程度越低。利奇的礼貌原则也体现了中国人在向他人表示礼貌时所表现的一些现象。

① 利奇. 语用学原则[M]. 冉永平,译. 北京:商务印书馆,2020.
② 利奇. 语用学原则[M]. 冉永平,译. 北京:商务印书馆,2020.

礼貌原则的提出丰富和发展了会话含意理论，解决了言语交际中的一些语用语言与社交语用问题。目前对礼貌原则的研究多集中在现代汉语的语料上，而对古代汉语语料的分析，才能够使人了解一个民族礼貌语言的历史，才能够使人理解为何使用特定的交际策略或者使用符合社会传统的合适交际手段要比使用其他方式更能够被人接受。只有深入到文化的深层中去，才能挖掘出礼貌的真正特征，并成功地解释其本质。

一、礼貌句式类型

据统计，《左传》讲到“礼”字共 462 次，另外还有“礼食”“礼书”“礼经”“礼秩”各 1 次，“礼义”3 次。① 因此，《左传》具有极高的语料价值，且其记叙性的文体及巨人的对话篇幅为分析礼貌原则的使用情况提供了极为有利的材料。在《左传》的很多段落中，都有礼貌句式的运用，充分体现了礼貌原则。通过对其礼貌句式使用情况的分析来探讨先秦时期礼貌原则在言语表达中的体现。

（一）“敢”

承接式的语言表达形式有：“副词+动词短语”或“副词+动词”。

例如：

例 61　颍考叔曰：“敢问何谓也？”

例 62　宋穆公疾，召大司马孔父而属殇公焉，曰：“先君舍与夷而立寡人，寡人弗敢忘。若以大夫之灵，得保首领以没，先君若问与夷，其将何辞以对？请子奉之，以主社稷，寡人虽死，亦无悔焉。”对曰：“群臣愿奉冯也。”

例 63　石碏使告于陈曰：“卫国褊小，老夫耄矣，无能为也。此二人者，实弑寡君，敢即图之。”陈人执之而请莅于卫。

例 64　公曰：“叔父有憾于寡人，寡人弗敢忘。”葬之加一等。

例 65　问于使者曰：“师何及？”对曰：“未及国。”公怒，乃止，辞使者曰：“君命寡人同恤社稷之难，今问诸使者，曰‘师未及国’，非寡人之所敢

① 刘盼. 试析《左传》之“礼”的内涵与特点[J]. 文山学院学报，2016(1)：44-47.

知也。”

例66 冬，齐侯使来告成三国。公使众仲对曰：“君释三国之图，以鸠其民，君之惠也。寡君闻命矣，敢不承受君之明德。”

例67 公使羽父请于薛侯：“君与滕君辱在寡人。周谚有之曰：‘山有木，工则度之；宾有礼，主则择之。’周之宗盟，异姓为后。寡人若朝于薛，不敢与诸任齿。君若辱贶寡人，则愿以滕君为请。”

例68 齐侯以许让公。公曰：“君谓许不共，故从君讨之。许既伏其罪矣，虽君有命，寡人弗敢与闻。”乃与郑人。

例69 郑伯使许大夫百里奉许叔以居许东偏，曰：“天祸许国，鬼神实不逞于许君，而假手于我寡人。寡人唯是一二父兄不能共亿，其敢以许自为功乎？寡人有弟，不能和协，而使糊其口于四方，其况能久有许乎？吾子其奉许叔以抚柔此民也，吾将使获也佐吾子。若寡人得没于地，天其以礼悔祸于许，无宁兹许公复奉其社稷。唯我郑国之有请谒焉，如旧昏媾，其能降以相从也。无滋他族实逼处此，以与我郑国争此土也。吾子孙其覆亡之不暇，而况能禋祀许乎？寡人之使吾子处此，不唯许国之为，亦聊以固吾圉也。”

《左传》“隐公十一年”概括了礼的四方面重大作用：“礼，经国家，定社稷，序民人，利后嗣者也。”因此礼的重要性与普及性首先体现在国君上。在上述9个例句中，有7个是君主与臣下的对话，但都用了“敢”字，这是与当时的“礼”分不开的。

如例68，当齐侯把许国让给隐公时，隐公没有接受，但他先说：“您认为许国违背法度，所以寡人跟随君王讨伐他。”这体现了赞同准则。接着话锋一转，说：“许国既然已经伏罪，虽然君王有这样的好意，寡人不敢领受。”在这里隐公以谦虚准则“不敢”，委婉地拒绝了齐侯，于是齐侯就把许国给了郑国。

我们再来看郑庄公与许国大夫百里的对话：郑庄公让许国大夫百里帮助许叔住在许国的东部，这本是一个命令，但郑庄公的话却体现了策略准则和谦虚准则。“上天降祸许国，鬼神确实对许君不满，而借寡人的手惩罚他。”对于许国的旧臣这样说话很得体,没有直接伤害许国人的感情,把自己的征讨说成是上天的降祸。接下来郑庄公的话恪守了谦虚准则,让百里在明知是虚礼的情况下仍然能够接受。“寡人连一两个父老兄弟都不能够相安,难道敢把讨伐许国作为自己的功绩?寡人有个兄弟,不能和睦相处,而使他四处求食,寡人难道还能长久占有许国?”在这里运用了两个反问句和一个“敢”字句更好地完成了话语交际,实现了交际的目的。

这种敢字句式在现代汉语中也保留了下来。

例如:

若说这一类形象是我小说所提供,所独创,却不敢当。(王朔《看上去很美》)

从这些例句中也可以看出,“敢”字句使用的时间之久、范围之广,很好地体现出了汉语的礼貌原则。

(二)“弗”“不”

谦逊的根本是对自己进行贬低、否定,在语言表达中常使用否定词“弗、不”等。

例如:

例 70　宋穆公疾,召大司马孔父而属殇公焉,曰:“先君舍与夷而立寡人,寡人弗敢忘。若以大夫之灵,得保首领以没,先君若问与夷,其将何辞以对?请子奉之,以主社稷,寡人虽死,亦无悔焉。”对曰:“群臣愿奉冯也。”

例 71　公曰:“叔父有憾于寡人,寡人弗敢忘。”葬之加一等。

例 72　公使羽父请于薛侯:“君与滕君辱在寡人。周谚有之曰:‘山有木,工则度之;宾有礼,主则择之。’周之宗盟,异姓为后。寡人若朝于薛,不敢与诸任齿。君若辱贶寡人,则愿以滕君为请。”

例 73　齐侯以许让公。公曰:“君谓许不共,故从君讨之。许既伏其罪矣,虽君有命,寡人弗敢与闻。”乃与郑人。

在例70、例71中,强调他人对自己的恩惠,例72说“寡人如果到薛国朝见,就不敢和任姓诸国争先后。”都用“弗”“不”来贬低自己的地位,树立了一个恭谨谦虚的君主形象。例73中先肯定双方的一致之处,再以“不敢承受对方的好意”婉转地提出自己的看法,尽力减轻因为意见不同而可能给对方面子上造成的伤害。

现代汉语中也保留了这种表达形式,并多用“不”“岂”等。

例如:

老秦虽说“不敢不敢”,老杨同志却扛起木锨扫帚跟他们往场里去。(赵树理《李有才板话》)

这类“不敢”“岂敢”等词语与句式的运用也是一直延续至今,体现出了说话人的谦逊。

(三)反问句式

反问句也属于一种礼貌句式,在前文我们已有分析,在此仅举一例略作表述。

例如:

例74　公语之故,且告之悔。对曰:“君何患焉?若阙地及泉,隧而相见,<u>其谁曰不然?</u>”

在《左传》中有很多“其+小句+乎”这类的反问句,可常译为“难道”“哪里”等。反问句虽然以问句的形式出现,但属于假性问句,一般心里已有明确的观点和看法。没有直接表达,而以问句出现,让听话人自己感觉肯定或否定的程度。如例74中庄公告诉了颖考叔缘故和他自己的后悔,颖考叔回答说:“君主有什么可担心的?如果掘地见到泉水,在隧道中相见,难道能有谁说不对吗?”说话人使用反问句是对自己感情的一种宣泄,是说如果这样做有人反对,就是错的，带有一种谴责的意味，说话人的情绪语气才是他要表达的深层含义。这种表达比直接的命令、指责更容易被听话人所接受，礼貌层级更高。利奇认为：语言的间接性程度的大小往往直接影响话语的礼貌级别，即语言形式越间接，话语就显得越礼貌，相反，语言形式越直接，则越不礼貌。

(四)以语气词“乎，然，矣，焉”结尾的句式

例如：

例75　对曰：“姜氏何厌之有？不如早为之所，无使滋蔓，蔓难图也。蔓草犹不可除，况君之宠弟乎？”

例76　对曰：“君何患焉？若阙地及泉，隧而相见，其谁曰不然？”

例77　《诗》曰：“‘孝子不匮，永锡尔类。’其是之谓乎。”

例78　公曰：“不可。先君以寡人为贤，使主社稷，若弃德不让，是废先君之举也，岂曰能贤？光昭先君之令德，可不务乎？吾子其无废先君之功。”

例79　郑伯使许大夫百里奉许叔以居许东偏，曰：“天祸许国，鬼神实不逞于许君，而假手于我寡人。寡人唯是一二父兄不能共亿，其敢以许自为功乎？寡人有弟，不能和协，而使糊其口于四方，其况能久有许乎？……吾子孙其覆亡之不暇，而况能禋祀许乎？寡人之使吾子处此，不唯许国之为，亦聊以固吾圉也。”

例80　君子谓：“郑庄公失政刑矣。政以治民，刑以正邪，既无德政，又无威刑，是以及邪。邪而诅之，将何益矣！”

例81　公曰：“吾将略地焉。”

例75中，画线的句子可翻译为“蔓延的野草尚且不能除掉，何况是您受宠的兄弟呢？”例76中，画线的句子可翻译为“如果掘地见到泉水，在隧道中相见，难道能有谁说不对吗？”例77中，画线的句子可翻译为“说的就是这样的情况吧！”例78中画线句的意思是“发扬光大先君的美德，难道能不急于从事吗？”例79中是连续三个以“乎”结尾的反问句式，可译为“我连一两个父老兄弟都不

能相安,难道敢把讨伐许国作为自己的功绩吗?""我有个兄弟,不能和睦相处,而使他四处求食,我难道还能长久占有许国吗?""我的子孙挽救危亡还来不及,难道还能替许国敬祭祖先吗?"例 80 出现在君子曰的评论语句中,可译为"已经发生邪恶而加以诅咒,会有什么好处呢?"例 81 则是"我是打算视察边境啊。"

从上述例子及研究中,不难看出以语气助词结尾的礼貌句式的运用颇为复杂。它们和情感密切相关,而情感中的细微差别不易区分,在具体的语境中也容易发生变化,它们与句子相互作用、相互影响。同时,这类礼貌句式在这里也充分表达了说话者的情感诉求,以礼貌的方式向说话对象予以表达和强调。

二、礼貌句式的语篇功能

礼貌句式的产生和说话人的心理动机、心理需要有密切的关系,他们希望通过这种礼貌句式的运用,使听话人获得身心的愉悦,从而与说话人拉近距离,达到增进感情的目的,为说话人与听话人的交往做了一个很好的铺垫,同时也在听话人心里为自己树立一个良好的形象。

(一)树立良好形象

吕叔湘先生(1954)指出:"中国旧社会的习惯,社会地位较低的对于社会地位较高的,如卑幼对尊长,仆人对主人,平民对官长,穷人对阔人,是不能用普通第一第二身指称词的,得用尊称和谦称。"[①]事实正是如此,这是因为谦逊言语能充分体现其人本社会价值。

《左传》中"敢、不"和"其+小句+乎"这类的反问句,更进一步集中体现了谦虚准则在《左传》中的运用,反映了说话人的视角和情感,凸显了主观性。沈家煊认为这种主观性的研究主要集中在三个方面:一是说话人的视角,二是说话人的情感,三是说话人的认识。[②] 陈小荷认为:"'主观量'是含有主观评价意义

① 吕叔湘. 中国文法要略[M]. 北京:商务出版社,1982.

② 沈家煊. 语言的"主观性"和"主观化"[J]. 外语教学与研究(外国语文双月刊),2001(4):268-275,320.

的量，与‘客观量’相对立。”①评价为大的是“主观大量”，评价为小的是“主观小量”。以谦虚为本的发话人一般选择“主观小量”的词语对自己进行评价，选择“主观大量”的词语评价他人。在谦虚脚本的会话中，发话人无论客观上处于高的社会地位还是低的社会地位，都会尽量使用表示谦逊的词语。

例如：

例 82　公问之，对曰：“小人有母，皆尝小人之食矣，未尝君之羹，请以遗之。”

例 83　公语之故，且告之悔。对曰：“君何患焉？若阙地及泉，隧而相见，其谁曰不然？”

例 84　颍考叔曰：“敢问何谓也？”

例 85　宋穆公疾，召大司马孔父而属殇公焉，曰：“先君舍与夷而立寡人，寡人弗敢忘。若以大夫之灵，得保首领以没，先君若问与夷，其将何辞以对？请子奉之，以主社稷，寡人虽死，亦无悔焉。”对曰：“群臣愿奉冯也。”

从以上例句中我们可以看到，古人的交往认知心理往往是挤兑自己，扩充别人。因此交谈时努力把自己放在极小的位置，如“小人”“寡人”“不敢”等，这是发话人主动退让的表现。也就是说，在对话时会尽量缩小自己的地位、能力、品质或才干等。“小人”指的是微不足道、微小的人；“寡人”是指寡德之人。在我们的认知经验里，没有比“小”“寡”更轻微的人了。就是将处于次要、低级、微小的空间留给自己，将主要、高级、重大的空间给予对方，以完成和谐的言语交际，同时在会话中，发话人还会赋予对方“主观大量”，如“君”等词语。

(二)保全面子

言语行为讲究礼貌，是为了满足双方的面子，如《左传》中的“弗敢”“不敢”等，这一言语行为的用意是表示对听话人的尊重，表面上将自己降了一格，事实

① 陈小荷. 主观量问题初探——兼谈副词“就”、“才”、“都”[J]. 世界汉语教学，1994(4)：18-24.

上能得到对方的认同和尊重。说话者实施了以上言语行为后，产生的语效之一是听话者感觉舒服，有认同感。在前文分析的一些有关“弗敢”“不敢”的例句中，有很多例子是君主对臣下的对话，但要注意的是说话人并非想放弃自己的权威，仅仅是通过这种礼貌句式的运用，使对方认同自己的态度或者观点，并以此获得对方的尊重。

（三）自我保护

在先秦时期，诸侯士大夫对礼的深刻认识和理解，使他们自觉地用礼来规范自己的言行，并对周围发生的事用礼的标准去评判。认为符合礼的就是正确的，并且会受到大家的肯定；不符合礼的则是错误的，就会受到大家的斥责和反对，甚至因此而引发战争。

例如：

> 例 86　君子谓：“郑庄公于是乎有礼。礼，经国家，定社稷，序人民，利后嗣者也。许无刑而伐之，服而舍之，度德而处之，量力而行之，相时而动，无累后人，可谓知礼矣。”
>
> 例 87　宋公不王。郑伯为王左卿士，以王命讨之。

其中，例 86 的评论是对郑庄公平定许国后，没有吞并许国，反而又恢复其社稷的品德的赞扬，认为郑庄公“可谓知礼矣”。例 87 中郑伯当时担任周天子的卿士，而他又同为郑国的君主，他想攻打宋国，但却没有正当的理由，一旦他以郑国的名义去攻打宋国，就有可能给他国以口实，反而给郑国带来灾害，但他以周天子的名义来攻打宋国，就可以称为讨伐，是符合礼的，是可以得到大家的认同的，这也同时为郑国提供了自我保护。

礼貌对于人们来说有时是对自己必要的保护手段，“祸从口出”也许就是对这一观点的证明，不注意说话的方式，或者不遵守礼，都会给自己带来灾祸，甚至为国家带来战争。

（四）增加美感

美感对于礼貌的体现，更多的在于交际。当我们着意为交际营造浓浓的美感气氛时,交际便摆脱了功利色彩,超越了实用性,达到了更高的层次,给人以更好的感受。

例如:

例 88 颍考叔曰:"敢问何谓也?"公语之故,且告之悔。

例 89 公入而赋:"大隧之中,其乐也融融。"姜出而赋:"大隧之外,其乐也泄泄。"

在例 88 当中,颍考叔以敢字句式,通过疑问的方式,表达了自己的心理诉求:第一,在郑庄公面前用"敢"字,表现出对郑庄公的尊重;第二,通过疑问句式,表达自己愿意倾听郑庄公的痛楚,并帮助郑庄公排忧解难。这使得郑庄公内心的痛楚得以释放,并对颍考叔增加了好感。这种以委婉的方式,增加了两人对话场面以及对话效果的美感,正是礼貌原则的作用之一。

例 89 通过对比句式,郑庄公与姜氏表达了各自内心的愉悦,同时也描绘出了一幅美好的画面,通过遥相呼应的对话,以这种在言语上追求美感的方式,在使双方成功达到心理诉求的同时,也同样使礼貌句式得到了充分的运用,进而反作用于对话双方,使双方增进了感情。

三、影响礼貌策略选择的因素

影响礼貌策略的重要的一点就是话语基调,即人际关系方面的因素。这方面的因素主要有权势、距离、亲密度、权利与义务、地位、年龄、性别、情感等。

(一)权势因素

当交际双方的权势与地位不对等的情况下,强求于人就意味着违背对方行事的意愿,相反的话,就是尊重对方的意愿。遵守这一原则的说话人会避免强行让听话人去做自己不情愿做的事情,以免强人所难。例如《左传》中:郑伯使许大夫百里奉许叔以居许东偏,曰:"天祸许国,鬼神实不逞于许君,而假手于我寡人。"这本是上级对下级的一个命令,而郑伯却以谦虚的方式,希望得到对方的认同。

交际双方的权利与地位相等,但社交关系不很密切,如陌生人之间等,谈话时给对方留有余地意味着说话人所提出的意见或请求,可能会被对方拒绝。例如《左传》中:冬,齐侯使来,告成三国。公使众仲对曰:"君释三国之图,以鸠其民,君之惠也。寡君闻命矣,敢不承受君之明德。"齐国与鲁国同属于诸侯国,齐国的君主与鲁国的君主地位是平等的,而鲁隐公却以敢字句式表示了对齐国君主的赞同,给对方留足了余地。

为了增进交际双方的友情。适用于好友之间、亲人之间、甚至爱人之间。例如《左传》中:公入而赋:"大隧之中,其乐也融融!"姜出而赋:"大隧之外,其乐也泄泄!"在这里郑庄公与姜氏属于亲人关系,虽然因为之前的一些事使母子之间的关系出现裂痕,但在这里母子又得以重新团聚,这种对比的礼貌句式增进了双方的感情。

(二)性别角色因素

两性在言语交际行为中遵从礼貌原则的情况是不同的。女性言语行为比男性的更符合礼貌原则。女性认为不管在异性还是同性面前,都应使用稍文雅一点的言语。而男性相对于女性一般说话较粗俗,但在与女性交谈的时候,或者有女性在场的时候,会注意自己的言语,自觉地遵循礼貌原则。因此《左传》中涉及到女性人物时,其用语会更为礼貌。

在赞扬和同情等言语行为上,一般女性多于男性。即使都有赞扬,赞扬言语行为的内容也相对不同,前者多赞扬穿着打扮等方面,后者则多赞扬社会成就等方面。这反映了过去男女两性不同的社会追求,也与过去"男主外,女主内"的思维模式有关。

第四节　叙事语篇外交辞令中合作原则的体现

《左传》里所记述的语言,大部分是人物对话、外交辞令和谏说议论等。人物对话具有非常鲜明的性格特点。《左传》通常用个性化的语言,来塑造人物的丰满形象,尤其是其中极具逻辑性和说服力的外交辞令是我们分析和总结汉语交际特征不可多得的材料。

“合作原则”是美国语言哲学家格赖斯率先提出的。格赖斯认为,在常规情况下,人们的交谈不会由一串不连贯、无条理的话语组成,人们交谈时或多或少都会为合作而付出一定的努力。因为交谈的参与者在一定程度上都存在一个或一组共同的目的,或者是一个彼此都接受的谈话方向。这种目的和方向,也许在谈话的开头就明确,如讨论问题时最初的建议;或许是不太明确的,如闲聊;或许是在交谈的过程中逐步明晰起来的。为了实现成功的交际,人们总是有意或无意地遵守着一条基本原则,即在参与交谈时,根据你所参与交谈的目的或方向的改变而提供适切的话语①,这便是合作原则。

格赖斯认为,在一个普遍原则下面,往往可以具体分为几条特殊的准则或者次准则。格赖斯借用康德在“范畴表”中列出的“质”“量”“关系”和“方式”四个范畴的名称,在合作原则下面构建了四条相应的准则,它们分别是:

(1)质量准则。质量准则规定了说话的真实性,也就是要求说话人说真话,不说假话,不说没有根据的话。这里所说的真实性是指说话人认为是真实的话,不否认会存在说话人自认为是真实的,但实际上却是不真实的情况。

(2)数量准则。数量准则规定了我们说话时所应该提供的信息量:不应少说也不要多说,也就是凡是交谈的对方要求或期待你说的,你知道多少就该说多少,但不能把对方不要或不期待你说的也都说出来。

(3)关系准则。关系准则规定了说话要切题,不说和话题无关的话。关系准则在表达方式上提出了要求,要求说话人的表达简明扼要,不要用语义含糊的词语,应避免冗词赘句。

(4)方式准则。方式准则要求发话人的言语表达要清楚明白,最好用直接的表达方式,尽量避免迂回曲折:话语的含义应该清楚明晰,不要晦涩,使对方不解;话语应该简练、有条理,避免啰唆;话语含义应该明确,不要有歧义,使人误解。

这四条准则中的前三条与人们在交谈时“说什么”这个问题有关,第四条与

① 格赖斯.逻辑与会话[M].北京:商务印书馆,1975.

"怎么说"这个问题有关。遵守这些准则,人们就能以最直接的方式、最高的效率进行交际。这四条准则一经提出就受到学术界的广泛关注,对论述言语交际的理论和实践有着重要意义。

下面我们就以《左传·僖公》中的外交辞令为语言材料,通过分析其中一些对话情景对格赖斯会话合作原则的故意违反现象,归纳出汉语交际的一般特征。

一、外交辞令对合作原则的违反

《左传》生动地描绘了我国春秋时期诸侯征战、王朝兴衰的历史画面,体现出我国古代史官高超的语言技巧。特别是在外交辞令的叙述方面,成就尤为突出,充分展示了这部历史散文著作的艺术魅力。《左传·襄公二十五年》记载:仲尼曰:"《志》有之:'言以足志,文以足言。'不言,谁知其志?言之无文,行而不远。晋为伯,郑入陈,非文辞不为功。慎辞哉!"实际上不但晋为霸,郑入陈,有赖于文辞之功,整个春秋时期的外交斗争,都有"非文辞不为功"的因素。唐人刘知几在评价《左传》行人外交辞令时曾说:"寻左氏载诸大夫词令,行人应答,其文典而美,其语博而奥。述远古则委曲如存,征近代则循环可覆。必料其功用厚薄,指意深浅。谅非经营草创,出自一时;琢磨润色,独成一手。斯盖当时国史,已有成文,丘明但编而次之,配经称传而行也。"这段话明确指出了《左传》语言委婉含蓄,讲究外交辞令的修饰之美。《左传》的外交辞令通过对合作原则及其准则的故意违反达到了交际目的,实现了修辞之美。

(一)对"质"准则的违反

质的准则要求信息真实,不说假话和反话。故意违反质的准则,就是故意说假话。用暗喻、夸张、拟人、说反话等修辞手段来说话,有时也是故意违反质的准则。

例如:

四年春,齐侯以诸侯之师侵蔡。蔡溃,遂伐楚。楚子使与师言曰:"君处北海,寡人处南海,唯是风马牛不相及也。不虞君之涉吾地也,何故?"管仲对曰:“昔召康公命我先君大公曰:‘五侯九伯,女实征之,以夹辅周室。’赐我先君履:东至于海,西至于河,南至于穆陵,北至于无棣。尔贡包茅不入,王祭不共,无以缩酒,寡人是征;昭王南征而不复,寡人是问。”对曰:“贡之不入,寡君之罪也,敢不共给?昭王之不复,君其问诸水滨!”师进,次于陉。(僖公四年)

僖公四年齐率诸侯伐楚,齐侯这次伐楚,是“挟天子以令诸侯”,目的全在自己称霸。因此,楚国派使臣提出质问:“君处北海,寡人处南海,唯是风马牛不相及也。不虞君之涉吾地也,何故?”齐侯这次伐楚的意图和居心实则“司马昭之心,路人皆知”,而使臣作为楚国的谋臣策士,岂能不明其意?却故意装作不知情,说假话,且话中带有讥讽,违反了合作原则的质量准则。再看齐国这一方,齐侯既然打着天子的招牌,管仲的答话也就说得“义正词严”。他首先强调齐侯的“先君大公”得到天子的授权,“昔召康公命我先君大公曰:‘五侯九伯,女实征之,以夹辅周室。’”接着指出征讨的范围,“赐我先君履:东至于海,西至于河,南至于穆陵,北至于无棣”。其中的“穆陵”,就是楚国境内。最后,指出楚国的两条罪状:一是“尔贡包茅不入,王祭不共,无以缩酒”;二是“昭王之不复”。所谓“寡人是征”“寡人是问”,说得理直气壮。但是这些说辞都是为了掩盖其真正目的,话语不真实,且又是故意为之,因此也违反了质量的准则。

在这种情势之下,楚国只好让步,却又不肯真正低头。“贡之不入”,罪小,所以承认是“寡君之罪也”,并决定改正“敢不共给?”“昭王之不复”,罪大,所以拒不承认,措辞也相当强硬:“君其问诸水滨!”这句话明显是在推诿。周昭王南征楚国,在汉水被当地人设计淹死,但这件事已经过了很多年,现在说这事却回答“您还是到水边问问吧!”言外之意是与我们无关。这段说辞也有失真实,违反了质量的准则。双方的问答虽然针锋相对,但是总体看来,整个会话过程还是比较和谐的,都没有直言本意,直指对方的错误,这样既给对方留了颜面,也很好地达到了交际目的。

从上面的例子中我们可以看出汉语会话中违反质量准则的根本原因往往是在于其以遵守“礼貌原则”为先决条件,因此我们可以得出汉语会话的第一个特点:在会话中特别注重礼貌原则。

(二) 对"量"准则的违反

"量"指信息量。"违反"可以从两个方面来表现,即少给信息量和多给信息量。

例如:

(烛之武)见秦伯,曰:"秦、晋围郑,郑既知亡矣。若郑亡而有益于君,敢以烦执事。越国以鄙远,君知其难也。焉用亡郑以陪邻?邻之厚,君之薄也。若舍郑以为东道主,行李之往来,共其乏困,君亦无所害。且君尝为晋君赐矣,许君焦、瑕,朝济而夕设版焉,君之所知也。夫晋,何厌之有?既东封郑,又欲肆其西封。若不阙秦,将焉取之?阙秦以利晋,唯君图之。"(僖公三十年)

秦、晋联合攻郑,烛之武作为郑使劝说秦伯。一篇说辞只有一百多字,却言辞恳切,辞意丰富,表现出烛之武卓越、睿智的政治识见和高超的语言艺术。

首先表明自己态度。烛之武对秦伯说的第一句话就是:"秦、晋围郑,郑既知亡矣!"一开口就承认秦、晋两国攻打郑国,郑国必然会灭亡的事实。从而既使秦伯觉得他这个人还是有自知之明的,对其产生好感,又表明自己的立场,他来见秦伯不是为了郑国(必亡),全是为秦国着想,为他后面说服秦伯打下基础。然后抓住对方想扩张势力的心理,从亡郑和存郑两方面来为秦国的利益前后盘算,话说得委婉动听,又曲尽其意。分析郑亡无利于秦;若保存郑国,于秦则有益无害。晋文公为当时的霸主,晋国势力如日中天,秦穆公想要称霸,不仅要扩充势力,还要遏制强晋的发展。烛之武说"舍郑以为东道主",其含义至少包含两层意思:作为秦"沟通东方各国的桥梁"和作为"与秦呼应的力量"。在这里,烛之武先是摆明自己的立场,让秦穆公放松了自己的心理防卫,后又抓住秦穆公的心理,力陈亡郑之害,又处处为秦国着想。

实际上我们不难发现烛之武只提供了单方面的信息,即有利于自己目的的信息。亡郑和存郑,从战略上对秦国都是有利有弊的,郑国也可以成为秦国攻打晋国的跳板,最差也可以从攻打郑国的胜利中获得领土和人口。很显然烛之武在分析问题上只是片面地分析了对自己国家有利的方面,提供的信息量不足,违反了“量”的准则。

最后,分裂秦晋的结盟,瓦解围困郑国的军事力量。作为两个强大而有野心的国家,秦、晋的关系是非常微妙的,两国既联合又有争夺,又互相提防、遏制。仅仅陈述存郑的有利方面,还不足以让秦国断然与晋国弃盟。言利不如陈害,烛之武接着以秦穆公亲身经历的晋对秦忘恩负义的事实为例,以一句反问“晋何厌之有?”推论亡郑之后,晋国必将大举向西侵犯秦国,秦国非但无利可得,还要大受其害。这部分的陈词可谓层层论证、严谨有序,但是若用合作原则来分析的话则略有赘述,尤其是推论部分,这部分信息的根据并不充分,而且是未必会发生的事实,过多的陈述无疑对对方的理解有误导之嫌。因此,此处提供的信息量过多,也是对“量”准则的违反。

烛之武的说辞虽然简短,却层层论证,措辞委婉,严谨有序,有事实叙说,有利害分析,有历史明证,有趋势预测,有正反对比,有比较鉴别,句句击中要害,语语打动人心,让秦穆公不仅退了兵,还与郑国结盟,“使杞子、逢孙、杨孙戍之”,郑国转危为安,得以保全。“一人之辩,重于九鼎之宝;三寸之舌,强于百万之师”。因此,我们可以得出汉语会话特征之二:简洁明晰,内涵丰富。

(三)对相关准则的违反

故意违反相关准则,就是说些不切题的话,避开某一话题。我们都熟悉“王顾左右而言他”的故事。这“顾左右而言他”正是故意违反相关准则。有时,为了将话说得含蓄些或遇到无法做出准确回答等场合,也可以运用这一技巧。

例如:

他日,公享之。子犯曰:“吾不如衰之文也,请使衰从。”公子赋《河水》,公赋《六月》。赵衰曰:“重耳拜赐!”公子降,拜,稽首,公降一级而辞焉。衰曰:“君称所以佐天子者命重耳,重耳敢不拜?”(僖公二十三年)

晋公子重耳因骊姬之祸出逃,到了秦国,秦伯宴请重耳。席间,“公子赋《河水》”,表示回国后将会像河水归海一样服从秦国的领导,“秦伯赋《六月》”,希望重耳做晋国的君主,和秦一起辅佐周天子。赵衰要重耳拜赐,秦伯降阶辞谢,赵衰说:“君称所以佐天子者命重耳,重耳敢不拜?”这里,秦穆公并无心让重耳做盟主,而赵衰却借《六月》诗意,让重耳拜谢秦君让他做盟主辅佐周天子之恩。对秦穆公,表面上感恩戴德,而实际上却借他的口表示要与他齐肩并坐,甚至代他成为盟主,透露出重耳不会久在人下之意,待羽翼丰满便要一飞冲天,称雄诸侯,也体现了谋臣赵衰在政治上的敏锐和机警。

在外交中为说服对方,《左传》的外交语言,常表现为循循善诱,晓之以利,动之以情,以理服人。而这一意义的表达是通过“赋诗”方式进行的。“赋诗”即所谓的“赋诗言志”,是春秋外交仪式上的一种特殊表达方式,相当于今天聚会中的献上一首歌或配乐诗朗诵,主要是对现成诗歌的运用,多引用《诗经》里的篇章,只有个别的属于即兴创作。在《左传》中重耳和秦穆公分别引用了《河水》和《六月》来表达自己的意图。这种修辞跟《诗经》里运用的比兴手法类似,即通过先吟咏其他看似不相关的事物来比喻或引出真正的意图,显然违反了合作原则的相关准则。《左传》共记赋诗数十条,其中大部分发生在宴飨之中。由此,我们可以得出汉语会话特征之三:会话用语文质彬彬,高雅淡远。

(四)对方式准则的违反

合作原则的方式准则要求发话人的言语表达要清楚明白,最好用直接表达的方式,尽量避免迂回曲折,话语的含义应该清楚明晰,不要晦涩使对方不解。但是在外交辞令中往往会违反这种准则,以达到委婉含蓄的效果。

例如:

(晋公子重耳)及楚,楚子飨之,曰:“公子若反晋国,则何以报不穀?”对曰:“子女玉帛则君有之,羽毛齿革则君地生焉。其波及晋国者,君之余也。其何以报君?”曰:“虽然,何以报我?”对曰:“若以君之灵,得反晋国,晋、楚治兵,遇于中原,其辟君三舍。若不获命,其左执鞭弭,右属櫜健,以与君周旋。”(僖公二十三年)

这段内容记载的是晋公子重耳流亡之时路过楚国，楚子设宴招待重耳，并问他如果能够回国，怎样报答楚国。对于这个棘手问题，重耳先是列举说："美女、宝玉和丝绸您都有了；鸟羽、兽毛、象牙和皮革，都是贵国的特产。那些流散到晋国的，都是您剩下的。我拿什么来报答您呢？"重耳当然知道楚子所需要的东西，他之所以这样说，有两个意图：一是暗示楚子自己没有能报答的东西；二是希望楚子能够知趣打消这个念头，不再追问。但是，当时重耳身处险境，又流亡在外，不敢直接表达意图，于是用这种委婉的方式传达拒绝之意，这违反了方式准则的直接表达和避免迂回的要求。

不过楚子没有放弃，继续追问："虽然，何以报我？"此时重耳所答皆为隐讳之词："晋、楚治兵"，"治兵"本为教练军队或习武之义，此处是战争的讳饰说法，意思是若楚国和晋国发生战争。"若不获命，其左执鞭弭，右属櫜健，以与君周旋"也是讳饰的说法，意思是不得楚国的允许，即若楚国抵抗到底，那么晋国也不会坐以待毙，只能拿起武器保家卫国。"与君周旋"也是交战的讳饰表达。这里的"治兵""获命""周旋"都是用的讳饰的表达方式，也违反了方式准则的话语的含义应该清楚明晰，不要晦涩使对方不解的要求。

又如《左传·僖公三十三年》中"君之惠，不以累臣衅鼓"，"衅鼓"是古时的一种习俗，杀俘虏以其血涂于新鼓，是"死"的代称；《左传·僖公二十四年》载：臧文仲对曰："天子蒙尘于外，敢不奔问官守？"通常天子被迫出奔或被人劫持流亡而不便直说，便以"蒙尘"称之，意为在外蒙受风尘，其实是帝王流亡或失位的隐讳语。在《左传》里像"衅鼓""蒙尘"这种晦涩难懂的避讳语在外交辞令中的运用相当频繁，对于缺乏一定的古汉语知识的读者来说，是很难读懂的，这明显违反了合作原则的方式准则。因此，从上面的例子中我们可以得出汉语会话特征之四：委婉含蓄，言之有物。

以上我们分析了《左传·僖公》中外交辞令对合作原则四个次准则的故意违反，并总结出了汉语会话交际的四个特征，对合作原则的故意违反恰恰成就了"中国式"的交际方式，因此这种现象也可以看作是对合作原则的巧妙运用。

那么影响古汉语这种会话交际方式形成的原因有哪些呢？下面我们就从社会文化和心理因素来探析一下，这对探寻出适合汉语会话交际的方式有重要意义。

二、违反合作原则的原因

(一)社会文化的熏陶

《左传》外交辞令中的委婉语生成于春秋这一特定的历史时期,是受当时整个社会礼文化氛围影响的产物,发生于特定的外交场合,为当时社会交际所必需的,带有鲜明的时代特定性。

1. 特定的礼文化氛围

《左传》反映的时代仍是一个重礼的时代,尽管此时出现礼崩乐坏的现象,但赖以维系正统的礼义尚未彻底崩溃,尚礼遗风犹存。外臣使者虽处在尔虞我诈之中,短兵相接之间,但为了维护自己的尊严,也要显示出礼乐教养的典雅风度来,而且往往是通过娴熟的礼仪和伪装的谦让,特别是凭借婉转含蓄的委婉语来显示这种教养。倘若锋芒毕露,出言不逊,矜夸焦躁就会授人以柄,也有失士大夫之体。他们受命穿梭于诸侯国之间,凭借礼仪之说、廉耻之心来打动大国之君以达到扶危存亡的目的,显然是受到这一特定时期整个社会礼文化氛围的影响。“礼”在这一时期是一种自觉明确的社会规范,具有道德和法律的规范作用,支配着人们的思想和言行,正是在这种特定的礼文化氛围之下,外交辞令也就带有了浓重的礼制色彩。

2. 特定的外交场合

《左传》外交辞令是适应春秋这一特殊时代的社会需要而产生的一种语言现象,一般出现在发生大规模的战争中,或接待诸侯国来使,或出使他国、陪同国君外出会盟、朝觐,或陪同重臣外出结约等礼仪性很强的活动中。并不是所有社会成员都经常使用外交辞令,一般情况下的人物对话不使用委婉语、隐语等。在不同的场合,其外交辞令的特点也是不同的。例如:僖公二十六年,齐侯未入境,展喜从之,曰:“寡君闻君亲举玉趾,将辱于敝邑,使下臣犒执事。”齐侯曰:“鲁人恐乎?”对曰:“小人恐矣,君子则否。”齐侯曰:“室如县罄,野无青草,何恃而不恐?”对曰:“恃先王之命……载在盟府,太师职之。”展喜的一番委婉辞令是发生于敌军前来侵伐,作为受攻击之国前往犒师之时,既表明已有防备,又询问师来之理由。显然这种针锋相对的外交辞令与上述飨宴场合中外交辞令的特点是截然不同的。

(二)话语交际的隐含性

1. 话表意义与话里意义的统一

在交际过程中,话表意义是含义信息的载体,含义信息体现交际意图,话里意义则是处于隐含地位的。春秋的外交官们在运用委婉的外交辞令传递话表意义的同时,含义信息也十分明确地传递给了接受者,巧妙地将话里意义隐含在了话表意义里,将并不一致的交际内容与形式和谐地统一于辞令形式之中,从而使其具有了不同于一般辞令交际的特征。在强者为刀俎、弱者为鱼肉的春秋时代,外交使者们面临的斗争是复杂而激烈的,在外交场合经常采用彬彬有礼的态度,以不激怒对方,从而达到外交成功的目的。

《论语·宪问》中记载:"为命,裨谌草创之,世叔讨论之,行人子羽修饰之,东里子产润色之。"所以一篇辞令,经过草创、讨论、修饰、润色这样郑重其事的加工,使语言更加优美动听,其目的并不是仅停留在华丽的"辞藻"表面,卖弄辞令,而是为实际斗争夺取胜利服务的。

2. 话语交际的表达和接受

"言语交际是一种合作行为,那么,以提高言语交际效果为目的的修辞活动,就不能不是表达者和接受者共同参与的活动。"①在《左传》外交辞令中讳饰、隐语等修辞方式随处可见,而运用这种修辞的目的正是达到最佳交际效果,生成表达者与接受者相互合作的行为。一般情况下,外交者所面对的话语接受者是一群特殊的社会角色,或是拥有权势的国君、诸侯,或是熟悉形势、深谙礼教的使臣,为了避免对接受者的刺激,应在最大程度上维护接受者的利益和面子,尽可能地做到使之快于意、惬于心。于是,作为表达者,外交官们就采用了婉转温和的委婉语代替直接的表达,其重点并不在于准确地表意,而在于向接受者传递自己诚恳的态度,目的是要追求最佳交际效果。最佳交际效果在表达者那里只具有可能性,在接受者那里才具有现实性,当接受者对给定的委婉语

① 谭学纯,唐跃,朱玲. 接受修辞学[M]. 合肥:安徽大学出版社,2000:12.

作出接受反应时,才表明相对意义上的最佳交际效果的实现。

(三)心理动因

古人有云:"言为心声。"语言作为一种认知能力,同人们的心理有着紧密的关系。一方面,语言是心理的外在体现,人们的喜怒哀乐、憎恶喜好等各种情绪都可以通过语言表达出来。另一方面,语言是思维的主要基础,我们可以通过说话人的语言去推测其心理活动,从而决定该做出什么样的反应。违反合作原则的心理动因主要包括以下几个方面。

1. 言有所虑

人的存在具有社会性,人说话时往往有所顾虑,要考虑时间、场合等各种环境因素,而不能畅所欲言。尤其是在外交、商业谈判等重要场合,说话更须谨慎。例如《左传·僖公三十三年》中,(郑穆公)使皇武子辞焉,曰:"吾子淹久于敝邑,唯是脯资饩牵竭矣。为吾子之将行也,郑之有原圃,犹秦之有具囿也;吾子取其麋鹿,以闲敝邑,若何?"以粮资缺乏为由遣逐对方,隐喻已经知道对方将要来袭的企图,言辞委婉而有力,既让秦国知道郑国已早有准备,攻则不胜,围则无后援,又不失礼貌。这里皇武子正是顾虑到自己国家的安危,面对入侵的一方虽有满腔的愤恨,却仍然能够以委婉的语言进行交际,避免使用"不义""侵袭"等一些过激的言辞,更重要的是避免了战争的爆发。

2. 言有所谋

有时候人们违背合作原则,常常是为了达到某种目的。例如《左传·僖公三十年》"烛之武退秦师"中,秦、晋联合攻郑,烛之武作为郑使出说秦伯的说辞最能体现这一心理动因。为了达到劝退秦军的目的,烛之武极力陈述了存郑和亡郑的利弊,以郑国灭亡作为前提条件,"郑既知亡矣",进行推理。分析叙述郑亡无利于秦:"越国以鄙远,君知其难也,焉用亡郑以陪邻?邻之厚,君之薄也。"然后动之以利,说明保存郑国于秦有益无害:"若舍郑以为东道主,行李之往来,共其乏困,君亦无所害。"接着,补叙昔日晋对秦的忘恩负义,以加强说服力。字里行间看似处处为秦国着想,实际上却步步为营,为郑国谋取生存的充分理由,尽管违反了质量的准则但确实圆满地完成了使命。

3. 言下有情

此处的"情"既可以是喜悦之情也可以是愤怒之情,既可以是温情柔语也可以是盛气凌人之辞。并且这种情感往往是隐含在话语之中的,需细细品味才能更深刻地体会。例如《僖公四年》“齐桓公伐楚”,中原霸主齐桓公为了阻遏楚国北进中原的企图,亲率联军南下伐楚。面对齐军南侵,楚使责问道:“君处北海,寡人处南海,唯是风马牛不相及也。不虞君之涉吾地也,何故?”楚使并未使用“侵略”“不义”一类的字眼,而是说“不虞君之涉吾地”,把齐军的进犯轻描淡写为“涉吾地”(来到我国土地上),“涉”隐含了“侵”“犯”之意,“不虞”即想不到、没想到,隐含了“你不该”之意,实则在于强调齐侯所为不近情理,说明楚对齐军毫无戒备,从而暴露了齐侯所为的侵犯性质。楚使这种委婉平和的责问,比起慷慨陈词、痛加指责,更耐人寻味。这番措辞可谓委婉含蓄,软中含硬,使中原联军的“师出有名”打了不少折扣,两军阵前本应有的硝烟味也就这样隐藏在了彬彬有礼的唇枪舌战之中。

4. 言有所思

此处的“思”主要指一种思考推理的过程。在交流的过程中,对话者的思维能力尤其重要,而通过敏捷的思维及语言能力往往可以达到意想不到的效果。例如《左传·僖公十五年》,秦、晋两国在韩交战,晋惠公被秦军所俘,怎样处置晋惠公,秦穆公和群臣经过反复的权衡,认为秦国并无力量消灭晋国,杀掉晋君,只会徒然激起更大的仇恨,而且有“重怒难任,陵人不祥”的顾忌。晋国吕甥同秦穆公谈判,以客观转述的口吻,假借“君子”“小人”之口,虚拟出晋国上下同仇敌忾的强烈情绪,又抓住秦穆公企图称霸天下又不想弃德积怨于晋国的心理,向秦穆公陈述了晋国人的猜测,指出如果放回晋君,就可以在晋国德刑并立,一举称霸,把秦穆公置于受君子称道的厚道之君地位;如果不放,只能得到“以德为怨”的后果。这样就抓住了秦穆公可能存在的矛盾心理,再通过委婉得体的言辞层层诱导,句句击中秦穆公心怀,使得秦穆公不由自主地发出了“是吾心也”的感慨,并达到了使晋惠公体面归国的目的,这番绝妙的委婉言辞,其成功之处在于迎合了秦穆公这位决策者的心理。

在这次谈判中,吕甥正是借自己敏捷的思维推理能力和语言能力完成了使命,表现了其思维敏捷、善于酬应的本领。当然,人的心理活动是非常复杂的,远远不止以上所归纳的这几种。人们有时候说话仅仅是言有所虑或言有所隐,但有时候多种心理活动同时进行,相互交错,难分彼此。

通过《左传・僖公》中的外交辞令对合作原则及其次准则的一些故意违反现象,我们可以发现合作原则在古汉语中同样具备一定的解释力和指导意义,特别是对汉语会话交际中"言外之意"和"意在言外"现象提供了理论方面的基础。汉语会话在以儒家文化为主导的思想影响下,经过几千年的锤炼、结晶和传承,发展到今天,包含着自身独特的思维方式和价值取向,蕴涵了中国几千年来丰富的历史文化和深刻的生活哲理,体现出独特的"中国式"交际现象。

第五章　先秦叙事语篇的语言特点分析

赵逵夫曾说:“我认为如果对先秦时几部重要文学性强、语言表现力强的专书进行分别研究,对于汉语修辞学和先秦时代文学的研究都是有意义的。散文作品中,史书一类者首推《左氏春秋》,诸子中首推《庄子》。”①张高评在《春秋书法与左传学史》一书中也说:“《左传》一书的性质:就解释《春秋》经暨《春秋》经传的关系来说,是经学;就忠实反映春秋时代事迹,及人物传记来说,是一部比《春秋》更成熟的编年史;就史传文学、传记文学、叙事文学以及清代桐城义法、后代辞章学、文章作法来说,是一部优美的文学作品。”②由此可见,《左传》在词语搭配、句式布置上都堪称先秦时期的典范,其语言文气内敛,独具一格。《战国策》为战国时期的叙事散文汇编,其中记叙的故事曲折动人,语言辩丽恣肆,独树一帜,有着极高的文学价值。《国语》是一部记言史书,是西周春秋王侯卿大夫治国言论的原始语料汇编。因此本章主要对这三部先秦叙事语篇的语言特点进行探索,以便更好地了解先秦文献的语言表达方式。

第一节　先秦叙事语篇的语言特点

《左传》是我国第一部叙事详备的编年体史书,记载了当时列国的政治、经济、军事等情况,是研究先秦历史的重要文献。《国语》的语言骈散相接,更为平

---

① 赵逵夫. 腴辞美句,婉而成章——兼评《〈左传〉修辞研究》[J]. 西北成人教育学报,2011(4):21.

② 张高评. 春秋书法与左传学史[M]. 上海:上海古籍出版社,2005:13.

实。在中国文学史上,《战国策》代表着古代叙事散文发展到了新阶段。这三部先秦文献的语言各具特色,各有所长,其总体特点如下。

一、委婉含蓄

《左传》的语言简练而准确,含蓄而畅达,词约事丰,意蕴厚实。《左传》中使用的符合人物身份与性格的个性化语言,曲折尽情,生动传神,极富表现力。

譬如《左传·襄公十四年》,姜戎氏首领驹支面对范宣子的责难,不卑不亢,曰:"譬如捕鹿,晋人角之,诸戎掎之,与晋踣之,戎何以不免?"他将打仗委婉地说成是"捕鹿",通过描述"捕鹿"的过程(晋国和诸戎一起捕鹿,并且捕到了鹿),认为诸戎尽心尽力帮助晋国战胜了秦军,是有功劳的。同时,他通过说明"捕鹿"的位置(晋国捕角,诸戎捕腿),暗示晋与诸戎在战争中的地位不同,诸戎以晋国为首,尊敬晋国。

再如《左传·僖公二十八年》,在晋楚城濮之战中,楚国大夫子玉和晋国大夫栾枝的对话,"子玉使斗勃请战,曰:'请与君之士戏,君冯轼而观之,得臣与寓目焉。'晋侯使栾枝对曰:'寡君闻命矣。楚君之惠未之敢忘,是以在此。为大夫退,其敢当君乎?既不获命矣,敢烦大夫谓二三子,戒尔车乘,敬尔君事,诘朝将见。'"子玉将即将展开的激烈的战争委婉地说成是"士戏",来邀战。晋国的回答也十分谦和,"敢烦大夫谓二三子""敬尔君事",表面上柔软如绵,但实际上语意刚硬无比,"诘朝将见"。

《战国策》中的纵横家往往通过语言来实现政治目的,他们往往会修饰自己的语言,尽量不刺激他人,委婉地表达建议。他们通过这样的方式使建议更容易被采纳或达到保全自身的目的,所以他们的语言也具有委婉含蓄的特点。

如《魏策四》中,秦王打算用五百里地交换安陵,面对强大的秦国,安陵君不愿意交换,但却不能直接拒绝,只能委婉地说:"大王加惠,以大易小,甚善!虽然,受地于先王,愿终守之,弗敢易。"安陵君先对秦王表示感谢,称赞他的"善举",然后借先王之名来推托换地一事,言辞谦和恭顺,以避免秦王发怒。

再如《齐策一》中,靖郭君打算在薛邑建筑城墙,他的一个门客齐人为了劝诫他,曰:"君不闻海大鱼乎?网不能止,钩不能牵,荡而失水,则蝼蚁得意焉。

今夫齐，亦君之水也。君长有齐阴，奚以薛为？失齐，虽隆薛之城到于天，犹之无益也。”齐人通过海大鱼、水之喻，巧妙婉转地表明，靖郭君如果保不住齐国，就像海大鱼失去水，那么将城墙筑得再高也无益。

《国语》中大多数是对统治者进行规劝的文章，劝谏者表述理由时常常会引经据典，用先贤典故论证自己的观点，对统治者进行规劝，因此他们的表述毫不拖沓。例如富辰在劝谏周襄王不要娶“狄人”的女子为王后时，曰：“昔挚、畴之国也由大任，杞、缯由大姒，齐、许、申、吕由大姜，陈由大姬，是皆能内利亲亲者也。”富辰循循善诱，表面上在列举统治者通过联姻获利的一些例子，实际意在劝诫周襄王“狄人”不可娶，若娶，可能会招致祸患。《国语》中的《周语》大都是此类劝诫性的文章，其语言具有朴素含蓄的特点。

二、简洁凝练

《左传》往往只用简单的几个字、短短几句话，就能描述出复杂的情节，刻画出生动的人物形象，其语言具有简洁凝练的特点。

如《左传·僖公三十年》：“九月甲午，晋侯、秦伯围郑，以其无礼于晋，且贰于楚也。晋军函陵，秦军氾南。”短短几句话，其内涵却极为丰富。这段话首先表明，晋国和秦国联合“围郑”。其次，表明联合“围郑”的原因，即郑国曾经对晋文公无礼，并且同时依附于晋、楚两国，晋文公有意报私仇并征服异己。最后暗示郑国有和秦国联盟的可能：郑国与秦国本没有矛盾，秦国没有攻打郑国的理由，而且晋国和秦国军队也不在一处。下文中烛之武“夜缒而出”四个字的内涵也极为丰富。首先，说明了出城的时间是天黑后。其次，说明出城的方式是借助绳子，从城墙出去。最后，说明当时面对晋国和秦国联合围攻的郑国情况十分危急。所以烛之武去劝说秦国退军时，选择了这样的出城时间和方式。仅用四个字就烘托出了大战之前剑拔弩张的紧张气氛，可见其语言的简洁凝练和生动准确。

再如《左传·僖公三十二年》，杞子从郑国派人告诉秦国，曰：“郑人使我掌其北门之管，若潜师以来，国可得也。”杞子是秦国的将军，僖公三十年（公元前630年），烛之武劝退秦军之后，秦穆公派遣杞子等三位将军率军防卫郑国。杞子的报告虽然只有三句话,但却意蕴丰富。首先,表明秦国此时具备偷袭郑国的有利条件。杞子得到了掌管郑国都城北城门钥匙的权力,他可作为内应,将城门打开,放秦军进城。其次,生动地刻画出了杞子愚蠢无知的形象。秦军想要偷袭郑国,需要经过晋、周等国,路途遥远,不可能"潜"。最后,表明秦国派遣军队袭击郑国的真正原因是要吞并郑国。其文言简意赅,仅仅用了三句话,就表明了当时各国的形势、杞子的形象以及秦国袭郑的真正原因。

《战国策》中描述的纵横家,为了自己的计谋能被他人清楚地理解,往往使用简洁凝练、通俗易懂的语言,而不使用生僻的词汇或怪异的句式。纵横家们的表达条理清晰,言之有序。

如《秦策一》记录卫鞅变法。"卫鞅亡魏入秦,孝公以为相,封之于商,号曰商君。商君治秦,法令至行,公平无私,罚不讳强大,赏不私亲近。法及太子,黥劓其傅。期年之后,道不拾遗,民不妄取,兵革大强,诸侯畏惧。然刻深寡恩,特以强服之耳。"这段话简明扼要,层次分明,说明了卫鞅的来历、变法的主要精神以及效果和弊端。

再如《秦策一》中,因为陈轸经常去楚国,所以张仪认为陈轸不忠,将自己的想法告诉了秦王。面对秦王的怀疑,陈轸曰:"楚人有两妻者,人诳其长者,长者詈之;诳其少者,少者许之。居无几何,有两妻者死。客谓诳者曰:'汝取长者乎?少者乎?'曰'取长者。'客曰:'长者詈汝,少者和汝,汝何为取长者?'曰:'居彼人之所,则欲其许我也;今为我妻,则欲其为我詈人也。'"在这段话中,陈轸借用一个简单的故事——诳者与长妻少妻的故事,使秦王明白了自己是忠于秦国的,并没有倾向于楚国。

《国语》并不重辞藻的华丽、句子的对仗,而是用最简洁的语言把事件的起因、经过和结果交代清楚,似乎带有一种"微言大义"的感觉,寥寥数言就能够塑造出性格各异的人物形象和相对完整的故事情节。

《国语·齐语》主要记载了管仲辅佐齐桓公称霸的事情,其语言简明阔达,条理清晰。如管仲在教齐桓公如何亲近邻国时,曰:"审吾疆场,而反其侵地;正其封疆,无受其资;而重为之皮币,以骤聘眺于诸侯,以安四邻,则四邻之国亲我矣。"管仲娓娓道来,语言精练阔达,井井有条。

《国语·鲁语》大都通过记述生活中具体的小事，来阐述一定的道理，其语言也具有简洁凝练的特点。如“吾不难为戮，养吾栋也，夫栋折而榱崩，吾惧压焉”。叔孙穆子通过陈述栋折榱崩这样的事情，暗指如果鲁国的栋梁塌了，椽子毁了，他也会被压倒。在这样短的篇目中，作者仅用简单的语言就能把整个事件表达清楚，同时又突出了不同人物的不同形象。

三、情辞激切

先秦叙事文献虽然都具有委婉含蓄的特点，但也鲜明地表现出了爱、恨、憎、恶等感情，尤其是在劝谏类语段中。而《战国策》的语言在先秦叙事文献中，尤为辩丽恣肆、独树一帜，纵横家“以气贯文”，往往用词气势磅礴，句式铺排华美，语言具有情辞激切、铺张扬厉的特点。

《赵策四》中，游说之士拜见赵孝成王，对他进行了连续发问，“臣闻王之使人买马也，有之乎？”“何故至今不遣？”“王何不遣建信君乎？”“王何不遣纪姬乎？”“买马而善，何补于国？”“买马而恶，何危于国？”“然则买马善而若恶，皆无危、补于国，然而王之买马也，必将待工。今治天下，举错非也，国家为虚戾，而社稷不血食，然而王不待工，而与建信君，何也？”“燕郭之法，有所谓桑雍者，王知之乎？”这段话中，游说之士以一系列的问句，层层递进，表达语义，语言如滔滔江水，气贯长虹，锐不可当。

再如《秦策一》中，苏秦想要游说秦惠王，曰：“大王之国，西有巴、蜀、汉中之利，北有胡貉、代马之用，南有巫山、黔中之限，东有肴、函之固。田肥美，民殷富，战车万乘，奋击百万，沃野千里，蓄积饶多，地势形便，此所谓‘天府’，天下之雄国也。以大王之贤，士民之众，车骑之用，兵法之教，可以并诸侯，吞天下，称帝而治。愿大王少留意，臣请奏其效。”这段话中，苏秦的言辞排山倒海，气吞山河，句式整饬华美。

《左传·宣公十二年》中记载，楚庄王率领军队攻打郑国，晋国派遣荀林父率领军队去援救郑国。楚庄王在听说晋军已经渡过黄河后，就想要退兵，但是楚军内部对于战或不战产生了分歧。其爱臣伍参主张战，令尹孙叔敖主张不战，他们对此产生了争论。孙叔敖曰：“昔岁入陈，今兹入郑，不无事矣。战而不捷,参之肉其足食乎?”伍参曰:“若事之捷,孙叔为无谋矣。不捷,参之肉将在晋军,可得食乎?”他们讨论的问题十分重大,对于国家的影响也极大,因此所用的词与句式能表现出他们急切的心情。不过伍参的回复,既表达了他自身的观点,又以风趣的语言巧妙地缓和了争辩的气氛。在此篇下文中,晋军战士的语言也极为风趣。晋军的战车陷入了泥坑,楚军教之脱困,晋军战士对此回应说:“吾不如大国之数奔也。”晋军战士巧妙地表达了好胜、感谢之情,同时也嘲讽了楚军屡打败仗。

《国语》记录了周、鲁、齐、晋等八个诸侯国的史料,各诸侯国的语言风格存在差异,各有特点。其中,《国语·晋语》多记录事件和谋术论辩,所用语言有机智、激切的特点。如郤克对齐顷公说:“寡君使克也,不腆弊邑之礼,为君之辱,敢归诸下执政,以整御人。”其言辞犀利,巧妙地羞辱了齐顷公。

第二节 先秦叙事语篇的修辞现象

《左传》《国语》《战国策》这三部著作中的篇目都存在大量修辞现象,这既有利于表达作者的思想,又使语言更为生动形象,使说理更具感染性。探讨其中的修辞现象,能够对先秦叙事语篇的修辞风格和语言表达艺术有更深层的认识。

一、引用

引用是援引典故、俗语或者他人的语言等来表达自己的思想感情、论证自己观点的一种修辞手法。

《左传》中的引用广博且形式多样,不仅引用了《诗经》《尚书》等典籍,也引用了大量古语、童谣等。张高评曾评:《左传》用典,即引用诗书之文,开后世用典之先河。如《左传·襄公十三年》中有“《诗经》曰:‘不吊昊天,乱靡有定。’”再如《左传·隐公三年》中有“君子曰:‘宋宣公可谓知人矣。立穆公,其子飨之,命以义夫。《商颂》曰:“殷受命咸宜,百禄是荷。”其是之谓乎!’”这些都引自《诗经》。对于民谚的引用也有许多,如“周谚有之:‘匹夫无罪,怀璧其罪。’”再如“童谣云:‘丙之晨,龙尾伏辰;均服振振,取虢之旗……’”

《战国策·秦策三》中的“范睢曰”篇就引用了《诗经》中的句子:“木实繁者披其枝,披其枝者伤其心,大其都者危其国,尊其臣者卑其主。”范睢借此来劝谏秦王要加强中央集权,不得使权力分割,否则会导致政令不畅,有损政局之稳固。《楚策四》中,庄辛对楚襄王说,“臣闻鄙语曰:‘见兔而顾犬,未为晚也;亡羊而补牢,未为迟也。’”这里庄辛引用了俗语“亡羊补牢”,劝说楚襄王要及时止损。

同样,《国语》也引用了很多俗语和谚语。如《国语·周语中》中的“阳人不服晋侯”篇就引用了俗语:“武不可觌,文不可匿。觌武无烈,匿文不昭。”此篇讲周襄王回到王城之后把阳樊赏赐给了晋文公,但是阳樊的百姓不想归顺晋国。晋文公乃围阳樊,此时,阳樊人仓葛站出来说,百姓不敢归顺的原因是晋国派兵要拆毁他们的庙宇、滥杀阳樊的百姓。仓葛借用上文的这句俗语来劝说晋文公不要滥用武力,因为武不可太宣扬,文不可太隐匿,因为好武则失威,轻文则德不昭明。

二、比喻

比喻是综合运用个人的想象力和联想力,把一个事物比作另一个事物,从而生动形象地描述出事物的特征,加深读者对其认知程度的一种修辞手法。

《左传》中有很多沿用至今的经典比喻。如《左传·僖公五年》,“晋侯复假道于虞以伐虢。宫之奇谏曰:‘虢,虞之表也。虢亡,虞必从之。晋不可启,寇不可玩。一之谓甚,其可再乎?谚所谓‘辅车相依,唇亡齿寒’者,其虞、虢之谓也。’”僖公五年(公元前655年),晋侯第二次借道虞国前去攻打虢国,宫之奇劝谏说,虢国是虞国的外围,如果虢国灭亡,那么虞国外围的屏障也就不存在了,失去了屏障保护的虞国一定会在不久之后被晋国灭亡。虢与虞就像车板与车体的关系,又像是嘴唇与牙齿的关系,都是一荣俱荣、一损俱损、相互依存的。这样的比喻,逻辑清晰又寓意深刻,非常有说服力。

再如《左传·哀公十一年》中写道:“吴将伐齐,越子率其众以朝焉,王及列士，皆有馈赂。吴人皆喜，惟子胥惧，曰：‘是豢吴也夫！’谏曰：‘越在我，心腹之疾也。壤地同，而有欲于我。夫其柔服，求济其欲也，不如早从事焉。得志于齐，犹获石田也，无所用之。越不为沼，吴其泯矣。使医除疾，而曰“必遗类焉”者，未之有也。’”伍子胥将越国比作吴国内部的严重祸害，告诫吴王夫差要尽早根除越国。这些比喻都非常经典。

在《战国策》中，比喻的使用范围非常广泛，王延海曾说《战国策》中的比喻“兼有《庄子》比喻的奇幻，《孟子》比喻的简洁明快，《韩非子》比喻的生动故事性”①。如《齐策一》中，齐人谏靖郭君：“君不闻海大鱼乎？网不能止，钩不能牵，荡而失水，则蝼蚁得意焉。今夫齐，亦君之水也。君长有齐阴，奚以薛为？失齐，虽隆薛之城到于天，犹之无益也。”这篇文章是说，齐王封靖郭君田婴于薛邑，田婴不听劝阻执意修筑城墙，于是有门客以“海大鱼”为喻，劝说田婴，他就像这“海大鱼”，齐国也就如同他的“水”，如果永远拥有齐国的庇护，那么就没有修筑薛城的必要，而如果失去了齐国，即使将薛邑的城墙筑得跟天一样高，也还是没有用的。再比如《秦策三》中有“以秦卒之勇，车骑之多，以当诸侯，譬若驰韩卢而逐蹇兔也”之喻。范雎将秦国比喻成良犬，将东方六国比喻为跛脚的兔子，既夸赞了秦国，又使秦王能更易理解并思考他的建议。

《国语》中也有很多为人称道且通俗易懂的比喻。如《周语上·邵公谏厉王弭谤》中写道，周厉王暴虐无道，不听百姓的控诉，反而找来专人伺机杀掉这些百姓。邵公知道了以后，把周厉王这种行为比作堵住了河流：“是障之也。防民之口，甚于防川。川壅而溃，伤人必多，民亦如之。是故为川者决之使导，为民者宣之使言。”邵公以堵塞的河流为喻，指出周厉王的这种行为是非常危险和不合理的。还有《鲁语上·里革论君之过》中的“夫君也者，民之川泽也。行而从之，美恶皆君之由，民何能为焉”，再如《周语下·单穆公谏景王铸大钱》中的“且绝民用以实王府，犹塞川原而为潢污也，其竭也无日矣”，均深入浅出，使人易于接受。

① 王延海.论《战国策》的人物描写与寓言艺术[J].辽宁大学学报，1995(1)：12.

三、排比

陈望道在《修辞学发凡》中认为："同范围同性质的事象用了组织相似的句法逐一表出的，名叫排比。"[①]也就是说，排比是用两个或者多个内容、结构相似或相同的句子排列在一起来表达感情、加强气势的一种修辞手法。

如《左传·昭公元年》："赵孟闻之，曰：'临患不忘国，忠也。思难不越官，信也。图国忘死，贞也。谋主三者，义也。'"《左传·昭公二十五年》："为六畜、五牲、三牺，以奉五味；为九文、六采、五章，以奉五色；为九歌、八风、七音、六律，以奉五声。为君臣、上下，以则地义；为夫妇、外内，以经二物；为父子、兄弟、姑秭、甥舅、昏媾、姻亚，以象天明；为政事、庸力、行务，以从四时。"还有出自《左传·昭公六年》的"是故闲之以义，纠之以政，行之以礼，守之以信，奉之以仁……故诲之以忠，耸之以行，教之以务，使之以和，临之以敬，莅之以强，断之以刚"，这些内容都用了排比的修辞手法，既使行文更具有说服力，又加强了句子的节奏感。

在《战国策》的《秦策一》中，说客苏秦献策，主张连横。他劝说秦惠王时说，"大王之国，西有巴、蜀、汉中之利，北有胡貉、代马之用，南有巫山、黔中之限，东有肴、函之固"，用排比的句式陈述自己的观点，认为秦国有实力统一六国。秦惠王却并不这样认为，他对苏秦答道："毛羽不丰满者，不可以高飞；文章不成者，不可以诛罚；道德不厚者，不可以使民；政教不顺者，不可以烦大臣。"意为，（鸟雀的）羽毛不丰满是不能高飞上天的，（国家的）法令不完备是不能惩治犯人的，（统治者的）道德行为不高尚是不能驱使百姓的，政令教化不顺应民心（君王）是不能调遣大臣的。秦惠王的回答也使用了排比的修辞手法，他认为自己实力还未到能统一六国的程度。这两处排比均说理严密，表达了丰富的内涵。

《国语》中也常用排比等句式来介绍某一人物。《周语上·内史兴论晋文公必霸》篇就用了一系列的排比句子来说明晋文公称霸的原因。例如内史兴曰：

① 陈望道. 修辞学发凡[M]. 上海：上海人民出版社，1976：180.

"晋,不可不善也。其君必霸,逆王命敬,奉礼义成。敬王命,顺之道也;成礼义,德之则也。……中能应外,忠也;施三服义,仁也;守节不淫,信也;行礼不疚,义也。臣入晋境,四者不失,臣故曰:'晋侯其能礼矣,王其善之!'树于有礼,艾人必丰。"内史说晋文公遵守礼仪,对王命没有不恭敬的地方,而礼仪通常是一个人忠、仁、信、义的表现。因为晋文公言行皆恪守礼仪,所以从此处就可以看出晋文公是一位堪当大任的君子。

《国语》中的《楚语下·王孙圉论国之宝》一篇也有言:"明王圣人能制议百物,以辅相国家,则宝之;玉足以庇荫嘉谷,使无水旱之灾,则宝之;龟足以宪臧否,则宝之;珠足以御火灾,则宝之;金足以御兵乱,则宝之;山林薮泽足以备财用,则宝之。"王孙圉连用六个排比,强调了对于楚国来说只有那些对国家有益的人才和物产才是珍宝的观点,既维护了楚国立场,又表达了楚国的政治主张。排比的运用使得这段说理极具气势。

四、夸张

季绍德在《古汉语修辞》中将夸张定义为:"为了更突出、更鲜明地强调某一事物的特征,而特意对那个事物的形象、特征、作用、程度、数量等方面作扩大或缩小的表达的一种修辞方式,说得简单一点,夸张就是故意'言过其实'。"①

《左传》中有很多一语惊人的夸张描述。如《左传·宣公十二年》:"桓子不知所为,鼓于军中曰:'先济者有赏。'中军、下军争舟,舟中之指可掬也。"在描述战争惨况时,作者没有直接写死伤者数目,而是用一句非常夸张的"舟中之指可掬也",即船上被砍落的手指多到可以捧起来,来展现战况的惨烈和军士的慌乱。

夸张也是《战国策》语言的一大特点,在《楚策一》中有张仪游说楚王的一段话:"秦地半天下,兵敌四国,被山带河,四塞以为固。虎贲之士百余万,车千乘,骑万匹,粟如丘山。法令既明,士卒安难乐死,主严以明,将知以武。虽无出兵甲,席卷常山之险,折天下之脊,天下后服者先亡。且夫为从者,无以异于驱

---

① 季绍德.古汉语修辞[M].长春:吉林文史出版社,1986:69.

群羊而攻猛虎也……”这段话将本就国富民强的秦国夸张为精兵百万、车马粮草不计其数的大国，整篇论述气势宏伟、感染力十足。最终，张仪利用楚王的胆怯使其答应连横之策。

《国语》中的《吴语·越王勾践命诸稽郢行成于吴》有“君王之于越也，繄起死人而肉白骨也”之语，意思是说君王对于越国的恩情，如同让死人复活，白骨生肌。事实上，再深厚的恩情也无法使死人复活，也无法让枯骨生出肌肉，这里明显是用了夸张的修辞手法。

综上所述，《战国策》《左传》和《国语》运用了多样的修辞手法体现古汉语的独特魅力。对这些修辞现象的分析有助于我们更加清楚、准确地理解和把握先秦叙事语篇所要表达的含义。

第三节　先秦叙事语篇中的突出词汇及其语篇功能

正如前文所述，先秦叙事语篇的语言风格多样，修辞方式颇多，使用的词汇更是不胜枚举。春秋战国时期，社会动荡，不同地区之间的战争不计其数。因为《左传》一书的核心观点是“国之大事，在祀与戎”，所以对战争事件的记叙是其重要内容之一，叙战用语是其突出词汇，这些词汇更能体现语篇风格与作者的叙事意图。

“突出”是一个概括性术语，“是语言显耀的统称，是语篇的某些语言特征以某种形式凸露出来”，“失协”和“失衡”是“突出”的两种形式。[①]“突出”可以是性质上的，即对语言的使用常规的违背，称为“失协”。具体指某个语言形式违背了已经建立起的语言运用规范，仅在少数情景中出现，或指两个属于不同领域的语言特征在一个语篇中混杂出现。“突出”也可以是数量上的，表现为某种语言特征的出现频率超过预期频率，称为“失衡”。具体指某类语言特征的高频重现，如语篇中出现的高频词汇。基于此，本节主要关注战争事件叙述中的突

① 张德禄.功能文体学[M].济南：山东教育出版社，1998：49-50.

出动词,并且界定此类动词的范围是"主语是人,核心义素[+征战],附加义素中含有[+侵御、俘获]义位"的动词。①

一、动词"伐""侵""袭"的统计与分析

(一)动词"伐""侵""袭"的统计

据统计,"伐"在《左传》中一共出现了606例,其中438例用为"(公开)讨伐或攻打"义。②"侵"在《左传》中一共出现了208次,其中与征战有关的有115例,表示"偷袭"式的入侵、侵犯或夺取。③"袭"在《左传》中一共出现了28次,其中27例用为此类动词,表示"乘其不备进行袭击"之义。④

下面就以《左传·庄公》[元年(公元前693年)至三十二年(公元前662年)]为例,在9000余字的语料中,整理统计"伐""侵""袭"三个词出现的频率。

表5-1 叙战用语"伐"的出现频率统计表

序号	出处	例句	出现次数
1	庄公三年(公元前691年)	三年春,溺会齐师伐卫,疾之也。	1
2	庄公四年(公元前690年)	四年春,王三月,楚武王荆尸,授师孑焉,以伐随。	1
3	庄公五年(公元前689年)	冬,伐卫纳惠公也。	1
4	庄公六年(公元前688年)	楚文王伐申,过邓。	1
5	庄公六年(公元前688年)	楚子伐邓。	1
6	庄公六年(公元前688年)	十六年,楚复伐邓,灭之。	1
7	庄公八年(公元前686年)	仲庆父请伐齐师。	1
8	庄公九年(公元前685年)	夏,公伐齐,纳子纠。	1
9	庄公十年(公元前684年)	十年春,齐师伐我。	1

① 张秋霞.《左传》征战类动词研究[D].长春:吉林大学,2009:7.
② 张秋霞.《左传》征战类动词研究[D].长春:吉林大学,2009:27.
③ 张秋霞.《左传》征战类动词研究[D].长春:吉林大学,2009:19-20.
④ 张秋霞.《左传》征战类动词研究[D].长春:吉林大学,2009:20.

续表

序号	出处	例句	出现次数
10	庄公十年(公元前684年)	息侯闻之,怒,使谓楚文王曰:“伐我,吾求救于蔡而伐之。”	2
11	庄公十二年(公元前682年)	冬十月,萧叔大心及戴、武、宣、穆、庄之族以曹师伐之。	1
12	庄公十四年(公元前680年)	十四年春,诸侯伐宋,齐请师于周。	1
13	庄公十四年(公元前680年)	楚子以蔡侯灭息,遂伐蔡。	1
14	庄公十五年(公元前679年)	秋,诸侯为宋伐郳。	1
15	庄公十六年(公元前678年)	十六年夏,诸侯伐郑,宋故也。	1
16	庄公十六年(公元前678年)	秋,楚伐郑,及栎,为不礼故也。	1
17	庄公十六年(公元前678年)	初,晋武公伐夷,执夷诡诸,……谓晋人曰:“与我伐夷而取其地。”遂以晋师伐夷,杀夷诡诸。	3
18	庄公十八年(公元前676年)	及文王即位,与巴人伐申而惊其师。巴人叛楚而伐那处,取之,遂门于楚。阎敖游涌而逸,楚子杀之,其族为乱。冬,巴人因之以伐楚。	3
19	庄公十九年(公元前675年)	十九年春,楚子御之,大败于津。……遂伐黄,败黄师于踖陵。	1
20	庄公十九年(公元前675年)	秋,五大夫奉子颓以伐王,不克,出奔温。	1
21	庄公十九年(公元前675年)	卫师、燕师伐周。冬,立子颓。	1
22	庄公二十一年(公元前673年)	二十一年春,胥命于弭。夏,同伐王城。	1
23	庄公二十七年(公元前667年)	晋侯将伐虢,士蒍曰:“不可。虢公骄,若骤得胜于我,必弃其民。无众而后伐之,欲御我谁与?夫礼乐慈爱,战所畜也。夫民让事、乐和、爱亲、哀丧,而后可用也。虢弗畜也,亟战将饥。”	2

续表

序号	出处	例句	出现次数
24	庄公二十七年(公元前667年)	王使召伯廖赐齐侯命,且请伐卫,以其立子颓也。	1
25	庄公二十八年(公元前666年)	二十八年春,齐侯伐卫。战,败卫师。数之以王命,取赂而还。	1
26	庄公二十八年(公元前666年)	晋伐骊戎,骊戎男女以骊姬,归生奚齐。	1
27	庄公二十八年(公元前666年)	秋,子元以车六百乘伐郑,入于桔柣之门。	1
28	庄公二十九年(公元前665年)	凡师有钟鼓曰伐,无曰侵,轻曰袭。	1
29	庄公三十年(公元前664年)	楚公子元归自伐郑,而处王宫。	1
30	庄公三十二年(公元前662年)	齐侯为楚伐郑之故,请会于诸侯。	1

注:上表包含表示讨伐或攻打意义的“伐”字35处和“伐”字的使用情景1处,共36处。

表5-2 叙战用语“侵”的出现频率统计表

序号	出处	例句	出现次数
1	庄公十一年(公元前683年)	十一年夏,宋为乘丘之役故侵我。公御之,宋师未陈而薄之,败诸鄑。	1
2	庄公十四年(公元前680年)	郑厉公自栎侵郑,及大陵,获傅瑕。	1
3	庄公十五年(公元前679年)	秋,诸侯为宋伐兒。郑人间之而侵宋。	1
4	庄公二十六年(公元前668年)	秋,虢人侵晋。	1
5	庄公二十六年(公元前668年)	冬,虢人又侵晋。	1
6	庄公二十九年(公元前665年)	夏,郑人侵许。	1
7	庄公二十九年(公元前665年)	凡师有钟鼓曰伐,无曰侵,轻曰袭。	1

表 5-3　叙战用语“袭”的出现频率统计表

序号	出处	例句	出现次数
1	庄公二十八年(公元前 666 年)	子元曰:“妇人不忘袭仇,我反忘之!”	1
2	庄公二十九年(公元前 665 年)	凡师有钟鼓曰伐,无曰侵,轻曰袭。	1

通过统计,我们发现庄公在位的三十二年间,《左传》语料里共出现了 39 次“伐”。其中一次在《左传·庄公二十八年》,“则可以威民而惧戎,且旌君伐”中的“伐”是夸耀的意思。还有两次“伐”字不是用于战争事件。此外,《左传·庄公二十九年》中的“凡师有钟鼓曰伐,无曰侵,轻曰袭”是“伐”字的使用情景,因此最终表示讨伐或攻打意义的“伐”字共 35 处。语料中共出现了 7 次“侵”,2 次“袭”。

(二)动词“伐”“侵”“袭”的分析

1. 伐

《说文·人部》:“伐,击也。从人持戈。一曰败也。”

姚孝遂谓:“实则‘伐’象以戈斩人首,……卜辞‘伐’为用牲之法,即斩人首以祭祀神祖,引申之为祭名,……‘征伐’亦为其引申之义,凡征战必有所斩杀,《说文》训‘伐’为‘击’乃后起之义。”①

刘钊谓:“按‘击杀’应为‘伐’字本义,后引申为‘征伐’之义。《孟子·告子下》:‘伐者,敌国相征也’。卜辞‘伐’字除个别辞例,皆用于殷对方国之征伐,同《孟子》所释不尽相同。《左传·庄公二年》:‘凡师有钟鼓曰伐’,这是后世概念的进一步专门化,卜辞不一定如此。”②

韩剑南认为,甲骨文中的“伐”是会意字,像用戈砍人首之形的样子。在甲骨文中“伐”有三个义项,其中一个就是征伐之意,而它又是从“用戈杀人”

---

① 于省吾. 甲骨文字诂林[M]. 北京:中华书局,1996:2344.

② 刘钊. 卜辞所见殷代的军事活动[M]//刘钊. 书馨集续编:出土文献与古文字论丛. 上海:中西书局,2018:124.

义引申出来的。甲骨文中，不仅商殷征讨方国可以用“伐”，而且方国征讨商殷也可以用“伐”。在金文中，西周对外的进攻称为“伐”，而外族对西周的进攻也可以称为“伐”，只是这种例子很少见。至东周，诸侯之间的征伐都可以称为“伐”，但是从《左传》等传世文献中也可以看出那时“伐”是要有一个正当理由的，而且发兵必须要有钟鼓，即军事行动是公开的。“伐”在甲骨文和金文中是没有上伐下的意思的，只是后来大约在战国以后才出现了上伐下的意思。①

2. 侵

《说文·人部》：“侵，渐进也。从人，又，持帚若埽之进。又，手也。”对于“侵”字，学者多有解释，姚孝遂说：“当从唐兰释作‘帰’或‘锓’，读为侵。卜辞均用作侵伐之意，无例外。”②韩剑南认为，甲骨文有“帰”及“锓”字，罗振玉曾释为“牧”，唐兰改隶为“帰”及“锓”，谓“读为侵”，此后学者多从之。③ 刘钊说：“卜辞‘侵’与‘伐’在用法上有别：‘伐’基本上只用于殷对方国之征伐，而‘侵’则只用于方国对殷之征伐。‘伐’字笼统指杀伐行动，而‘侵’则一定与所侵伐之具体对象联系起来。具体说就是指侵占田地，掠夺人口的偷袭行动。”④周金文目前未见“侵”字。“侵”在《左传》里均表示“偷袭”式的入侵、侵犯或夺取之意。

3. 袭

《说文·衣部》：“袭，左衽袍。从衣，龖省声。襲，籀文袭不省。”“袭”字甲骨文中未见，西周金文有字作“㲋”，旧多释为“御”，读为“抵御”之“御”。后裘锡圭先生释为“袭”⑤，今各家多从之。

从上述各家学者对“伐”“侵”“袭”三个词的论述中，可以看出这三个词都是《左传》叙战语篇中的重要词语，都可以用来表示战争，但是在使用时，还有很

① 韩剑南. 甲骨文攻击类动词研究[D]. 重庆：西南师范大学，2005：12-13.

② 于省吾. 甲骨文字诂林[M]. 北京：中华书局，1996：3032-3033.

③ 韩剑南. 甲骨文攻击类动词研究[D]. 重庆：西南师范大学，2005：17.

④ 刘钊. 卜辞所见殷代的军事活动[M]//刘钊. 书馨集续编：出土文献与古文字论丛. 上海：中西书局，2018：131.

⑤ 裘锡圭. 关于晋侯铜器铭文的几个问题[J]. 传统文化与现代化，1994(2)：41.

多区别。

首先,在词义上,《左传》本身对这三个词就有解释:“凡师有钟鼓曰伐,无曰侵,轻曰袭。”也就是说,在比较正式的记载中,不同形式的战争用不同的字表示:公开的、敲鼓打旗的战争,用“伐”;秘密的、没有正式理由的、不宣而战的出兵用“侵”;趁人不备、突然偷袭的军事行动用“袭”。

其次,在频率上,在《左传·庄公》的叙战语料中,三个词作为叙战用语的使用频次是“伐”35 次,“侵”6 次,“袭”1 次。

最后,在使用对象上,“伐”后所接的对象大多是卫、申、邓、宋、郑这样的国名,因为“伐”字通常用于表示比较正式的诸侯国之间的战争。“伐”的对象也可以是人或部队,例如,可以是具体的名称(如:齐师、王),也可以是代词(如:我、之),还可以是具体的地名(如:那处)。“侵”在这 6 例当中仅有 1 例后面接的是人称代词“我”,其余 5 例均为国家名:郑、宋、晋、许。“袭”后面接的是人——“仇”。

二、动词“伐”“侵”“袭”的语篇功能

Halliday 提出分析语篇的三个步骤:1. 词汇-语法分析,这是分析的基础;2. 评论这些词汇-语法特点,将它们放在语篇的情景语境或文化语境中;3. 联系其他社会意义系统进行分析。因为每个语篇都比较复杂,所以我们在分析了“伐”“侵”“袭”三个动词的特点后,要结合先秦语篇的语境考察为什么作者在某个特定情境中会使用某个词语。

关于春秋时期的国际形势,清代的顾栋高在《读春秋偶笔》中,有精辟论述。

《春秋》二百四十二年,时势凡三大变。隐、桓、庄、闵之世,伯事未兴,诸侯无统,会盟不信,征伐屡兴,戎、狄、荆、楚交炽,赖齐桓出而后定,此世道之一变也。僖、文、宣、成之世,齐伯息而宋不竞,荆楚复炽,赖晋文出而复定,襄、灵、成、景嗣其成业,与楚迭胜迭负,此世道之又一变也。襄、昭、定、哀之世,晋悼再伯,几轶桓、文,然实开大夫执政之渐,嗣后晋六卿、齐陈氏、鲁三家、宋华向、卫孙宁交政,中国政出大夫,而春秋遂夷

为战国矣。①

由此我们可知，春秋初期，会盟政治尚未形成，中原地区的形势主要以郑、宋东西抗衡为主，所以庄公在位三十二年间，“伐”“侵”的对象经常是“宋”“郑”。春秋时期，战争是极其普遍的事情，所以才会如此高频地出现“伐”“侵”“袭”等军事词语。虽然“春秋无义战”，各诸侯国之间的战争的本质都是对土地等切身利益的争夺，但是在左氏笔下，这些战争还是有区别的。礼、义是衡量战争正义与否的主要标准。虽然决定战争胜负的因素有很多，像军事因素、政治因素等等，但是左氏还是更多地强调“礼”。有了“礼”“义”，诸侯国才可以师出有名，可以大张旗鼓地开战，并取得最后的胜利，也因此才能用“伐”字来表述这场战争。这就是春秋时期的“无礼不行，不义不战”。反之，没有明确因由的、秘密的战争，被人们视为不义之战。这是因为左氏受周代伦理意识影响较深，其叙事意图与原则皆以“礼”为准则。“中国传统思维方式是一种以伦理意识为核心、以现世性和实用性为基本取向的思维方式”②，伦理意识与道德观念是周代文化的深层逻辑，在此类思维的影响下，左氏对叙战动词的选择，是以“德”“礼”为主要依据的。

当然左氏用词之准确，选择之用心，并不仅体现于本节论述的三个叙战用语，还有很多词语也能体现他的观念。董仲舒曾在《春秋繁露·精华第五》中指出：“《春秋》慎辞，谨于名伦等物者也。是故小夷言伐而不得言战，大夷言战而不得言获，中国言获而不得言执，各有辞也。有小夷避大夷而不得言战，大夷避中国而不得言获，中国避天子而不得言执，名伦弗予，嫌于相臣之辞也。是故大小不逾等，贵贱如其伦，义之正也。”《左传》中，对于词语的使用也有相关论述，如：“书曰‘复入’。凡去其国，国逆而立之，曰‘入’。复其位，曰‘复归’。诸侯纳之，曰‘归’。以恶曰‘复入’。”（《左传·成公十八年》）“凡师，一宿为舍，再宿为信，过信为次。”（《左传·庄公三年》）

① 顾栋高. 春秋大事表[M]. 吴树平，李解民，点校. 北京：中华书局，1993：32-33.

② 赵林. 协调与超越：中国思维方式探讨[M]. 2版. 武汉：武汉大学出版社，2005：16.

综上,语言形式的选择体现了一定的意义,选择的结果会成为语篇的重要组成部分,语篇本身反映了文化语境和情景语境。所以左氏是有意识地选择叙战动词的,这三个词就是他选择的结果,就有意义,他选择并使用这三个动词来表达自己的观念、交际意图,以及对军事事件的态度。

第四节　先秦叙事语篇中的标记语分析

作者在叙述过程中,为了使读者更好地领会自己的交际意图,除了把主要信息传递给读者外,还要选择适当的语言成分来有效地组织话语,表明自己的态度和观点,与读者进行交流。因此在语言交际中,每一次交际行为都涉及两个层面:基本话语层面和元话语层面。基本话语是指那些具有指称和命题信息的话语,而元话语是指基于基本话语的话语,即对命题态度、语篇意义和人际意义进行陈述的话语。元话语就是话语表达中表达者的修辞意图标记。

元话语通常分为两类:一是语篇功能元话语,包括话题结构标记语、衔接连贯标记语、证据来源标记语、注释说明标记语;二是人际功能元话语,包括含糊表达标记语、明确表达标记语、评价态度标记语、交际主体标记语。灵活使用标记语,可以使语篇更加连贯。

本节主要对先秦叙事语篇《左传》进行考察,分析其中几种"标记语"的使用,以此管窥先秦语篇的特点。

一、注释说明标记语

注释说明标记语主要对话语中的某个词语或命题进行解释。《左传》叙战语篇中类似于注释说明标记语的主要有"此之谓"和"其是之谓乎",一共出现了11次。

例如:

例1　羊舌职说是赏也,曰:"《周书》所谓'庸庸祗祗'者,谓此物也夫。

士伯庸中行伯,君信之,亦庸士伯,此之谓明德矣。文王所以造周,不是过也。故《诗》曰:'陈锡载周。'能施也。率是道也,其何不济?"

(《左传·宣公十五年》)

例2 季、郈之鸡斗。……臧昭伯之从弟会,为谗于臧氏,而逃于季氏,臧氏执旃。平子怒,拘臧氏老。将禘于襄公,万者二人,其众万于季氏。臧孙曰:"此之谓不能庸先君之庙。"大夫遂怨平子。

(《左传·昭公二十五年》)

例3 二月丙申,齐师至于蒲隧。……叔孙昭子曰:"诸侯之无伯,害哉!齐君之无道也,兴师而伐远方,会之有成而还,莫之亢也,无伯也夫。《诗》曰:'宗周既灭,靡所止戾。正大夫离居,莫知我肄。'其是之谓乎!"

(《左传·昭公十六年》)

这三个例子中的"此之谓"和"其是之谓乎"都可视为对上文的解释。在语篇中,如在上文中已经论述了事件,则讲述者可用"此之谓""其是之谓乎"来表达自己的观点、看法。

二、证据来源标记语

证据来源标记语的功能是说明话语判断的证据,指出本文信息和其他语篇信息之间的关系。在《左传》叙战语篇中,类似于证据来源标记语的"《诗》曰"出现了27次,"君子曰"出现了20次,"君子谓"出现了8次,"《诗》云"出现了7次,"《夏书》曰"出现了5次,"仲尼曰"出现了5次,"《书》曰"出现了2次,"《商书》曰"出现了2次,"周任有言曰"出现了2次,"《志》曰"出现了1次,"《志》有之"出现了1次。

例如:

例4 子鱼言于宋公曰:"文王闻崇德乱而伐之,军三旬而不降,退修教而复伐之,因垒而降。《诗》曰:'刑于寡妻,至于兄弟,以御于家邦。'今君德无乃犹有所阙，而以伐人，若之何？盍姑内省德乎？无阙而后动。”

（《左传·僖公十九年》）

例5　君子曰：“善不可失，恶不可长，其陈桓公之谓乎！长恶不悛，从自及也。虽欲救之，其将能乎？《商书》曰：‘恶之易也，如火之燎于原，不可乡迩，其犹可扑灭？’周任有言曰：‘为国家者，见恶如农夫之务去草焉，芟夷蕰崇之，绝其本根，勿使能殖，则善者信矣。’”

（《左传·隐公六年》）

例6　仲尼曰：“《志》有之：‘言以足志，文以足言。’不言，谁知其志？言之无文，行而不远。晋为伯，郑入陈，非文辞不为功。慎辞哉！”

（《左传·襄公二十五年》）

《左传》中的证据来源标记语主要出现在语篇的评论内容中，因为作者在证明自己的观点时，常用其他文献作为论据，所以《左传》语篇中有数量较多的证据来源标记语。

三、衔接连贯标记语

衔接连贯标记语用于连接各语段，讲述者用此类标记语来表明语篇的程序意义。《左传》的叙战语篇中类似衔接连贯标记语的“故曰”一共出现了5次。例如：

例7　君子曰：“……是以《春秋》书齐豹曰‘盗’，三叛人名，以惩不义，数恶无礼，其善志也。故曰，《春秋》之称微而显，婉而辨。上之人能使昭明，善人劝焉，淫人惧焉，是以君子贵之。”

（《左传·昭公三十一年》）

这段话的意思是：《春秋》记载齐豹为“盗”，也记载了其他三个有罪的人的名字，这是为了惩戒不义、斥责恶人无礼，这真是善于记述啊。所以说，《春秋》的记载，隐微文雅而意义显著，言辞委婉而有分寸。“君子”在“故曰”前，已经叙述了自己的观点,再用"故曰"连接后面的总结陈述,"故曰"在这里起到了衔接连贯的作用。

除了"故曰"这个衔接连贯标记语比较少见外,《左传》中的逻辑衔接现象也不多见。Halliday 和 Hasan 根据句子之间的逻辑语义关系把语篇中的连接成分分为增补型(additive)、转折型(adversative)、原因型(causal)、时间型(temporal)四类。①

增补型是指后句对前句所述内容进行补充,《左传》叙战语篇中,增补型连接词主要是表示并列关系的"且"。

例如:

例 8 下臣不幸,属当戎行,无所逃隐。且惧奔辟而忝两君。

(《左传·成公二年》)

例 9 季孙曰:"子家子亟言于我,未尝不中吾志也。吾欲与之从政,子必止之,且听命焉。"

(《左传·定公元年》)

从例句中可以看出,"且"引导的后句是对前句的扩展。如例 8,当韩厥追上齐侯时,他先说自己在军队中服役,不能逃避职责,必须追赶齐侯,接着补充说,他害怕因为自己逃跑躲避而使两国国君受侮辱。

转折型是指后句的意义与前句的正好相反,它是一种常见的逻辑衔接现象。《左传》叙战语篇中的转折型连接词主要是"而"和"然"。

例如:

例 10 韩厥梦子舆谓己曰:"且辟左右。"故中御而从齐侯。

(《左传·成公二年》)

例 11 叔孙请见子家子,子家子辞,曰:"羁未得见,而从君以出。君不

① HALLIDAY M A K,HASAN R. Cohesion in English[M]. London:Longman,1976.

命而薨，羁不敢见。”

（《左传·定公元年》）

例 12　自始合，苟有险，余必下推车，子岂识之？然子病矣！

（《左传·成公二年》）

例 13　陈寅曰：“昔吾主范氏，今子主赵氏，又有纳焉。以杨楯贾祸，弗可为也已。然子死晋国，子孙必得志于宋。”

（《左传·定公六年》）

上述四个例句中，“而”和“然”都有“然而”等转折含义。如例 12 可译为：从一开始交战，只要遇到险阻，我一定下车推车，难道你会知道这件事吗？然而你是真的受伤了！

原因型连接词表示前、后句之间在语义上存在因果关系，《左传》语篇中常用“故”。

例如：

例 14　……伤而匿之，故不能推车而及。

（《左传·成公二年》）

此句的意思为：（逢丑父手臂）受伤但没有声张，所以不能下车推车，导致他被韩厥追上。

此外还有表示目的的连词“以”。

例如：

例 15　赦之以劝事君者。

（《左传·成公二年》）

此句的意思是：将他赦免，用来鼓励其他忠心侍奉君主的人。

叙战语篇中连接词的数量并不多,这是因为很多语句之间不需要连接词就可以清楚地表达语义和逻辑关系。按照事件发生的顺序进行叙述,只要不打乱这种顺序就不必一定使用连接词。凡·戴克曾经把这些顺序归纳为九类(Van Dijk,1977),但这些类别可以归纳为以下五类:"时间顺序、大小顺序、一般特殊顺序、因果顺序、领有者从属者顺序。我们可以把这些顺序称为'自然顺序'。"①

通过整体考察《左传》叙战语篇元话语的使用情况,我们发现其元话语形式极为固定。注释说明标记语为"此之谓"和"其是之谓乎"。衔接连贯标记语为"故曰"。证据来源标记语种类略多,有"《诗》曰""君子曰""君子谓"等。这表明《左传》文本的操作自由度较低,语言自身规范性较强。语篇中几乎没有人际功能元话语,这意味着作者在叙述时更多依靠其内在的语言能力和背景知识来进行信息编码,不通过语言形式与读者协商,同时,也将自己隐于文本之中,使文本看起来更客观、更权威。

对于先秦文献中元话语使用数量极少这一现象,有学者解释为文言文系统是高语境表达系统②。

高语境语言在表达上以作者为中心,作者言随意遣,在接受上表现为读者责任型。作者无须在编码的过程中将程序意义清晰地标识在语码信息之内,而是将其内化在物质语境和交际者的个人知识背景之上,对接受者的接受能力即语言处理能力提出了更高的要求,这也是先秦语篇的特点之一。

---

① 张德禄.语篇内部衔接的原则[J].解放军外国语学院学报,2001,24(6):30.

② 李秀明.汉语元话语标记语研究[M].北京:中国社会科学出版社,2011:198.

第六章　先秦叙事语篇中的评论

Labov 把评论分为外部评论和内部评论两种。外部评论是由故事情节之外的叙述者发出的评论,内部评论是在情节发展的特定时刻由角色发出的评论。评论可用来制造悬念,提高读者的兴趣,增强故事的吸引力和感染力。评论往往不是一个独立的部分,它可以用各种形式表达,渗透在整个故事结构中。各种有效的文体手段,以及各种带有评论意义的语言形式标记,都能用来表达评论。

先秦的叙事文献虽在撰写目的、体例上各不相同,但或多或少都会在语篇中留下作者的构思痕迹,体现作者的撰写思想。《左传》鲜明的"君子曰"的评论形式一直被人们所关注,因此本章将以《左传》为主要研究对象,着重分析《左传》中的评论的特点。

第一节　先秦叙事语篇中的评论方式

在《左传》中,作者对事件进行评论的方式主要有两种:一种是让语篇中的人物"说出"评论,这样可以自然地向读者传达作者的思想观念,不显得突兀;另一种是在叙事中以"君子曰"的形式对重要事件或人物加以评论。"君子曰"一类的评论里既有作者左氏的史评,又有时人"君子"的言论。左氏可以借"君子曰"含蓄、间接地表达自己的观点和价值判断。"君子曰"表达的史评内容丰富,形式独特,对后世史学和文学均产生了深远的影响。

一、内部评论

在内部评论中,作者并不以自己的口吻阐述观点,而是在写作中借助精妙的词语或者借笔下的人物之口来表达自己的观点或阐述自己的思想。在《左传》中,内部评论还可以细分为两种形式。

第一种是在叙述中,用较少的笔墨对事件进行简单评价。

例如:

> 四年春,公及齐侯平莒及郯,莒人不肯。公伐莒,取向,非礼也。平国以礼不以乱,伐而不治,乱也。以乱平乱,何治之有?无治,何以行礼?
>
> (《左传·宣公四年》)

到"公伐莒,取向"为止,左氏已经将这次战争的人物、事实、结果都叙述清楚了,之后,左氏又补充论述了有关"礼与非礼"的价值判断。

左氏还经常在写完一件事后,说明自己写史的记事原则。

例如:

> 冬十月,郑伯以虢师伐宋。壬戌,大败宋师,以报其入郑也。
>
> 宋不告命,故不书。凡诸侯有命,告则书,不然则否。师出臧否,亦如之。虽及灭国,灭不告败,胜不告克,不书于策。
>
> (《左传·隐公十一年》)

这里左氏以简要的笔墨,明确写下了对春秋史事"不告故不书"的记事原则,表达了自己的叙事态度。

第二种通常是在复杂的叙事中,借助事件中的人物之口阐述作者自己的思想或评论。

例如:

> 晋侯作二军,公将上军,大子申生将下军。赵夙御戎,毕万为右,以灭

耿、灭霍、灭魏。

还，为大子城曲沃。赐赵夙耿，赐毕万魏，以为大夫。士蒍曰："大子不得立矣，分之都城而位以卿，先为之极，又焉得立，不如逃之，无使罪至。为吴大伯，不亦可乎？犹有令名，与其及也。且谚曰：'心苟无瑕，何恤乎无家。'天若祚大子，其无晋乎。"

卜偃曰："毕万之后必大。万，盈数也；魏，大名也。以是始赏，天启之矣。天子曰兆民，诸侯曰万民。今名之大，以从盈数，其必有众。"

（《左传·闵公元年》）

闵公元年（公元前661年），晋侯率军灭掉了耿、霍、魏三国后，对太子申生、赵夙和毕万论功行赏，赏赐颇丰。对此事，"士蒍"评论说："太子不能做继承者了。""卜偃"评论说："毕万的后代必然昌盛。"这就是左氏通过笔下的历史事件中的人物之口，表达了自己的观点："名"很重要。

《左传》中也有同一人物对多个事件进行评论的情况，如昭公时期的沈尹戌就多次对楚国进行了评论。

又如：

楚人城州来。沈尹戌曰："楚人必败。昔吴灭州来，子旗请伐之。王曰：'吾未抚吾民。'今亦如之，而城州来以挑吴，能无败乎？"侍者曰："王施舍不倦，息民五年，可谓抚之矣。"戌曰："吾闻抚民者，节用于内，而树德于外，民乐其性，而无寇仇。今宫室无量，民人日骇，劳罢死转，忘寝与食，非抚之也。"

（《左传·昭公十九年》）

昭公十九年（公元前523年），沈尹戌对楚国在州来一地筑城之事发表评论，认为"民人日骇，劳罢死转"，楚人必败。

又如：

楚囊瓦为令尹，城郢。沈尹戌曰："子常必亡郢！苟不能卫，城无益也。

占者天子守在四夷。天子卑，守在诸侯。诸侯守在四邻。诸侯卑，守在四竟。慎其四竟，结其四援，民狎其野，三务成功。民无内忧，而又无外惧，国焉用城？今吴是惧，而城于郢，守已小矣。卑之不获，能无亡乎？昔梁伯沟其公宫而民溃。民弃其上，不亡何待？夫正其疆埸，修其土田，险其走集，亲其民人，明其伍候，信其邻国，慎其官守，守其交礼，不僭不贪，不懦不耆，完其守备，以待不虞，又何畏矣？《诗》曰：'无念尔祖，聿修厥德。'无亦监乎若敖、蚡冒至于武、文，土不过同，慎其四竟，犹不城郢。今土数圻，而郢是城，不亦难乎？"

（《左传·昭公二十三年》）

昭公二十三年（公元前519年），楚国想再增修城墙，沈尹戌又发表评论，认为"子常必亡郢"，楚国必亡。他认为，楚王不知道节俭，不断加重百姓的赋税，还要修城墙，楚国难免会走向灭亡，并引《诗经》对自己的观点进行了佐证。

再如：

楚子为舟师以略吴疆。沈尹戌曰："此行也，楚必亡邑。不抚民而劳之，吴不动而速之，吴踵楚，而疆埸无备，邑能无亡乎？"

越大夫胥犴劳王于豫章之汭，越公子仓归王乘舟，仓及寿梦帅师从王，王及圉阳而还。

吴人踵楚，而边人不备，遂灭巢及钟离而还。沈尹戌曰："亡郢之始，于此在矣。王一动而亡二姓之帅，几如是而不及郢？《诗》曰：'谁生厉阶，至今为梗。'其王之谓乎？"

（《左传·昭公二十四年》）

昭公二十四年（公元前518年），楚国组织水军侵略吴国，沈尹戌再一次预言楚国将会因此丧失城邑。

通过上述例子，可以看出左氏在语篇中安排了一类善于总结和评论的人物。其评论多写于事件之后，由一到两位此类人物对整件事情进行总结，抑或是对事件中的某些人或事发表评论。所以左氏记史的重点不在事件本身，而是想通过事件里的人物的评论，来达到资鉴劝惩的叙事目的。同时，通过这种写作方式，左氏可以将散于多处的相关事件集中进行总结和说明，弥补编年体史书的缺陷。

二、外部评论

《左传》中的外部评论表现为作者左氏以"君子曰"的形式对事件进行评论，含蓄、间接地表达自己的观点和价值判断。

刘知几在《史通·论赞第九》中说：

> 《春秋左氏传》每有发论，假君子以称之。二传云公羊子、谷梁子，《史记》云太史公。既而班固曰赞，荀悦曰论，《东观》曰序，谢承曰诠，陈寿曰评，王隐曰议，何法盛曰述，扬雄曰撰，刘昺曰奏，袁宏、裴子野自显姓名，皇甫谧、葛洪列其所号。史官所撰，通称史臣。其名万殊，其义一揆。必取便于时者，则总归论赞焉。
>
> 夫论者所以辩疑惑，释凝滞。若愚智共了，固无俟商榷。丘明"君子曰"者，其义实在于斯。司马迁始限以篇终，各书一论。必理有非要，则强生其文，史论之烦，实萌于此。夫拟《春秋》成史，持论尤宜阔略。其有本无疑事，辄设论以裁之，此皆私徇笔端，苟炫文彩，嘉辞美句，寄诸简册。岂知史书之大体，载削之指归者哉？①

《左传》中"君子曰"的评论形式丰富，"君子曰"是一种概括的说法，具体有"君子曰""君子谓""君子以""君子是以""孔子曰""仲尼曰""仲尼谓""仲尼

① 刘知几，章学诚. 史通·文史通义［M］. 长沙：岳麓书社，1993：25-26.

闻之曰”这8种形式。

仅《左传·昭公》[元年(公元前541年)至三十二年(公元前510年)]之语篇,就出现了4种“君子曰”的评论形式。

例如:

例1　君子曰:“莒展之不立,弃人也夫!人可弃乎?《诗》曰:‘无竞维人。’善矣。”

(《左传·昭公元年》)

例2　君子谓:“叔侯于是乎知礼。”

(《左传·昭公五年》)

例3　陈不救火,许不吊灾,君子是以知陈、许之先亡也。

(《左传·昭公十八年》)

例4　仲尼曰:“古也有志,克己复礼,仁也。信善哉!楚灵王若能如是,岂其辱于乾溪?”

(《左传·昭公十二年》)

此外还有:

例5　子庚从之。战于庸浦,大败吴师,获公子堂。君子以吴为不吊。

(《左传·襄公十三年》)

例6　孔子曰:“能执干戈以卫社稷,可无殇也。”

(《左传·哀公十一年》)

例7　仲尼谓:“子产于是行也,足以为国基矣。《诗》曰:‘乐只君子,邦家之基。’子产,君子之求乐者也。”

(《左传·昭公十三年》)

例8　仲尼闻之曰:“惜也,不如多与之邑。唯器与名,不可以假人,君之所司也。名以出信,信以守器,器以藏礼,礼以行义,义以生利,利以平民，政之大节也。若以假人，与人政也。政亡，则国家从之，弗可止也已。”

（《左传·成公二年》）

正如上述各个例子，在《左传》的评论语言中，左氏运用了大量的“君子曰”及其变格“君子谓”“君子是以知”等，以君子的口吻对历史事件发表评论，他认为这样更容易得到读者的接受和推崇。“君子”作为古代封建社会生活中的一类人，往往具有较高的道德操守。“君子”多为见多识广的学者，在封建社会中占有比较重要的地位，他们的言论、思想、处世态度往往被当时的人们所推崇。左氏借“君子”之名发表评论，增强了评论的权威性，同时也提高了《左传》作为史书的地位。此外，孔子是当时的“君子”典范，左氏常以孔子的口吻发表评论，由此也可以看出儒家思想对《左传》创作的深刻影响。

第二节　先秦叙事语篇的评论分布与评论对象

《左传》中的内部评论在数量上其实要远远多于外部评论，尤其是在《左传》战争事件的复杂叙事中，每一个人物的言论其实都代表了左氏的观点和态度，都是一种评论。因此可以说，《左传》中的人物对话不仅推动了情节的发展，而且表达了左氏的观点。相较于外部评论，内部评论在位置上更为自由，可以发表在事件发展过程中，也可以发表在事件发生后，有时还能够左右事件的发展。但先秦叙事语篇中最典型的还是“君子曰”这类有鲜明形式标记的外部评论，对其的研究也最多。

一、评论数量与分布

“君子曰”类评论贯穿了《左传》全书，其数量和分布如下表所示：

表 6-1 “君子曰”类评论在《左传》各篇中的数量与分布统计表

	《隐公》	《桓公》	《庄公》	《闵公》	《僖公》	《文公》	《宣公》	《成公》	《襄公》	《昭公》	《定公》	《哀公》	总计
君子曰	6	2	3	0	5	3	5	7	7	5	1	1	45
君子谓	3	1	1	0	2	1	1	2	7	3	1	0	22
君子以		1	1		1	2			2				7
君子是以	2		1			3			5	1			12
孔子曰							2					3	5
仲尼曰					1	1	0	1	3	11	2		19
仲尼谓										1			1
仲尼闻之曰								1					1
													112

从表 6-1 可以看到每一种“君子曰”类评论的出处与数量。在这 112 条评论中，“君子曰”的数量最多，有 45 条，“君子谓”有 22 条，“君子以”有 7 条，“君子是以”有 12 条，“孔子曰”有 5 条，“仲尼曰”有 19 条，“仲尼谓”有 1 条，“仲尼闻之曰”有 1 条。其中“仲尼曰”集中出现在孔子在世的时期。《左传》中，“君子曰”类评论的使用起于鲁隐公元年（公元前 722 年），多出现在事件的末尾，也有少量出现在叙事当中。值得注意的是，《左传》记事的原则是“唯祀与戎”，所以“君子曰”类评论在描写战争的篇章中有 37 条，约占全书“君子曰”类评论总数的 33%。

表 6-2　“君子曰”类评论在《左传》中的具体出处统计表

语篇编号	出　处	内　容	事　件
1	《左传·隐公元年》	君子曰：“颍考叔，纯孝也，爱其母，施及庄公。《诗》曰：‘孝子不匮，永锡尔类。’其是之谓乎！”	郑伯克段
2	《左传·隐公三年》	君子曰：“信不由中，质无益也。明恕而行，要之以礼，虽无有质，谁能间之？苟有明信，涧溪沼沚之毛，蘋蘩薀藻之菜，筐筥锜釜之器，潢污行潦之水，可荐于鬼神，可羞于王公，而况君子结二国之信，行之以礼，又焉用质？《风》有《采蘩》《采蘋》，《雅》有《行苇》《泂酌》，昭忠信也。”	郑师犯周 郑师又犯周
3	《左传·隐公四年》	君子曰：“石碏，纯臣也，恶州吁而厚与焉。‘大义灭亲’，其是之谓乎！”	宋、陈等伐郑（东门之役）
4	《左传·隐公五年》	君子曰：“不备不虞，不可以师。”	郑卫北制之战

续表

语篇编号	出　处	内　容	事　件
5	《左传·隐公六年》	君子曰:“善不可失,恶不可长,其陈桓公之谓乎!长恶不悛,从自及也。虽欲救之,其将能乎?《商书》曰:‘恶之易也,如火之燎于原,不可乡迩,其犹可扑灭?’周任有言曰:‘为国家者,见恶如农夫之务去草焉,芟夷蕰崇之,绝其本根,勿使能殖,则善者信矣。’”	郑伯侵陈
6	《左传·隐公十年》	君子谓:“郑庄公于是乎可谓正矣。以王命讨不庭,不贪其土以劳王爵,正之体也。”	齐、郑、鲁伐宋
7	《左传·隐公十一年》	君子谓:“郑庄公于是乎有礼。礼,经国家,定社稷,序民人,利后嗣者也。许无刑而伐之,服而舍之,度德而处之,量力而行之,相时而动,无累后人,可谓知礼矣。”	齐、郑、鲁伐许
8	《左传·隐公十一年》	君子是以知息之将亡也。不度德,不量力,不亲亲,不征辞,不察有罪,犯五不韪而以伐人,其丧师也,不亦宜乎!	息、郑之战
9	《左传·桓公十二年》	君子曰:“苟信不继,盟无益也。《诗》云:‘君子屡盟,乱是用长。’无信也。”	鲁、郑伐宋
10	《左传·庄公六年》	君子以二公子之立黔牟为不度矣。夫能固位者,必度于本末而后立衷焉。不知其本,不谋;知本之不枝,弗强。《诗》云:“本枝百世。”	王人救卫

续表

语篇编号	出　处	内　容	事　件
11	《左传·庄公八年》	君子是以善鲁庄公。	齐、鲁围郕
12	《左传·庄公十四年》	君子曰："《商书》所谓'恶之易也，如火之燎于原，不可乡迩，其犹可扑灭'者，其如蔡哀侯乎！"	楚子灭息，楚子伐蔡
13	《左传·庄公十六年》	君子谓："强钼不能卫其足。"	楚伐郑
14	《左传·僖公二十年》	君子曰："随之见伐，不量力也。量力而动，其过鲜矣。善败由己，而由人乎哉？《诗》曰：'岂不夙夜，谓行多露。'"	楚伐随
15	《左传·僖公二十二年》	君子曰："非礼也。妇人送迎不出门，见兄弟不逾阈，戎事不迩女器。"	宋公及楚人战于泓
16	《左传·僖公二十四年》	君子曰："服之不衷，身之灾也。《诗》曰：'彼己之子，不称其服。'子臧之服，不称也夫。《诗》曰'自诒伊戚'，其子臧之谓矣。《夏书》曰'地平天成'，称也。"	郑子华之弟子臧出奔宋
17	《左传·僖公二十八年》	君子谓是盟也信，谓晋于是役也能以德攻。	城濮之战
18	《左传·僖公二十八年》	君子谓："文公其能刑矣，三罪而民服。《诗》云：'惠此中国，以绥四方。'不失赏刑之谓也。"	城濮之战
19	《左传·文公元年》	卫孔达帅师伐晋。君子以为古。古者越国而谋。	卫人使告于陈

续表

语篇编号	出　处	内　容	事　件
20	《左传·文公二年》	君子谓:"狼瞫于是乎君子。诗曰:'君子如怒,乱庶遄沮。'又曰:'王赫斯怒,爰整其旅。'怒不作乱,而以从师,可谓君子矣。"	战于殽
21	《左传·文公三年》	君子是以知秦穆公之为君也,举人之周也,与人之壹也;孟明之臣也,其不解也,能惧思也;子桑之忠也,其知人也,能举善也。《诗》曰"于以采蘩,于沼于沚,于以用之,公侯之事",秦穆有焉。"夙夜匪解,以事一人",孟明有焉。"诒阙孙谋,以燕翼子",子桑有焉。	秦伯伐晋,济河焚舟。
22	《左传·文公四年》	君子曰:"《诗》云:'惟彼二国,其政不获,惟此四国,爰究爰度。'其秦穆之谓矣。"	楚人灭江
23	《左传·宣公二年》	君子曰:"失礼违命,宜其为禽也。戎,昭果毅以听之之谓礼,杀敌为果,致果为毅。易之,戮也。"	郑公子归生受命于楚,伐宋。
24	《左传·宣公十二年》	君子曰:"史佚所谓毋怙乱者,谓是类也。《诗》曰:'乱离瘼矣,爰其适归?'归于怙乱者也夫!"	晋、楚邲之战
25	《左传·宣公十三年》	君子曰:"清丘之盟,唯宋可以免焉。"	楚子伐宋
26	《左传·宣公十三年》	君子曰:"恶之来也,己则取之,其先縠之谓乎!"	晋人讨邲之败,与清之师,归罪于先縠而杀之,尽灭其族。

续表

语篇编号	出　处	内　容	事　件
27	《左传·成公七年》	君子曰:“如惧如是,斯不亡矣。”	七年春,吴伐郯,郯成。
28	《左传·成公八年》	君子曰:“从善如流,宜哉!《诗》曰:‘恺悌君子,遐不作人。’求善也夫!作人,斯有功绩矣。”	晋侵蔡
29	《左传·成公九年》	君子曰:“恃陋而不备,罪之大者也。备豫不虞,善之大者也。莒恃其陋,而不修城郭,浃辰之间,而楚克其三都,无备也夫!《诗》曰:‘虽有丝麻,无弃菅蒯。虽有姬、姜,无弃蕉萃。凡百君子,莫不代匮。’言备之不可以已也。”	楚伐莒
30	《左传·成公十年》	君子曰:“忠为令德,非其人犹不可,况不令乎?”	郑伯讨立君者,戊申,杀叔申、叔禽。
31	《左传·襄公二年》	君子是以知齐灵公之为“灵”也。	齐侯伐莱
32	《左传·襄公三年》	君子谓:“子重于是役也,所获不如所亡。”	楚人以是咎子重
33	《左传·襄公五年》	君子谓:“楚共王于是不刑。《诗》曰:‘周道挺挺,我心扃扃,讲事不令,集人来定。’已则无信,而杀人以逞,不亦难乎?《夏书》曰:‘成允成功。’”	楚人讨陈叛故
34	《左传·襄公十三年》	君子以吴为不吊。《诗》曰:“不吊昊天,乱靡有定。”	吴、楚庸浦之役

续表

语篇编号	出处	内容	事件
35	《左传·襄公二十三年》	君子谓:“庆氏不义,不可肆也。故《书》曰:‘惟命不于常。’”	夏,屈建从陈侯围陈
36	《左传·襄公二十六年》	卫人归卫姬于晋,乃释卫侯。君子是以知平公之失政也。	楚、蔡、陈伐郑
37	《左传·哀公十八年》	君子曰:“惠王知志。《夏书》曰:‘官占,唯能蔽志,昆命于元龟。’其是之谓乎!《志》曰:‘圣人不烦卜筮。’惠王其有焉!”	巴人伐楚

二、评论对象分析

在112条“君子曰”类评论中,其中100条都仅有单一评论对象,其他12条“君子曰”类评论则涉及多个评论对象。

(一)单一评论对象

例如:

君子曰:“颍考叔,纯孝也,爱其母,施及庄公。《诗》曰‘孝子不匮,永锡尔类。’其是之谓乎!”

(《左传·隐公元年》)

这是首例“君子曰”评论。因为有颍考叔,所以郑庄公和其母之间的矛盾才能得以化解,左氏在“君子曰”中对颍考叔进行了评价,赞其纯孝。

(二)多个评论对象

例如:

郑武公、庄公为平王卿士。王贰于虢,郑伯怨王,王曰“无之”。故周、郑交质，王子狐为质于郑，郑公子忽为质于周。王崩，周人将畀虢公政。四月，郑祭足帅师取温之麦。秋，又取成周之禾。周、郑交恶。

君子曰："信不由中，质无益也。明恕而行，要之以礼，虽无有质，谁能间之？苟有明信，涧溪沼沚之毛，蘋蘩薀藻之菜，筐筥锜釜之器，潢污行潦之水，可荐于鬼神，可羞于王公，而况君子结二国之信，行之以礼，又焉用质？《风》有《采蘩》《采蘋》，《雅》有《行苇》《泂酌》，昭忠信也。"

（《左传·隐公三年》）

在此例中，"君子"对周、郑交恶之事进行了评论，评论对象涉及周、郑等多人。

《左传》中评论的对象包括人、物、国、事四类。在《左传》112 条评论中，有 91 条以人为对象，有 15 条以国为对象，有 3 条以事为对象，有 1 条既以国为对象又以事为对象，此外还有 2 条以《春秋》为对象。百分之八十以上的评论以人为对象，可见其褒贬功能主要体现在臧否人物上。

1. 对人

例如：

君子谓："郑庄公于是乎可谓正矣。以王命讨不庭，不贪其土以劳王爵，正之体也。"

（《左传·隐公十年》）

此例首次出现"君子谓"评论，是对人物郑庄公的评价。

2. 对国

例如：

君子是以知息之将亡也。不度德，不量力，不亲亲，不征辞，不察有罪，犯五不韪而以伐人，其丧师也，不亦宜乎！

（《左传·隐公十一年》）

“君子是以知”首例见于《左传·隐公十一年》,是对息国的评价。

3. 对事

郑武公、庄公为平王卿士。……周、郑交恶。

君子曰:“信不由中,质无益也……”

(《左传·隐公三年》)

此例也是上文涉及多个评论对象的例子,这是以“君子曰”的评论形式对周、郑交质这件事进行的评论。

第三节 先秦叙事语篇评论的劝说策略

在《左传》中,作者左氏以“君子曰”这种外显的形式表达了自己的观点,通过“君子曰”这种较为固定的模式构建了评论语篇。左氏采用“君子曰”这一评论形式与当时的文化背景密不可分。

先秦时期,人们普遍具有崇古意识,因此左氏试图通过大量征引《诗经》《尚书》来体现话语的权威性,通过反复出现善、礼、信等词语来强化《左传》的教育意义,表达自己的叙事态度,实现惩恶劝善的目的。“君子曰”类评论的内容、结构和用语是被左式精心设计过的,徐中舒说《左传》所载历史:“在内容方面是丰富的,组织方面是严密的,修辞方面是考究的……《左传》不仅以文学擅长,文学也不限于修辞一端,它还有一个更重要的目的,修辞只是为达到这个目的所采取的最有效的手段。”[①]《左传》正是通过有感染力的文字,丰富的修辞手段,达到了沟通、说服读者的目的。

评论劝说行为通常有三个构成要素:劝说者(发话人)、信息(文字)、被说服者(受话人)。其中劝说者和信息是可控的。劝说者通过建构、调整自身形象

① 徐中舒.徐中舒历史论文选辑下[M].北京:中华书局,1998:1157.

与信息，实现改变或强化行为的客体（即被说服者）的态度、信念或行为的目的。因此评论体现的是语言交流的本质：一方面，语篇创作者要通过语篇建构其态度、立场、身份，以及所属语言群体的情感和价值观；另一方面，在语篇中，作者还在定位自己的读者，希望他们对自己的态度做出回应，在这个过程中，作者会与读者建立一种结盟或疏离的关系，试图构建理想的读者群。

一、劝说者自身形象的建构与调整

劝说者是信息的设计者和发出者，其本身的性质对说服活动的成功与否非常重要。左氏作为一名劝说者，一方面，他置身于《左传》的叙事之外，尽可能客观地叙述历史事件和历史人物，试图把自己塑造成一个公正权威的形象，获取被说服者的信任。另一方面，他选择采用“君子曰”这种评论方式，对历史事件中的人或事进行分析和评判，表达自己的态度和观点，对读者进行劝谏。这种“君子曰”的评论方式可以使作者的表述更醒目，更容易被读者记住。左氏通过上述两种方式完成对自身形象的建构。

劝说者对自身形象进行建构的手段主要有以下几种。

（一）使用大量引文

据姚曼波在《春秋考论》中的统计，《左传》引用最多的是《诗经》《尚书》，全书引用《诗经》达145次以上，引《虞书》《夏书》《商书》《周书》亦达30多次。其中，引用《夏书》最多，达14次以上，其次是引用《志》《军志》《周志》《史佚之志》等。① 作者通过引用权威话语为语篇增加简练、庄重的风格色彩，同时，增强文章的说服力。

在《左传》的“君子曰”类评论中也有大量引用，并且基本都是明引，即言明典故的出处。

例如：

例9　君子曰：“……《商书》曰：‘恶之易也，如火之燎于原，不可乡迩，

① 姚曼波.《春秋》考论[M].南京：江苏古籍出版社，2002：229.

其犹可扑灭?'……"

(《左传·隐公六年》)

例10 君子谓:"……《诗》曰:'周道挺挺,我心扃扃,讲事不令,集人来定。'已则无信,而杀人以逞,不亦难乎?《夏书》曰:'成允成功。'"

(《左传·襄公五年》)

例11 君子曰:"……《夏书》曰'官占,唯能蔽志,昆命于元龟。'其是之谓乎!《志》曰:'圣人不烦卜筮。'惠王其有焉!"

(《左传·哀公十八年》)

据笔者统计,在"君子曰"类评论中,作者左氏引《诗》共15次。"君子曰"类评论引用典籍的范围较广,既有《诗经》《尚书》,也有其他典籍。所引内容既有古语也有俗语,雅俗共赏。引用形式多样,特点鲜明。引书常常以连续引用的方式出现,引言常以"……有言"的套语形式出现。这类辞格的功能主要是断行事,证立言,也就是作为论据支持劝说者的论点。这些《诗经》《尚书》中的语句,都非劝说者本人所作,劝说者以此来彰显自己广博的学识,认为这样做会让自己的观点具有较强的说服力,让人无法辩驳。

(二)复现高频词语

评论是作者对记叙的事件做出反馈,加以评论。左氏撰史的目的是资鉴劝惩,强调历史事件的资鉴意义,所以才在叙战语篇中安排了"君子曰"类评论,借"君子"之口,不断强调"礼""信""善""德""义"等重要的观念。通过不断复现这些词语,让被说服者领会劝说者的意图,产生新的认知图式,进而理解历史事件背后的深层含义。因此,在"君子曰"类评论中"善""礼""信"等词语出现的频率非常高,其中"善"出现了7次,"礼"出现了8次,"信"出现了9次。

例如:

例12 君子曰:"善不可失,恶不可长,其陈桓公之谓乎!……周任有言曰:'为国家者,见恶如农夫之务去草焉,芟夷蕴崇之,绝其本根,勿使能殖,则善者信矣。'"

(《左传·隐公六年》)

例 13 君子谓:"郑庄公于是乎有礼。礼,经国家,定社稷,序民人,利后嗣者也。……可谓知礼矣。"

(《左传·隐公十一年》)

例 14 君子曰:"苟信不继,盟无益也。《诗》云:'君子屡盟,乱是用长。'无信也。"

(《左传·桓公十二年》)

反复出现的词语能更明确地向读者传达作者的叙事态度和意图。

(三)交错使用以陈述句为主的多种句类

笔者将《左传》中描写战争的篇章中的37个"君子曰"类评论的句类使用情况进行了统计,结果如下:

表 6-3 "君子曰"类评论的句类使用情况统计表

语篇编号	句类				句数
	陈述句	疑问句	感叹句	祈使句	
1	2		1		3
2	2	2			4
3	1		1		2
4	1				1
5	2	2	1		5
6	2				2
7	3				3
8	1		1		2
9	3				3
10	4				4
11	1				1
12			1		1
13	1				1

续表

语篇编号	句类				句数
	陈述句	疑问句	感叹句	祈使句	
14	3	1			4
15	2				2
16	5				5
17	1				1
18	3				3
19	3				3
20	4				4
21	4				4
22	2				2
23	3				3
24	1	1	1		3
25	1				1
26			1		1
27	1				1
28	2		2		4
29	6		1		7
30		1			1
31	1				1
32	1				1
33	3	1			4
34	2				2
35	2				2
36	2				2
37	3		2		5
总计	78	8	12	0	98

通过上表可以发现,"君子曰"类评论中的陈述句使用频率最高,一共有78句。

1. 陈述句

陈述句在人们的交往活动中是最为常用的句子,首要功能就是"陈述"。"一个句子的表达功能,就是说话人造句的语义意图,亦即说话人造这个句子究竟要让它起什么作用。表达功能是整个句子的形式内聚力。汉语句子的表达功能主要有三种类型,即叙述事件、评论话题、阐明关系。"①《左传》中的"君子曰"主要为评论性内容,其主要功能自然是评论话题。

例如:

> 州吁未能和其民,厚问定君于石子。石子曰:"王觐为可。"曰:"何以得觐?"曰:"陈桓公方有宠于王,陈、卫方睦,若朝陈使请,必可得也。"厚从州吁如陈。石碏使告于陈曰:"卫国褊小,老夫耄矣,无能为也。此二人者,实弑寡君,敢即图之。"陈人执之而请莅于卫。九月,卫人使右宰丑莅杀州吁于濮,石碏使其宰獳羊肩莅杀石厚于陈。
>
> 君子曰:"石碏,纯臣也,恶州吁而厚与焉。'大义灭亲',其是之谓乎!"
>
> (《左传·隐公四年》)

这段话的意思是,卫国的州吁一直未能收获民心,石厚向他的父亲石碏询问稳定州吁君位的办法。石碏表面上出了一个主意:让石厚跟州吁去陈国寻求帮助。实际上,石碏却派人告诉陈桓公说:"州吁和石原这两个人,确是杀害卫君的凶手,请就他二人到陈国朝拜的机会,杀掉他们。"最终,卫人派右宰丑杀了州吁,石碏派家臣獳羊肩杀了石厚。

左氏在叙述完这件事后,以"君子"的口吻对此事进行了评论,说:"石碏,是纯粹的人啊。他憎恨州吁,却搭上了自己的儿子石厚的性命。大义灭亲,大概

① 申小龙.论汉语句型的功能分析[J].孝感学院学报,2002,22(1):21.

说的就是这事!”左氏先通过陈述句评论石碏此人,又通过感叹句发表了自己的感慨。

再如:

> 君子是以知齐灵公之为“灵”也。
>
> (《左传·襄公二年》)

赋予谥号的原则是“据事给谥”,童书业曾解释,“谥为‘厉’者,皆有昏德或不终者,……‘灵’之为谥,略近于‘厉’”①。《逸周书·谥法解》对“灵”的解释是“乱而不损曰灵”“极知鬼神曰灵”“不勤成名曰灵”。在这两例中,对谥号的评论都为陈述句。同样,左氏对晋灵公这个“灵”的谥号进行评论时,也使用了陈述句。

2. 反问句

“君子曰”类评论中的问句都是反问句。

例如:

> 随以汉东诸侯叛楚。冬,楚斗榖於菟帅师伐随,取成而还。君子曰:“随之见伐,不量力也。量力而动,其过鲜矣。善败由己,而由人乎哉?《诗》曰:‘岂不夙夜,谓行多露。’”
>
> (《左传·僖公二十年》)

僖公二十年(公元前640年),随国先背叛了楚国,后来在冬天,楚国又攻打了随国,最后随、楚两国讲和。对此事,左氏发表了自己的评论,他认为随国被人攻打是因为随国不自量力,并表达了“成败在于自己,难道在于别人吗?”的观点。此句以反问句的形式,表达了作者左氏对随国鲜明的讽刺态度。

---

① 童书业.春秋左传研究[M].上海:上海人民出版社,1980:384.

再如：

郑伯讨立君者，戊申，杀叔申、叔禽。君子曰：“忠为令德，非其人犹不可，况不令乎？”

（《左传·成公十年》）

这段话的意思是，郑成公讨伐拥立新国君的人，杀了叔申和叔禽，君子说：“忠诚是美德，但所效忠的对象不合适尚且不行，何况本人又不善良呢？”

反问句的用法一种是实用，“另一种是虚用，即假性问，形式上仍然是疑问句，似乎也传疑也询问，但实际上发问者心目中已有明确的看法，只不过是利用疑问句的形式，在曲折地表达自己看法的同时，显示某种特殊的感情色彩，实现某种特定的语用价值”①。所以《左传》“君子曰”类评论中的反问句可用于加强语气、引起读者的思考、增强文章的说服力。

3. 感叹句

感叹句用于对语篇中所评述的人或事表达强烈的感情。在“君子曰”类评论中，对人物的评价有正面和负面两种，对事件也分褒扬和批评。总的来说，感叹句的数量并不多。

例如：

例 15 君子曰：“颍考叔，纯孝也，爱其母，施及庄公。《诗》曰‘孝子不匮，永锡尔类。’其是之谓乎！”

（《左传·隐公元年》）

例 16 君子曰：“石碏，纯臣也，恶州吁而厚与焉。‘大义灭亲’，其是之谓乎！”

（《左传·隐公四年》）

例 17 君子曰：“惠王知志。《夏书》曰：‘官占，唯能蔽志，昆命于元

① 邵敬敏. 现代汉语疑问句研究[M]. 上海：华东师范大学出版社，1996：163.

龟。'其是之谓乎！《志》曰：'圣人不烦卜筮。'惠王其有焉！"

（《左传·哀公十八年》）

在这三例中，"君子"对颍考叔的"纯孝"、石碏的"纯臣"和惠王的"知志"都用了同一个感叹句"其是之谓乎！"——大概说的就是这样吧！表达了自己的感叹。

再如：

君子曰："从善如流，宜哉！《诗》曰：'恺悌君子，遐不作人。'求善也夫！作人，斯有功绩矣。"

（《左传·成公八年》）

成公八年（公元前583年），"君子"在晋国取得胜利这件事上连用了两个感叹句，认为这是晋能够听取好的建议的结果。作者左氏通过这些感叹句表达了自己对历史事件中人或事的感叹之情，同时，也达到了调动读者情绪的目的。

如上所述，左氏在"君子曰"类评论中交错使用陈述句、反问句、感叹句等句式，使语篇的语势富于变化，引导读者体会并认知《左传》中蕴含的史义，达到资鉴劝惩的目的。

"君子曰"这种评论模式借助丰富的词语和语句突破了编年体史书的限制，建立了一个具有深层解读意义的线索体系。"君子曰"类评论承担着认知功能。一个事件的结果在某种程度上决定了该事件的意义。因为左氏认为事件的结果有时甚至要比事件本身更重要，所以在叙述完事件结果后左氏反复使用"君子曰"类评论并将之形成固定的模式，试图对读者产生潜移默化的影响，不断加深读者对语篇的正确认知。

二、信息的建构与调整

良好的说服效果建立在准确、真实的信息表达的基础之上，这需要劝说者积极建构自己的论点,提供充分的论据,进而完成信息的加工与整理,并输出给被说服者,最终达到劝说被说服者的目的。所以评论蕴含的信息应该更加简明、易懂,更具美感。

(一)力求简明、淡化逻辑

"君子曰"类评论大多篇幅简短。《左传》"君子曰"类评论最短的只有一句话,如"君子谓:'强鉏不能卫其足。'"(《左传·庄公十六年》),最多的也不过六七句话。如:"君子是以知秦穆公之为君也,举人之周也,与人之壹也;孟明之臣也,其不解也,能惧思也;子桑之忠也,其知人也,能举善也。《诗》曰'于以采蘩,于沼于沚,于以用之,公侯之事',秦穆有焉。'夙夜匪解,以事一人',孟明有焉。'诒阙孙谋,以燕翼子',子桑有焉。"(《左传·文公三年》)这是因为简洁有效的信息更容易取得较好的说服效果。"君子曰"类评论中的语言在非引文部分直白、明确地表达了劝说者的观点。其引文部分如《诗经》,对于今天的读者来说虽然不是十分明晰,可是对于先秦时期的贵族来说就比较容易理解。因为他们"不学诗,无以言",所以以这种形式传达的信息在他们看来是十分明白晓畅的。

"君子曰"类评论的形式从篇章结构上看具有不连贯、逻辑性较弱的特点。在《左传》叙战语篇中,作者左氏通常会先交代某事件发生的背景信息,然后交代主要事件,最后补充一些细节信息。"君子曰"类评论一般不会出现在主要事件的细节之前,因为不便中断劝说者的叙述,所以它一般出现在主线叙事之后,通常为作者左氏在主线叙事中未及时说明的内容。

(二)力求感人、悦人

"……说服的艺术具有三项功能:……即教育人、感动人、取悦人……"[①]在使信息简明、晓畅的基础上,还要使文字呈现出美感,使被说服者在劝说活动中能享受到这种美感。作者左氏在《左传》的评论语篇中灵活地使用了各种句类,引用《诗》等典籍,在多处使用了排比句,使评论语篇更多地体现出了文字特有的美感。

① 布勒丹,雷维. 说服[M]. 车琳,译. 天津:百花文艺出版社,2000:15.

“君子曰”类评论中的排比句数量颇多，而且形式多样。陈望道在《修辞学发凡》中写道：“同范围同性质的事象用了结构相似的句法逐一表出的，名叫排比。”[①]季绍德认为：“用三个（或更多）内容相关，结构相似，语气一致，字数大体相等的句子（或词组），排列在一起，来阐明道理，反映事物，表达感情的一种修辞方式，这就叫作排比。”[②]“君子曰”类评论中就有这样结构相似、语气一致、数量较多的排比句。

其中四字句最多，例如：

例 18 君子曰：“随之见伐，不量力也。量力而动，其过鲜矣。善败由己，而由人乎哉？《诗》曰：‘岂不夙夜，谓行多露。’”

（《左传・僖公二十年》）

例 19 周道挺挺，我心扃扃，讲事不令，集人来定。

（《左传・襄公五年》）

排比的主要功能是增强语势，何乐士认为：“偶数音节所占的百分比居于绝对优势，反映出汉语在先秦时期就有音节成偶的趋势，特别是四个音节的结构更有特别重要的作用。这一特点也体现出汉语发展的规律之一：要求语言美——成双对偶，富有节奏感。”[③]和其他句子相比，“君子曰”类评论中的排比句更能体现出汉语的节奏美和韵律美。并且在“君子曰”这类评论中，排比句是作者展示不同论证角度、不同论证方法（如正反对比）的理想修辞手法，它可以调动读者的情感，使结论看起来更可靠，使论证过程更具说服力。排比这种修辞增强了语言的条理性，从布局谋篇来看，更利于读者领会语篇的整体情况。

---

① 陈望道. 修辞学发凡[M]. 上海：复旦大学出版社，2008：163.

② 季绍德. 古汉语修辞[M]. 长春：吉林文史出版社，1986：82.

③ 何乐士.《左传》的单句和复句初探[M]//程湘清. 先秦汉语研究. 济南：山东教育出版社，1992：172.

第四节　评论语篇中的“仁”“礼”思想与意义

在《左传》中，无论是内部评论还是外部评论，其思想倾向都是一致的，都能体现出作者左氏的“仁”“礼”“德”等思想。

一、“仁”“礼”思想

“仁”“礼”是先秦儒家思想的核心。《左传》评论语言中出现“仁”“礼”思想的原因是多方面的。

首先，《左传》是为《春秋》所作的传书，司马迁在《史记·十二诸侯年表序》中说道：“鲁君子左丘明，惧弟子人人异端，各安其意，失其真，故因孔子史记具论其语，成《左氏春秋》。”由此看来，《左传》的成书深受《春秋》影响。左氏在写作过程中，为了更好地为《春秋》做传解，最大程度上保持史书的真实性，难免会接触许多儒家思想的资料，了解《春秋》的作者孔子的思想观念。另外，《春秋》本就是儒家经典著作之一，本身就蕴含着儒家的重要理念，《左传》作为其传书，出现儒家的理念也是必然。

其次，就创作者来说，孔子是春秋末期鲁国人。据说左氏与孔子的关系比较密切，为了著史书，左氏曾与孔子一同前往周室，在周太史那里查阅档案。回鲁后，孔子便写了内容简明的《春秋》，而左氏则写成了内容浩繁的《左传》，他们互为彼此心目中君子的典范。《论语·公冶长》曰：“巧言、令色、足恭，左丘明耻之，丘亦耻之；匿怨而友其人，左丘明耻之，丘亦耻之。”从孔子评价左氏的这些话中可以看出，左氏是一位诚实耿直、品德优良的人，也可以看出孔子与左氏关系密切。

再次，在地域因素上，传说周公是“制礼作乐”，鲁国则作为周公的封地一直被称为“礼乐之邦”，左氏在这里深受“礼乐”思想的影响，非常重视“礼”。左氏认为“礼”是统治者治理国家、安定社会、造福人民的重要依据和手段，同时也是“君子”必须遵守的行为规范，“君子”要把“礼”放在最首要位置。《左传》中有言“君子动则思礼，行则思义，不为利回，不为义疚”，可见左氏对“礼”的重视。

思想文化和政治制度最能体现一个时代的精神风貌，《左传》的评论语言中存在着大量“仁”“礼”思想。对于它的作者来说，这些思想体现了他的道德观念和政治理想，是他心中的一把标尺，用以品评历史、褒贬人物。一部史书讲述了一个时代，作者在书中渗透他的思想观念，为后世的读者阐述了在那个时代他心目中“君子”该有的处世之道。

二、“评论”的意义

（一）增强了历史事件的真实性

《左传》中的这些评论性语言增强了历史事件的真实性，尤其是评论语言中的内部评论。例如，在“郑伯克段于鄢”的片段中，祭仲劝谏郑庄公，不要满足他的母亲姜氏为公叔段请封京地作为封邑的要求，郑庄公评价这件事时说“多行不义必自毙，子姑待之”。作者左氏借郑庄公之口批判了公叔段和姜氏的这种僭越的行为，增添了史实的故事性和可读性，使事件情节更加细致和完整。相较于《春秋》“微言大义”的写作风格，《左传》的语言更加通俗易懂，也更加易于流传，让普通民众能较为容易地阅读和接受。在情节上，郑庄公的评论为故事的发展埋下了伏笔，他预言了公叔段违背礼制的失败结局。这样的情节设置，在客观上增加了史书的趣味性，使史书的内容更加丰富翔实，在主观上缩短了与读者之间的距离。

（二）丰富了文学作品的样式

《左传》以独特丰富的评论方式、夹叙夹议的叙述方法、朴实流畅的语言丰富了文学作品的写作样式。作者左氏借助他笔下的人物完成历史事件的讲述，夹叙夹议，在无形中向读者传递了他的思想理念，从而实现了他写作的目的。

完成叙述后，左氏总会再一次以叙述者的口吻对历史进行评论，进一步向读者输出自己的价值观。郑庄公对公叔段私自征纳土地、拓展封地的事评论为“不义不暱，厚将崩”，即左氏借郑庄公之口表达了像公叔段这种违反道义又不亲近臣民的人终将溃败的观点。而后，左氏又引典籍评论道："'郑伯克段于鄢。'段不弟，故不言弟；如二君，故曰克；称郑伯，讥失教也；谓之郑志。不言出奔，难之也。"公叔段于礼制上德行僭越，庄公自己又何尝不是呢？如果为兄者不亲近友爱弟弟，那么弟弟又如何能恭敬顺服兄长呢？左氏进一步阐述了做人要守"礼"的观点，同时也为后世文学作品和史书的写作提供了一种较为有力的评论方式。

（三）拓宽了研究思路

"君子曰"及其变格，一方面增加了叙述者的权威性，另一方面也丰富了古代文学的评论体式，为后世留下了宝贵的文学财富。这种带有明显标志的评论语言的大量使用成了《左传》评论体系的一大特点，也是古代文学评论语言中的一大特色，为后代学者研究古代文献拓宽了思路。对《左传》"君子曰"类评论的研究已成为《左传》学研究的一大热门，相关的博、硕论文和期刊论文有很多。例如，《文史哲》2018 年刊登的《〈左传〉论赞及其褒贬功能探析》一文，文章作者认为《左传》中的"君子曰"类评论开创了中国史籍论赞传统的先河，有丰富的思想内涵和重要的研究价值。①

（四）保存了珍贵的史料

从史学方面来看，这些评论保存了大量珍贵、完整且翔实的史料，细致地展现了春秋晚期的社会风貌和政治风貌，便于当今学者研究中国历史的演变。在思想内容方面，《左传》评论语言中所展现出来的儒家"仁"与"礼"的思想，为当代学者研究当时的思想文化发展等提供了珍贵史料。《左传》中还有许多优秀的中华传统文化，例如诚信友爱、文明守礼的道德观念，重视民生、爱惜民力的民本思想等，随着时间的推移历久弥新，为文明和谐的社会生活的建设和当代青少年的思想政治教育贡献了重要的文化内核。

---

① 杨振兰，王世昌.《左传》论赞及其褒贬功能探析[J]. 文史哲，2018(2)：104.

结　论

本书的写作目的是在探讨先秦叙事语篇特点的同时，为先秦叙事语篇研究提供一种新的理论框架。这个理论框架的特点是把先秦叙事语篇作为一种文本或话语来进行分析。首先，遴选出先秦文献作品中的叙事语篇。其次，对这些叙事语篇进行分析，挑选出具有代表性的叙事语篇。最后，从挑选出的叙事语篇的叙事目的和视角入手，分析叙事语篇所述事件的底层结构，进而分析其底层结构在表层的映射情况，即事件的语言表达形式，从语篇角度探讨其句式、语言、修辞等特点，继而探讨先秦文献语篇特点。

在先秦时期产生的很多优秀叙事语篇，如《左传》《国语》《战国策》等，为后世叙事语篇的长足发展提供了不竭的动力，可谓是中国叙事的滥觞。总体上来说，目前学术界对于先秦时期叙事语篇的研究多集中在其文学性方面。此类研究多从文学的角度出发，分析先秦典籍中的叙事形态，探索叙事文学（行为）的发生、发展、壮大以及对于后世文学典籍创作的影响，并探讨其与中国古代小说文体的渊源与关系，例如傅修延所著的《先秦叙事研究：关于中国叙事传统的形成》、张瑞所著的《先秦“说”体文叙事传统研究》、尹雪华所著的《先秦两汉史传叙事研究》等。但是，从语篇语言学角度对先秦时期的叙事语篇进行分析整理的研究较少且不够全面。

古代汉语历史悠久，先秦时期的汉语更能反映出汉语的本质，更能说明汉语较为恒定的结构特征。故本书尝试性地从先秦文献中选取了一些极具代表性的语篇进行封闭性考察，以了解叙事语篇结构的具体表现，管窥先秦时期汉语叙事语篇结构的全貌。

笔者认为，真实发生的事件是一回事，叙事的结构是一回事，如何讲述事件是另外一回事。也就是说,语篇底层结构(叙事结构)是将原事件与语篇表层联系起来的中间层,起到连接的作用。在先秦叙事语篇中,叙述者的主体意识渐渐觉醒,基于他们不同的叙事目的和视角,其创作出来的语篇并不与原事件,以及原事件所处的真实时空发生关系,而是与叙述者对原事件的叙述(叙述事件)发生关系。通过语篇,读者看到的是叙述事件,即叙述者想让读者了解到的内容,而不是原事件本身。进一步说,真实发生的事件包括事件的时间、地点、人物、起因、经过、结果等要素,面对这些真实的事件,叙述者如何选择要素、怎样去叙述事件、想传递给读者什么样的观点,构成了语篇的底层结构。这个结构直接决定了叙述事件的内容与形式。

同时,先秦叙事语篇具备叙述与评价相结合的结构模式,这在史传叙事中尤为常见。语篇的底层结构并非线性的,实现出来才是线性的,底层结构要受制于语言叙述的线性特点。那么当底层结构实现为表层线性序列时,底层事件结构的各个要素是如何体现的?叙事语篇在语言表达上又有哪些特点?

针对上述问题,本书从以下几个方面入手,对先秦时期的叙事语篇进行分析与归纳:

首先,研究先秦叙事语篇的叙事视角与叙事时间。本书对先秦叙事语篇进行分析,分别探讨了《左传》《国语》《战国策》的语篇类型与叙事特点,明确了先秦史书的主要功能是:资鉴劝惩,教育,保存文献,文化传播。同时,探讨了三部文献的叙事视角,以《左传·郑伯克段于鄢》中的叙事时间为例,对先秦文献进行了细致的考察,以此来探讨其在叙事时间设计上的独特之处。

其次,研究叙事语篇的底层结构和评论结构。语篇是说话人与听话人在进行言语交际时产生的结果,因此说话人的目的不同,所生成的语篇内容也不同,即不同的交际目的会产生不同的语篇结构模式。从认知心理学的角度看,人们在认识静态事物时会涉及诸如感知、视角、观察、认知等心智性“行为”。从内在角度来说,结构可以指作品在大框架、大方向上的设定;从外在角度来说,结构可以指作品的文字安排次序、衔接等。而本书中所涉及的结构是一个符号系统的主要抽象特征,指事物各个组成部分的搭配和排列,也就是说本书研究的语篇结构是指语篇中的各结构要素及要素之间的关系。本书将叙事语篇的结构分为底层结构和评论结构，分别进行讨论。

底层事件是语篇中完整叙述的一次或多次内容，通常由时间、人物、地点、起因、经过、结果等要素构成，简称“事件”。“事件”要素是叙事语篇中最重要的要素。叙事事件本身又分为“主体事件”和“后续事件”，其中以“主体事件”为叙述中心。叙事语篇的底层事件是联系现实世界中发生的真实事件与叙事事件的纽带。底层事件主要由背景和情节两部分构成。背景指对事件起作用的历史情况或现实环境，情节是事件的变化和经过。在此基础上，本书分析并得出了叙事语篇的常见结构类型为“背景+事件”，“背景”与“事件”的内部语义关系包括因果关系、补充关系、顺承关系。

评论是对所叙述的事件做出的分析或评价。在语言性质上，评论属于论证性语言。事件评论往往相对“客观”，结构与表现方式较为多样。第一种评论是作者通过事件中的人物言论对事件中的其他人或事进行评论，这种方式可以使读者较为自然地接受作者的思想观念。如果进行评论的人与所述事件有直接关系，则评论多在事件中或事件后进行；如果进行评论的人与所述事件无直接关系，则评论多出现在事件后。第二种评论有鲜明的形式或标记，作者借助“君子曰”等形式，对事件进行评论，着重于阐释自己对所述事件的看法和道德观念。本书重点讨论了这种形式，将“君子曰”类评论视为一个动态的言语交际过程，对“君子曰”类评论的词、句、辞格等进行研究，并分析了“君子曰”类评论的劝说策略。当然，在先秦叙事语篇中，评论的位置不仅仅局限在事件叙述完毕后，在某些事件的叙述过程中，叙述者也会对事件进行评论，以表达自己的观点或抒发强烈的情感。

除此之外，本书还探讨了叙事语篇的底层结构和评论结构这两种结构要素之间的语义关系，并得出结论：“事件”与“评论”的内部语义关系主要是解释和说明关系。

最后，在语言表达形式方面。叙事语篇的底层结构要素投射到表层的语言表达形式上，构成了语篇。结构是叙事性作品的基础，然而结构是非线性的，底层结构转化为表层语言表达形式时，必然要受到语言线性特点的制约。因此底层结构各要素在表层线性序列上的表达方式，是本书要研究的内容之一。在这一部分中，本书集中探讨了先秦叙事语篇的语言特点、常用修辞手段，重点探讨了词语、常见句式及其语篇功能。

此外，本书也从认知心理学的角度探讨了叙事语篇的生成机制。认知心理学认为，话语意义是一个整体，它是由作为核心的交际意图和环绕这个核心的衍生意义共同构成的。在建构的过程中，听、说双方都要经历两个相同的认知加工过程：认知假设的形成过程和选择决定的过程。话语意义是在主体的这种认知加工的过程中建构出来的。而叙述者的叙述目的和视角，影响着叙事语篇的内容与走向，因此作者的叙事态度即话语意义是解读叙事语篇的关键，决定了叙事语篇的字词、句式选择，也决定了整体篇章的结构以及情节的安排，是叙事表达与叙事解读的核心。

以上便是本书所讨论的内容和所持的基本认识与观点。先秦时期是中华文化与中国古代文明的起源与初步发展时期，承载了无数先民的智慧，为中华文化和中国古代文明的后续发展提供了不竭的动力。先秦叙事语篇作为中国古代语篇的重要组成部分，其所处的时代背景和环境决定了它自身的特点和规律。本书首次从语篇语言学的角度研究先秦叙事语篇。笔者在研读文本的基础上，先遴选出具有叙事要素的叙事语篇，穷尽式分析每一种语篇的底层结构，进而分析底层结构映射到表层的语言表达形式。之后，分析先秦叙事语篇的字、词、句式、修辞、衔接等内容，最终探索先秦叙事语篇的生成机制。其中，关于叙事语篇的确定与划分、对底层结构及其要素表现形式的研究、对语篇生成机制的探讨，在同类研究中都属首次。因此本书对先秦时期叙事语篇的探讨不光局限于当时，更是放眼未来的。先秦传世的史料难免存在讹伪错漏之处，因为笔者的古汉语基本功与写作时间有限，所以未能对先秦叙事语篇的语料进行更深入的研读，对叙事语篇文本的理解也可能存在偏颇。且叙事语篇的内容涉及多个研究领域，因而笔者对很多相关理论可能理解得不够透彻，对个别语料的分析可能也不够妥当。尽管如此，笔者仍希望这项工作能够为之后的先秦时期叙事语篇研究投石问路、抛砖引玉，期待以星星之火引起燎原之势。因时间与笔力所留下的遗憾，将成为笔者未来继续努力奋斗的方向。

参考文献

中文文献

一、古籍

[1] 上海师范大学古籍整理研究所. 国语[M]. 上海:上海古籍出版社,1998.
[2] 司马迁. 史记[M]. 北京:中华书局,1982.
[3] 许慎. 说文解字[M]. 北京:中华书局,1963.
[4] 王充. 论衡[M]. 上海:上海古籍出版社,1990.
[5] 刘勰. 文心雕龙[M]. 上海:上海古籍出版社,1997.
[6] 左丘明,杜预. 左传(春秋经传集解)[M]. 上海:上海古籍出版社,1997.
[7] 杜预,孔颖达. 春秋左传正义[M]. 上海:上海古籍出版社,1990.
[8] 刘知几. 史通[M]. 上海:上海古籍出版社,2008.
[9] 阮元. 十三经注疏[M]. 北京:中华书局,1980.
[10] 郭璞. 尔雅[M]. 周远富,愚若,点校. 北京:中华书局,2020.
[11] 张纯一. 晏子春秋校注[M]. 梁运华,校. 北京:中华书局,2014.
[12] 河上公. 老子道德经[M]. 唐子恒,点校. 南京:凤凰出版社,2017.
[13] 王震. 司马法集释[M]. 北京:中华书局,2018.
[14] 柯劭忞. 春秋谷梁传注[M]. 张鸿鸣,点校. 北京:中华书局,2020.

二、专著

[1] 迪克. 作为话语的新闻[M]. 曾庆香,译. 北京:华夏出版社,2003.

[2] 常晨光,丁建新,周红云.功能语言学与语篇分析新论[M].北京:北京大学出版社,2008.
[3] 陈平.现代语言学研究——理论·方法与事实[M].重庆:重庆出版社,1991.
[4] 陈望道.修辞学发凡[M].上海:复旦大学出版社,2008.
[5] 程工,刘丹青.汉语的形式与功能研究[M].北京:商务印书馆,2009.
[6] 崔希亮.语言学概论[M].北京:商务印书馆,2009.
[7] 邓炎昌,刘润清.语言与文化[M].北京:外语教学与研究出版社,1989.
[8] 丁建新.叙事的批评话语分析:社会符号学模式[M].重庆:重庆大学出版社,2007.
[9] 冯奇.认知语言学与修辞学研究[M].上海:上海大学出版社,2008.
[10] 温格瑞尔,施密特.认知语言学导论:第二版[M].彭利贞,许国萍,赵微,译.上海:复旦大学出版社,2009.
[11] 傅修延.先秦叙事研究:关于中国叙事传统的形成[M].北京:东方出版社,1999.
[12] 格非.小说叙事研究[M].北京:清华大学出版社,2002.
[13] 顾栋高.春秋大事表[M].北京:中华书局,1993.
[14] 何九盈.中国现代语言学史[M].3版.广州:广东教育出版社,2005.
[15] 何乐士.《左传》虚词研究[M].修订本.北京:商务印书馆,2004.
[16] 何兆熊.新编语用学概要[M].上海:上海外语教育出版社,2000.
[17] 何自然,陈新仁.当代语用学[M].北京:外语教学与研究出版社,2002.
[18] 何自然,冉永平.新编语用学概论[M].北京:北京大学出版社,2009.
[19] 胡曙中.语篇语言学导论[M].上海:上海外语教育出版社,2012.
[20] 胡壮麟,朱永生,张德禄,等.系统功能语言学概论[M].修订本.北京:北京大学出版社,2008.
[21] 黄觉弘.左传学早期流变研究[M].北京:中国社会科学出版社,2010.
[22] 黄国文.语篇分析概要[M].长沙:湖南教育出版社,1988.
[23] 江蓝生.近代汉语研究新论[M].北京:商务印书馆,2008.

[24] 姜望琪. 当代语用学[M]. 北京:北京大学出版社,2003.
[25] 蓝纯. 语用学与《红楼梦》赏析[M]. 北京:外语教学与研究出版社,2007.
[26] 李旭,田启涛,罗舒.《左传》省略句考察及其语用学分析[M]. 成都:四川大学出版社,2011.
[27] 廖秋忠. 廖秋忠文集[M]. 北京:北京语言学院出版社,1992.
[28] 刘辰诞. 教学篇章语言学[M]. 上海:上海外语教育出版社,1999.
[29] 刘辰诞,赵秀凤. 什么是篇章语言学[M]. 上海:上海外语教育出版社,2011.
[30] 刘丹青. 语言学前沿与汉语研究[M]. 上海:上海教育出版社,2005.
[31] 刘节. 中国史学史稿[M]. 郑州:中州书画社,1982.
[32] 刘润清. 西方语言学流派[M]. 北京:外语教学与研究出版社,2002.
[33] 娄开阳. 现代汉语新闻语篇的结构研究[M]. 北京:世界图书出版公司北京公司,2008.
[34] 陆俭明. 八十年代中国语法研究[M]. 北京:商务印书馆,1993.
[35] 吕明臣. 话语意义的建构[M]. 长春:东北师范大学出版社,2005.
[36] 罗常培. 语言与文化[M]. 胡双宝,注. 注释本. 北京:北京大学出版社,2009.
[37] 罗钢. 叙事学导论[M]. 昆明:云南人民出版社,1994.
[38] 聂仁发. 现代汉语语篇研究[M]. 杭州:浙江大学出版社,2009.
[39] 费尔克拉夫. 话语与社会变迁[M]. 殷晓蓉,译. 北京:华夏出版社,2003.
[40] 潘万木.《左传》叙述模式论[M]. 武汉:华中师范大学出版社,2004.
[41] 彭漪,柴同文. 功能语篇分析研究[M]. 北京:外语教学与研究出版社,2010.
[42] 鲁忠义,彭聃龄. 语篇理解研究[M]. 北京:北京语言大学出版社,2002.
[43] 屈承熹. 汉语篇章语法[M]. 潘文国,译. 北京:北京语言大学出版社,2006.
[44] 申丹. 叙述学与小说文体学研究[M]. 北京:北京大学出版社,1998.
[45] 索振羽. 语用学教程[M]. 北京:北京大学出版社,2000.

[46] 唐青叶. 语篇语言学[M]. 上海:上海大学出版社,2009.
[47] 童书业. 春秋史[M]. 北京:中华书局,2006.
[48] 童书业. 春秋左传研究[M]. 上海:上海人民出版社,1980.
[49] 王福祥. 话语语言学概论[M]. 北京:外语教学与研究出版社,1994.
[50] 王建华. 语用研究的探索与拓展[M]. 北京:商务印书馆,2009.
[51] 王靖宇. 中国早期叙事文研究[M]. 上海:上海古籍出版社,2003.
[52] 王昕. 话本小说的历史与叙事[M]. 北京:中华书局,2002.
[53] 王寅. 认知语言学[M]. 上海:上海外语教育出版社,2006.
[54] 吴荣曾. 先秦两汉史研究[M]. 北京:中华书局,1995.
[55] 吴应天. 文章结构学[M]. 北京:中国人民大学出版社,1989.
[56] 吴为善. 认知语言学与汉语研究[M]. 上海:复旦大学出版社,2011.
[57] 辛斌. 批评语言学:理论与应用[M]. 上海:上海外语教育出版社,2005.
[58] 熊学亮. 认知语用学概论[M]. 上海:上海外语教育出版社,1999.
[59] 徐岱. 小说叙事学[M]. 北京:商务印书馆,2010.
[60] 徐赳赳. 现代汉语篇章回指研究[M]. 北京:中国社会科学出版社,2003.
[61] 徐赳赳. 现代汉语篇章语言学[M]. 北京:商务印书馆,2010.
[62] 徐烈炯. 指称、语序和语义解释:徐烈炯语言学论文选译[M]. 北京:商务印书馆,2009.
[63] 徐复观. 两汉思想史[M]. 上海:华东师范大学出版社,2001.
[64] 徐中舒. 先秦史论稿[M]. 成都:巴蜀书社,1992.
[65] 许余龙. 篇章回指的功能语用探索:一项基于汉语民间故事和报刊语料的研究[M]. 上海:上海外语教育出版社,2004.
[66] 杨伯峻. 春秋左传注[M]. 北京:中华书局,1981.
[67] 杨义. 中国叙事学[M]. 北京:人民出版社,1997.
[68] 殷国光. 上古汉语语法研究[M]. 北京:中国大百科全书出版社,2002.
[69] 于根元. 应用语言学的历史及理论[M]. 北京:商务印书馆,2009.
[70] 曾庆香. 新闻叙事学[M]. 北京:中国广播电视出版社,2005.
[71] 张高评. 春秋书法与左传学史[M]. 上海:上海古籍出版社,2005.

[72] 张先亮,范晓.汉语句式在篇章中的适用性研究[M].北京:中国社会科学出版社,2008.

[73] 张孟伦.中国史学史[M].兰州:甘肃人民出版社,1983.

[74] 郑贵友.汉语篇章语言学[M].北京:外文出版社,2002.

[75] 周小兵.句法·语义·篇章:汉语语法综合研究[M].广州:广东高等教育出版社,1996.

[76] 周振甫.文心雕龙今译[M].北京:中华书局,1986.

[77] 张卉.先秦文献殷商史料研究[M].北京:人民出版社,2017.

[78] 程浩.有为言之:先秦"书"类文献的源与流[M].北京:中华书局,2021.

[79] 曹建墩.先秦古礼探研[M].北京:社会科学文献出版社,2018.

[80] 赵敏俐.先秦文学与文献研究[M].北京:商务印书馆,2020.

[81] 马超.出土文献释读与先秦史研究[M].北京:科学出版社,2019.

[82] 朱新林.《淮南子》征引先秦诸子文献研究[M].杭州:浙江大学出版社,2015.

[83] 王进锋.为山覆篑:古文字、古文献与先秦史论集[M].成都:巴蜀书社,2021.

[84] 谭德兴.出土文献与先秦文学批评思想研究[M].北京:文物出版社,2017

[85] 夏德靠.先秦语类文献形态研究[M].北京:中华书局,2015.

[86] 刘全志.先秦诸子文献的形成[M].北京:中华书局,2016.

[87] 韩高年.先秦文学与文献论考[M].北京:中华书局,2017.

三、期刊

[1] 陈平.汉语零形回指的话语分析[J].中国语文,1987(5):363-378.

[2] 陈卫平,邵元生.话语和篇章中的关联手段[J].江苏理工大学学报(社会科学版),2001(3):119-122.

[3] 陈章太.语境研究的新篇章——《现代汉语语境研究》评介[J].语言文字应用,2004(3):134-137.

[4] 程水金.从鉴古思潮看《国语》之编纂目的及其叙述方式——兼论《国语》

与《左传》之关系[J]. 武汉大学学报(人文科学版),2008,61(4):473-478.

[5] 程微. 积极语篇分析:和谐的态度韵律研究——以汉语导游讲解词为例[J]. 北京科技大学学报(社会科学版),2010,26(2):113-118 .

[6] 崔雅萍. 图式理论在 L2 阅读理解中的运用[J]. 外语教学, 2002,23(5):52-57.

[7] 董秀芳. 上古汉语议论语篇的结构与特点:兼论联系语篇结构分析虚词的功能[J]. 中国语文,2012(4):356-384.

[8] 方梅. 篇章语法与汉语篇章语法研究[J]. 中国社会科学,2005(6):165-172.

[9] 方铭.《左传》的叙事方式与文体特征的再认识[J]. 文艺研究,2009(2):50-58.

[10] 高林广.《文心雕龙》的《春秋》经、传批评[J]. 苏州大学学报(哲学社会科学版),2009(5):63-67.

[11] 毛海蓉.《左传》省略句及其语用学分析[J]. 科教前沿,2007(4):78,126.

[12] 何乐士. 专书语法研究的回顾与展望[J]. 湖北大学学报(哲学社会科学版),2001,28(6):70-74.

[13] 何昆. 从《侯马盟书》看《左传》叙事方式的特点[J]. 黑龙江史志,2009(12):65.

[14] 何昆. 结合《春秋左传注》看《左传》叙事方式的特点[J]. 学理论,2009(13):78-80.

[15] 黄国文,徐珺. 语篇分析与话语分析[J]. 外语与外语教学,2006(10):1-6.

[16] 姜望琪. 从句子语法到篇章语法[J]. 中国外语,2007,4(5):20-27.

[17] 金晓艳,彭爽. 汉语篇章中后时连接成分的隐现[J]. 世界汉语教学,2005(4):70-78.

[18] 靳婷婷. 赵简子"守礼"形象探析——兼谈《左传》剪裁史料之笔法[J]. 内蒙古农业大学学报(社会科学版),2009(5):322-324,326.

[19] 康光明.语篇语言学及语篇例析[J].外语与外语教学,2002(7):39-41.

[20] 赖积船.《左传》"所"的篇章粘连功能[J].西南民族学院学报(哲学社会科学版),2002,23(3):97-101.

[21] 乐耀.从汉语书面叙事体的语篇结构看人物指称的分布和功能[J].当代语言学,2010(4):338-347,380.

[22] 李华.《左传》中的引用[J].甘肃联合大学学报(社会科学版),2008,24(5)97-100.

[23] 李莉.文化思维方式和语篇结构[J].北京第二外国语学院学报(外语版),2007(4):25-29,43.

[24] 李青苗,付亚庶.《左传》辞令中引《诗》体现出的符号学思想[J].社会科学战线,2010(3):246-249.

[25] 李学勤.《左传》是研究古代历史文化的基础[J].中国文化研究,2009(4):19-22.

[26] 刘春雪.《左传》中的"君子曰"与叙述人的观点[J].理论观察,2009(6):130-131.

[27] 刘鸿绅.篇章语言学的发展史及其研究领域(上)[J].国外语言学,1987(3):124-130,144.

[28] 刘鸿绅.篇章语言学的发展史及其研究领域(下)[J].国外语言学,1987(4):165-166.

[29] 吕明臣.话语意义的性质和来源[J].汉语学习,2005(5):35-39.

[30] 吕明臣.网络交际中自然语言的属性[J].吉林大学社会科学学报,2004(2):48-53.

[31] 吕明臣.言语的建构[J].社会科学战线,2000(5):116-122.

[32] 毛庆其.《文心雕龙》的文学观念及今人的研究方法[J].齐鲁学刊,1984(3):109-112.

[33] 苗兴伟.否定结构的语篇功能[J].外语教学与研究(外国语文双月刊),2011,43(2):220-229,320.

[34] 苗兴伟.语篇分析的进展与前沿[J].外语学刊,2006(11):44-49.

[35] 倪天祥. 试论《左传》战争篇章的结构艺术[J]. 上海第二工业大学学报, 2002(2):66-74.

[36] 聂仁发. 汉语语篇研究回顾与展望[J]. 宁波大学学报(人文科学版), 2009,22(3):40-45.

[37] 任绍曾. 语境在叙事语篇中的语言体现[J]. 外国语(上海外国语学院学报),1992(2):15-20,9.

[38] 孙红举. 汉语主谓谓语句的生成基础及生成机制考察[J]. 广西社会科学, 2012(10):143-147.

[39] 唐桂丹.《左传》外交辞令的修辞方式探析[J]. 长春理工大学学报(社会科学版),2009,22(6):928-929,1001.

[40] 唐青叶. 语篇模式类型与语篇分析[J]. 山东外语教学,2009(4):16-19,49.

[41] 王德亮. 汉语零形回指解析——基于向心理论的研究[J]. 现代外语(季刊),2004,27(4):350-359,436.

[42] 王宏军. 会话结构的语用研究方法述评[J]. 天津外国语学院学报,2006,13(5):67-71.

[43] 王勇,黄国文. 语篇结构中的递归现象[J]. 外语教学与研究(外国语文双月刊),2006,38(5):288-295,320.

[44] 王伟. "修辞结构理论"评介(上)[J]. 国外语言学, 1994(4):8-13.

[45] 魏在江. 隐喻与文学语篇的建构[J]. 外语与外语教学,2008(3):13-16.

[46] 魏薇,刘明东. 图式理论的发展及应用[J]. 湖南第一师范学报, 2007,7(1):105-108.

[47] 徐赳赳. 90 年代话语分析的展望——TEXT 杂志 90 年 1—2 期(合订本)介绍[J]. 外语教学与研究,1991(4):69-75,80.

[48] 徐赳赳. 话语分析二十年[J]. 外语教学与研究,1995(1):14-20,80.

[49] 徐赳赳. 话语分析在中国[J]. 外语教学与研究,1997(4):20-24,80.

[50] 徐赳赳. 现代汉语联想回指分析[J]. 中国语文,2005(3):195-204,287.

[51] 殷国光,刘文霞.《左传》篇章零形回指研究——以《隐公》为例[J].《语文

研究》2009(3):6-12.

[52] 张德禄.语篇连贯的宏观原则研究[J]. 外语与外语教学,2006(10):7-10,13.

[53] 张谊生.副词的篇章连接功能[J].语言研究,1996(1):128-138.

[54] 张懿奕.《左传》叙事研究综述[J].湘南学院学报,2010,31(4):73-78.

[55] 赵辉,崔显艳.《左传》叙事体式与"礼"之关系考[J].中州学刊,2008(6):223-228.

[56] 郑路.《左传》的时间系统[J].东南大学学报(哲学社会科学版),2009,11(增刊):107-112.

[57] 郑路.《左传》中的"年、时、月、日"[J].华北电力大学学报(社会科学版),2009(6):98-102,111.

[58] 郑贵友.汉语篇章分析的兴起与发展[J].汉语学习,2005(5):40-48.

[59] 郑文贞.词语与篇章[J].厦门大学学报(哲学社会科学版),1988(3):80-86.

[60] 周晶纯.《左传》人物祸福预言类型考论[J].龙岩学院学报,2008,26(5):70-74.

[61] 朱永生.话语分析五十年:回顾与展望[J].外国语,2003(3):43-50.

[62] 朱育戈.春秋笔法与《左传》预言[J].边疆经济与文化,2009(4):86-87.

[63] 杨世文,张行."七律""七音"考异——以《国语》和《左传》杜注为中心[J]. 中华文化论坛,2022(1):64-72,156.

[64] 刘巍.《左传》叙战篇章疑问句分类及其语篇功能探析[J].沈阳大学学报(社会科学版),2021,23(3):311-315,326.

[65] 杨丹.上古汉语并列复句关联标记"而"的演变——基于《左传》与《史记》的比较[J].殷都学刊,2021,42(2):81-89.

[66] 张阳.先秦"语"体综说[J].郑州大学学报(哲学社会科学版),2020,53(5):78-89.

[67] 徐润华,梁社会.先秦注疏文献的内容分类[J].湖州师范学院学报,2020,42(9):63-69.

[68] 姚苏杰,谢思炜.《礼记》"孔悝鼎"铭文考辨——兼谈先秦文献的流传与写定[J].东北师大学报(哲学社会科学版),2020(5):136-144,159.

[69] 田艺景.《左传》引言初探[J].管子学刊,2020(2):109-116.

[70] 何家兴,苏娜.清华简《子仪》赋歌研究[J].中国诗歌研究,2018(17):27-36.

[71] 白立超.先秦文献中"尚书"非经书名综考[J].湖南大学学报(社会科学版),2018,32(2):114-119.

[72] 张辉,江荻.《尚书》词头的性质及其演变[J].汉语史与汉藏语研究,2017(2):155-170.

[73] 汪维辉.释先秦文献中的"先子"——附论"先君子"[J].古汉语研究,2016(4):2-7,103.

[74] 杨春宇.《〈国语〉词汇研究》:词汇学理论与先秦文献词典编纂的成功结合[J].管子学刊,2016(2):125-128.

[75] 张世磊.从先秦文献命名方式看《离骚》篇题及其内涵[J].唐都学刊,2016,32(2):67-73.

[76] 张艳梅.先秦文献中用作状语的疑问代词"焉(安)"[J].现代语文(语言研究版),2016(2):66-67.

[77] 屈探春.基于空间向量模型的先秦文献相似性研究[J].文教资料,2014(30):160-163.

[78] 史维国.先秦汉语方所类特殊句式研究[J].哈尔滨学院学报,2014,35(6):81-84.

[79] 刘建民.先秦文献的纪传体因素及其融合[J].湖北师范学院学报(哲学社会科学版),2014,34(3):69-73.

[80] 黄爱梅.先秦文献研究的新发现与新问题[J].历史教学问题,2014(1):44-49.

[81] 张高评.《春秋》属辞约文与文章修辞——以《春秋》诠释史为例[J].汉籍与汉学,2021(1):65-101.

四、学位论文

[1] 车颖.《左传》《史记》叙事艺术比较研究[D].兰州:西北师范大学,2009.

[2] 陈才训.源远流长——论《春秋》《左传》对古典小说的影响[D].济南:山东大学,2006.

[3] 程浩."书"类文献先秦流传考——以清华藏战国竹简为中心[D].北京:清华大学,2015.

[4] 董育宁.新闻评论语篇的语言研究[D].上海:复旦大学,2007.

[5] 高天.中西古典文献中的战争叙事——以先秦中国和古代希腊为例[D].上海:复旦大学,2010.

[6] 盖婷婷.先秦文献官方与民间作者群体研究[D].沈阳:辽宁大学,2015.

[7] 李志刚.先秦教育与早期文献的生成[D].长春:东北师范大学,2018.

[8] 刘金明.互文性的语篇语言学研究[D].上海:上海外国语大学,2006.

[9] 刘宁.《史记》叙事学研究[D].西安:陕西师范大学,2006.

[10] 聂仁发.现代汉语语篇研究[D].长沙:湖南师范大学,2002.

[11] 邱崇.《周易》语篇研究[D].济南:山东大学,2012.

[12] 苏延烨.《左传》主谓谓语句研究[D].广州:暨南大学,2007.

[13] 孙明.《左传》省略研究[D].济南:山东师范大学,2008.

[14] 徐健.衔接、语篇组织和连贯[D].上海:复旦大学,2004.

[15] 徐红.上古汉语给予动词研究[D].长春:东北师范大学,2018.

[16] 杨一飞.语篇中的连接手段[D].上海:复旦大学,2011.

[17] 杨玉晨.语篇关系和语篇模式:英文写作的语言文化对比研究[D].长春:东北师范大学,2005.

[18] 尹雪华.先秦两汉史传作品叙事研究[D].福州:福建师范大学,2007.

[19] 张金梅."《春秋》笔法"与中国文论[D].成都:四川大学,2007.

[20] 张瑞.说炜晔而谲诳——先秦说体文叙事传统研究[D].北京:北京师范大学,2008.

[21] 张雪.对话体语篇分析[D].上海:华东师范大学,2006.

[22] 朱闻宇.《左传》“君子曰”引《诗》考论[D]. 西安:陕西师范大学,2009.

外 文 文 献

[1] DE BEAUGRANDE R, DRESSLER W. Introduction to Text Linguistics[M]. London: Longman, 1981.

[2] BROWN G, YULE G. Discourse Analysis [M]. Cambridge: Cambridge University Press, 1983.

[3] DE BEAUGRANDE R. The Story of Grammars and the Grammar of Stories [J]. Journal of Pragmatics, 1982, 6(5-6): 383-422.

[4] PALMER F R. Selected Papers of J. R. Firth 1952 - 59 [M]. [S. l.]: Indiana University Press, 1968.

[5] GRICE H P. Logic and Conversation[M]// COLE P, MORGAN J L. Syntax and Semantics 3: Speech Acts. New York: Academic Press, 1975: 41-58.

[6] HALLIDAY M A K, HASAN R. Cohesion in English [M]. London: Longman, 1976.

[7] HOEY M. From Concordance to Text Structure: New Uses for Computer Corpora [C] MELIA J, LEWANDOWSKA B. PALC ' 97: Proceedings of Practical Applications of Linguistic Corpora Conference. Lodz: University of Lodz, 1997: 2-23.

[8] KINNEAVY J L. A Theory of Discourse: the Aims of Discourse [M]. New York: W. W. Norton and Company, 1971.

[9] LONGACRE R E. The Paragraph as a Grammatical Unit [M]//GIVON T. Syntax and Semantics: Vol. 12. New York: Academics Press, 1979: 115-134.

[10] LANGACKER R W. Space Grammar, Analysability, and the English Passive. [J] Language, 1982, 58(1): 22-80.

[11] SCHIFFRIN D. Conversation Analysis [C]//FREDERICK J N. Linguistic:

The Cambridge Survey IV. Cambridge: Cambridge University Press, 1988:253.

[12] SPERBER D, WILSON D. Relevance: Communication and Cognition[M]. Oxford: Blackwell, 1986.

[13] WEI Y K. Pre-Qin Rhetoric and Its "Chinese" Characteristics[J]. Journal of Literature and Art Studies, 2018, 8(12):1753-1761.

[14] ZHANG Y M, DING H. Pronouns Study in China Taking a Research on Pronouns in Excavated Materials of Pre-Qin Dynasty as an Example[C]// Proceedings of the 2016 3rd International Conference on Education, Language, Art and Inter-cultural Communication(ICELAIC 2016). [S. l.]: Atlantis Press, 2017:360-363.

[15] ZENG J H. A Reevaluation of So-called Passive Constructions in Ancient Chinese: from Pre-Qin to the Han Dynasty [D]. Ghent: Ghent University, 2020.

[16] HU J J. Inheritance and Development of Three Pre-Qin Classics of Confucianism—an Application of Topic Modeling in Classical Chinese Text Analysis[J]. Journal of Literature and Art Studies, 2019, 9(3):317-328.

[17] SUN Y F. The Development of Successive Conjunctions of Chinese[J]. Journal of Literature and Art Studies, 2019, 9(7):669-674.

[18] PENG W M, ZHANG J Y. Unearthed and Handed-down Documents of Warring States[C]// 5th International Conference on Education, Language, Art and Inter-cultural Communication. [S. l.]: Atlantis Press, 2018: 398-401.

[19] SONG J, XIAO J G. The Analysis of Modal Adverb "heku/hebi" and Its Application in Teaching Chinese as a Foreign Language [J]. Science Innovation, 2020, 8(4):102-108.

[20] LI W C. Grammaticalization and Lexicalization: Suggestions Regarding the Development of the Chinese Change-of-state Verb [J]. Acta Linguistica

Asiatica,2018,8(2):111-137.

[21] PENG W M, ZHANG J Y, ZHANG Y J. Study on Classification of Interrogative Words and Interrogative Pronouns[C]//Proceedings of the 2016 3rd International Conference of Contemporary, Social Sciences and Humanities. [S. l.]: Atlantis Press,2018:790-794.

[22] LI B, XI N, FENG M X, et al. Corpus-based Statistics of Pre-Qin Chinese [C]//JI D H, XIAO G Z. Chinese Lexical Semantics. Heidelberg:Springer, 2013:145-153.

[23] ZHANG Y M , DING H . Pronouns Study in China. Taking a Research on Pronouns in Excavated Materials of Pre-Qin Dynasty as an Example[C]// Proceedings of the 2016 3rd International Conference on Education, Language, Art and Inter-cultural Communication (ICELAIC 2016). [S. l.]: Atlantis Press,2017:360-363.

[24] LIANG S H. State of Art of Pre-Qin Chinese Information Processing—Case Studies with Mencius and its Annotations and Commentaries[J]. International Journal of Knowledge and Language Processing,2012,3(1):54-63.

后　记

2019年春节前,我突然接到了一位师姐的电话,她告诉我,我获得了教育部人文社会科学研究青年基金这个项目。当时我的心里,几多惊喜,几度惶惑。

2019—2022这三年多,日子过得平常而又不平常。

2019—2022这三年多,我身边的亲朋,有的已经离开了我:我敬爱的姥爷,一位抗美援朝的老战士永远离开了我;我的第一个硕士研究生晓丹,不幸离开了人间。

2019—2022这三年多,每一天的自己都忙碌于工作和生活,虽然有时会有些累,但幸好"你们"一直都在。

2019—2022这三年多,我一直在思索着如何完成这个项目,如何完成这本书。对于先秦文献的熟悉大概可以归功于我大学时期的古代汉语课程,是那门课让我真正认识了《左传》《战国策》这些先秦文献的面貌。工作后,我在汉语言文学专业教授古代汉语等课程,这给了我进一步熟悉它们的机会。硕士研究生时期,在文献学专业的学习经历,让我对文献的研究多了一些方法与体会。博士研究生时期,我将研究的对象聚焦在了先秦文献《左传》,尝试着用现代的语言学理论去对它进行分析和研究。一路走来,我对先秦文献有了更多的热爱,有了更多的思考,有了点滴的积累。这部小书,是我对过去十几年学术研究和教学的一个小总结,是学术之路上的一份小答卷,但仍有很多不完美。伴着清晨的微光,或是深夜的灯光,我写下了书中的每一个字。这其中,有自己的心血,有朋友的相助,有学生的帮忙……

写书到现在,其实是有几多疲累的。人到中年,生活的每一天似乎都是在负重前行,有太多要去照顾的人或事:学生、老人、孩子,科研、教学、生活……但我仍然觉得自己是幸运的。生活在变,也一直未变。

我要用我的感谢结束这个后记。

感谢师长吕明臣、李无未,两位恩师带我走进学术之路。感谢李红师姐对我十几年不变的引领与帮助。

感谢家人,你们的爱一直是我最大的动力与后盾,感谢我的女儿张诗冉,你的幸福成长是我最大的快乐。

感谢同事、朋友与我的学生,太多的感谢不能一一道来,我将你们记在了我的心里。无论是工作还是生活,一直有你们真好!

感谢生活中的每一天!

刘　巍

2022 年 5 月